Wolfgang Hirn

Angriff aus Asien

Wie uns die neuen Wirtschaftsmächte
überholen

S. Fischer

Umschlaggestaltung: Hißmann, Heilmann, Hamburg
unter Verwendung einer Illustration von Wieslaw Smetek
Karte: bitmap, Mannheim
Satz: H & G Herstellung, Hamburg
Druck und Bindung: Clausen & Bosse, Leck
Printed in Germany
ISBN 978-3-10-030411-7

Inhalt

DEUTSCHLAND
Hamburg
USA
New York
San Francisco
BRASILIEN
Brasilia
São Paulo

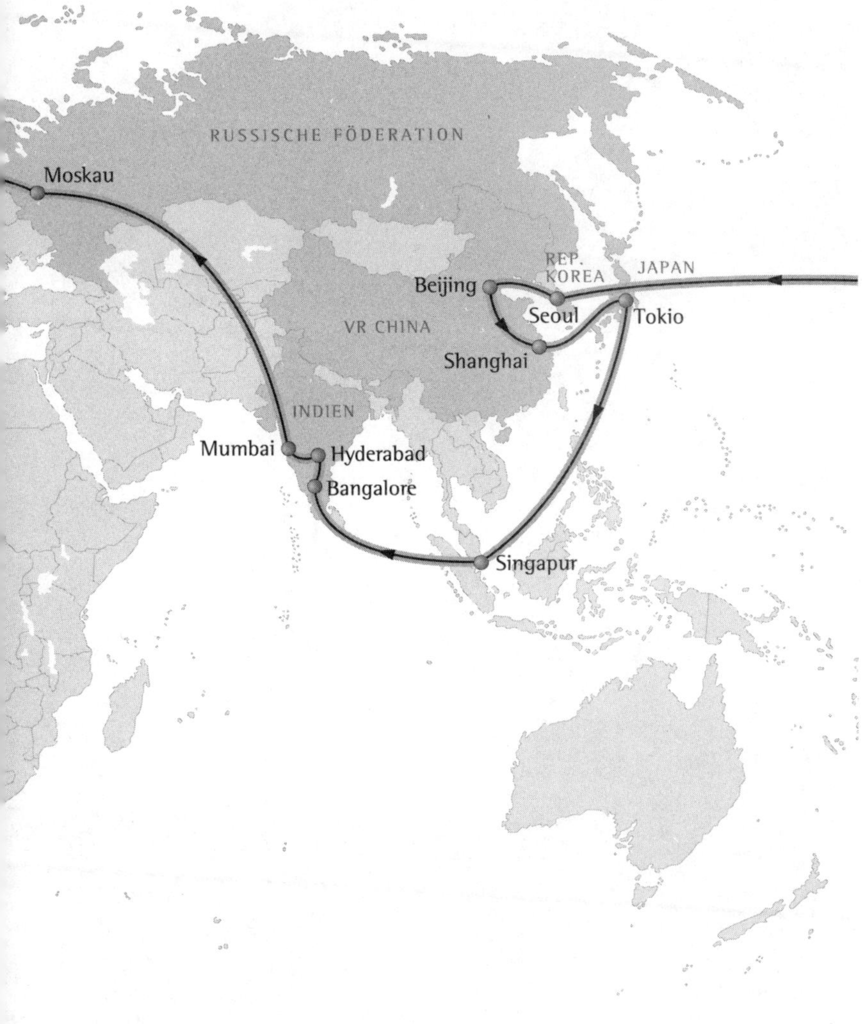

Auf Recherche einmal um die Welt:
Die Reiseroute des Autors für das vorliegende Buch

Einleitung

»Asiens neue wirtschaftliche Macht hat das Potenzial, zu einem der drei wichtigsten wirtschaftlichen Ereignisse des letzten Jahrtausends zu werden – neben der Renaissance und der industriellen Revolution.«

Lawrence Summers, Ex-Präsident der Harvard University

Es war auf dem Rückflug von Mumbai nach Frankfurt. Trotz früher Morgenstunde – die Lufthansa-Maschine verließ um halb vier Uhr den indischen Moloch – sehnte ich mich nach einer deutschen Tageszeitung. Und dann musste ich solche Schlagzeilen lesen: Föderalismus-Reform weiter in der Schwebe. Oder: Kommt die Berufsbildungsabgabe? Im Wirtschaftsteil wurde vermeldet, dass der Autokonzern DaimlerChrysler rund 8500 Stellen abbauen wolle und dass Elektrogigant Siemens in der zukunftsträchtigen Kommunikationssparte weiterhin große Verluste zu verzeichnen habe.

Die deutsche Realität hatte mich früh wieder, obwohl ich noch über den Bergen des Südirans schwebte. Diese triste Wirklichkeit kontrastierte stark mit der asiatischen, aus der ich mich gerade mit rund 900 Stundenkilometern entfernte. Wochenlang war ich unterwegs gewesen durch das prosperierende Asien. Ich tourte auf dieser Reise durch das technikvernarrte Südkorea, das ehrgeizige Singapur und das mächtig aufholende Indien. Überall begegnete ich einer mitreißenden Aufbruchstimmung und einem unerschütterlichen Selbstbewusstsein, das man hierzulande kaum mehr findet.

Draußen passiert im wahrsten Sinne des Wortes Welt-Bewegendes, und hierzulande zerbrechen sich Politiker und Medien monatelang die Köpfe über den Föderalismus oder eine Berufsbildungsabgabe.

Wir leben mitten in einer historischen Zäsur, in einer Zeitenwende von ungeahntem Ausmaß. Die westliche Vorherrschaft der Welt neigt sich langsam ihrem Ende zu. Doch dieses Ende kommt nicht plötzlich, es kommt mit keinem *Big Bang*. Es ist vielmehr ein schleichender, sich über Jahre hinziehender Niedergang. Deshalb ist er für viele Menschen im Westen so wenig spürbar. Und deshalb unterschätzen sie ihn.

Seit rund 500 Jahren, seit dem Mittelalter dauert die westliche Vorherrschaft an. Seit dieser Zeit dominieren die Europäer die Welt, Ende des 19. Jahrhunderts kamen die USA als weitere westliche Macht hinzu. Diese Herrschaftszeit hat den Westen träge, selbstsicher und arrogant gemacht. Der Westen hält sich immer noch für den Nabel der Welt und akzeptiert nur widerwillig, dass außerhalb seiner Sphäre neue Mächte heranwachsen, die ihm seine jahrhundertelange Dominanz streitig machen.

Immerhin wittert der amerikanische Geheimdienst-Think-Tank NIC Gefahr und Umbruch: »Die Welt wird nicht-westlicher«, heißt es in seiner Studie *Mapping the Global Future*. Die Welt wird vor allem asiatischer. Neben den bereits hochentwickelten Technologiestaaten Japan und Südkorea sowie den wieder genesenen Tigern in Südostasien integrieren sich nun die beiden größten Länder der Region in die Weltwirtschaft: China und Indien, deren Volkswirtschaften in einem rasanten Tempo wachsen.

Wer wächst, braucht Energie und Rohstoffe. Vor allem Brasilien und Russland haben viele dieser begehrten Stoffe in riesigen Mengen. Diese beiden Länder profitieren deshalb vom Asien-Boom wie sonst niemand auf der Welt. Die beiden hungrigen Giganten China und Indien sowie die beiden Nationen, die sie füttern, sind deshalb die Mächte der Zukunft.

Man nennt sie nach ihren Anfangsbuchstaben die BRIC-Staaten. Sie werden in den nächsten Jahren die noch führenden westlichen

Industrienationen ein- und überholen und die Welt in einer Weise verändern, wie es zuletzt vor 500 Jahren geschah, als Europa die Asiaten abhängte.

Um diesen historischen Umbruch sozusagen live mitzuerleben, reiste ich in den vergangenen zwölf Monaten in die aufstrebenden Länder Brasilien, Russland, Indien und China. Ich besichtigte Chinas riesige Fabrikhallen, streifte über die gigantischen Sojafelder Brasiliens, lauschte in den Call-Center Indiens mit und besuchte die immer mächtiger werdenden Energiekonzerne Russlands. Und ich machte Abstecher in die etablierten Länder USA und Japan, um zu erkunden, wie dort die Gefahr durch die *Newcomer*-Staaten gesehen wird.

In Kilometern gerechnet flog ich für die Recherche dieses Buches zweimal um die Welt. Über 120 Stunden verbrachte ich im Flugzeug. Fast genauso viele Stunden stand ich in den boomenden Metropolen der aufstrebenden Länder im Stau – ob in Moskau und São Paulo (wenig), Shanghai (viel) oder Bangalore und Mumbai (sehr viel). Das gab mir viel Zeit zum Nachdenken, welche Folgen der Aufstieg der neuen Mächte für uns im satten Westen haben wird.

Sie werden nicht angenehm sein, denn solche gravierenden geostrategischen Veränderungen sind immer mit unliebsamen Friktionen verbunden. Wir werden mit neuen kalten Kriegen leben müssen – und das gleich an mehreren Fronten. Denn es wird zwischen den alten und neuen Mächten Kämpfe um Arbeitsplätze, Rohstoffe, Patente und Talente geben. Wir werden spüren, dass die Globalisierung nicht nur Gewinner kennt, sondern auch Verlierer – und davon sitzen viele im Westen.

Sukzessive wird sich während und nach einer unruhigen Übergangsphase eine neue Weltordnung herausbilden, die nicht mehr – wie heute unter US-Dominanz – unipolar, sondern multipolar und vorwiegend nicht-westlich sein wird. Und es könnte sich angesichts des schwindenden Einflusses westlich-demokratischer Nationen bei gleichzeitig zunehmender Bedeutung östlich-(semi-)autoritärer

Staaten schnell die Systemfrage stellen: Welches politische System ist besser geeignet, Wachstum und Wohlstand zu generieren und letztendlich zu garantieren? Die Antwort muss nicht zwangsläufig heißen: Das westlich-demokratische. Es könnte auch zu einer Konvergenz der Systeme kommen und bedeuten, dass also unsere westlichen Demokratien ein Stück weit autoritärer werden (müssen).

Angesichts dieser drohenden Entwicklungen ist dieses Buch – mit westlicher Brille gelesen – kein optimistisches, sondern ein schonungslos realistisches. Viele Leser werden am Schluss verängstigt fragen: Was können wir gegen diesen asiatischen Angriff tun? Können wir ihn stoppen – und wie?

Dieses Buch bietet keinen grandiosen Entwurf für Gegenstrategien, weil es meiner Meinung nach – außer einer selbstmörderischen Abschottungspolitik gegen die neuen Mächte – keine gibt. Was wir tun müssen, ist, uns intensiver mit den Angreifern auseinanderzusetzen. Denn dann werden wir feststellen, dass wir einiges von ihnen lernen können.

Aber den historischen Aufstieg Asiens können wir nicht verhindern – ebenso wenig wie damals restaurative Kräfte die Renaissance oder Maschinenstürmer die industrielle Revolution aufhalten konnten.

Wir müssen uns damit abfinden: Das postwestliche Zeitalter hat begonnen.

Hamburg im Oktober 2006

Teil I
Der Niedergang der alten Mächte

Ob Deutschland, Frankreich oder die USA – alle westlichen Industrienationen haben dasselbe Problem: Ihre Firmen, die bislang Millionen von Menschen mit Arbeitsplätzen versorgten, wandern aus und lassen Millionen von Arbeitslosen zurück.

Offshoring und Outsourcing nennt man dieses Massenphänomen in der (noch) industrialisierten Welt des Westens. Immer mehr Unternehmen verlagern ihre Produktion meist Richtung Asien. Branche für Branche verabschiedet sich. Und es ist nicht nur der Fabrikarbeiter, der dadurch seinen Job verliert, sondern auch der Controller in der Bank oder der Software-Entwickler in der Elektroindustrie. Denn auch immer mehr Dienstleistungen können zum Beispiel Inder billiger und – das ist ganz entscheidend – genauso gut erledigen (Kapitel 1).

Fabrikjobs weg, Bürojobs weg – was bleibt uns dann noch im Westen? So lautet die bange Frage vieler Menschen in Europa wie in Nordamerika. »Wir müssen innovativer sein, und die besseren Produkte herstellen«, lautet die Standardantwort unserer Politiker und Wirtschaftsführer. So einfach ist es – in der Theorie.

Und in der Praxis? Innovationen setzen Bildung voraus. Doch wenn man sieht, welchen Stellenwert Bildung in den westlichen Gesellschaften hat, mag man nicht glauben, dass wir vor einer westlichen Innovationsoffensive stehen. Privat wie öffentlich wird viel zu wenig in die Köpfe unserer Menschen – den einzigen Rohstoff, den wir im Westen haben – investiert. Wir haben inzwischen viel zu wenige Ingenieure, ganz im Gegensatz zu den neuen asiatischen Wirtschaftsmächten. Dieser Mangel gefährdet zunehmend die technologische Vormachtstellung der USA (Kapitel 2).

Es besteht der schwere Verdacht, dass den verantwortlichen Politikern der Ernst der Lage nicht bewusst ist. Sie beschwichtigen, wie zum Beispiel Bundeskanzlerin Angela Merkel: »Ich würde nicht gleich sagen, der Westen ist in einer Krise. Ich bin zuversichtlich, dass der Westen das schaffen kann.« Doch wo sind ihre Visionen und Ziele, wie sich Deutschland gegen den asiatischen Angriff wappnen kann? Hat jemals US-Präsident George W. Bush in einer seiner zahlreichen Reden an die Nation die Aufholjagd Asiens und deren Folgen für die USA thematisiert? Nein, die westlichen Nationen sind ziellose Republiken, die ohne jegliche Strategie zusehen, wie Asiens Nationen immer stärker werden und uns irgendwann in diesem Jahrhundert einholen werden.

Die fast 500 Jahre andauernde Hegemonie des Westens wird deshalb in den nächsten Jahrzehnten zu Ende gehen. Wir kehren zurück zu einer globalen Machtkonstellation, wie sie vor dem Jahr 1500 schon einmal herrschte (Kapitel 3).

1 Die wirtschaftliche Misere des Westens

»Die De-Industrialisierung ergreift Deutschland und wird in den nächsten fünf Jahren zum beherrschenden Thema werden.«

Karl-Hermann Baumann,
Ex-Aufsichtsratschef der Siemens AG,
im Oktober 2005

Es ist wie ein Ritual: In den ersten Tagen jeden Monats verkündet die Spitze der Bundesagentur für Arbeit in Nürnberg die neuesten Arbeitslosenzahlen. Mal sind es mehr, mal weniger, aber meistens mehr. Eine anonyme Masse von Millionen Menschen ohne Arbeit.

Wer wissen will, wohin die Arbeitsplätze verschwinden, sollte den Wirtschaftsteil einer Tageszeitung lesen. Da künden fast täglich große wie kleine Unternehmen an, dass sie hierzulande Arbeitsplätze ab- und sie woanders aufbauen. Zum Beispiel in Osteuropa und ganz besonders in Asien. Dort sind die Löhne um ein Vielfaches niedriger und die Leute – so sagen die westlichen Manager – arbeitswilliger.

Die Unternehmer verhalten sich – ökonomisch gesehen – rational, indem sie durch eine Produktionsverlagerung ihre Lohnkosten zu minimieren versuchen. Doch die Summe dieser rationalen Entscheidungen ergibt gesamtwirtschaftlich ein großes, ein sehr großes Problem: einen Sockel hoher Arbeitslosigkeit, von dem sich die Regierungen in fast allen europäischen Ländern seit Jahren vergeblich mühen herunterzukommen.

Denn der Exodus an Arbeitsplätzen hält an. Erst waren es die Jobs in den Fabriken, die Richtung Asien verschwanden. Doch nun sind vom Offshoring und Outsourcing immer hochwertigere Arbeitsplätze betroffen. Nach dem Arbeiter im Blaumann ist nun auch der Ingenieur im weißen Kittel von Arbeitslosigkeit bedroht, denn die Firmen verlagern selbst Jobs im Bereich Forschung und Entwicklung. Branche für Branche verabschiedet sich von Europa und den USA. Selbst die Autoindustrie – der wichtigste Arbeitgeber in beiden Regionen – ist inzwischen gefährdet.

Was ist Offshoring und Outsourcing?
Wenn Unternehmen Teile ihres Produktionsprozesses in andere Länder verlagern, aber dabei Eigentümer bleiben, spricht man von **Offshoring**. Beispiel: SAP entwickelt in Indien.
Wenn die Unternehmen dagegen Teile ihrer Aktivitäten nicht mehr selbst erledigen, sondern sie bei externen (ausländischen) Anbietern zukaufen, nennt man das **Outsourcing**. Beispiel: Die indische Infosys entwickelt für SAP in Indien.

Und mit den Jobs verschwinden auch Konsumenten und Steuerzahler. So sind die europäischen Kernländer – ob Deutschland, Frankreich, Großbritannien oder Italien – alle mehr oder weniger in ökonomischen Schwierigkeiten. Und selbst die derzeitige Weltwirtschaftsmacht USA sitzt auf einem gigantischen Schuldenberg, in dem mehrere Zeitbomben ticken, die jederzeit hochgehen können.

Exzessive Schulden, riesige Haushaltslöcher, marode und überlastete Sozialsysteme – das sind die Symptome des kranken Westens. Ratlos laborieren dessen Regierungen an den Symptomen herum. Sie wissen nicht, wie sie auf diese gravierenden Verschiebungen in der Weltwirtschaft von West nach Ost reagieren sollen.

Während die Regierungen zaudern, haben viele Menschen in der industrialisierten Welt bereits begriffen, was traurige Tatsache ist: Ihr Lebensstandard wird in den kommenden Jahren sinken. Der Westen hat seine besten Jahre hinter sich.

Erst verschwindet die Produktion …

In Hannover-Stöcken fertigten 320 Arbeiter für den Conti-Konzern noch Autoreifen. Doch Mitte des Jahres 2005 kündigte Conti-Chef Manfred Wennemer an, dass er das Werk schließen wolle. Die Produktion sei zu teuer, so sein kurzer Befund. Dass gerade eine Betriebsvereinbarung in Kraft getreten war, die Entlassungen verhindern sollte, kümmerte ihn nicht. Dass der Conti-Konzern gerade ein Rekordergebnis verkünden konnte, ebenso wenig. Stöcken muss dichtmachen. Fertig, aus.

Wennemer gehört sicher zu den radikalsten Verfechtern einer Produktionsverlagerung ins Ausland. »Ich akzeptiere nicht, dass wir Arbeitnehmer in einem Teil der Welt gegenüber denen in einem anderen Teil bevorzugen sollen«, sagte er in einem Interview mit der *Frankfurter Allgemeinen Sonntagszeitung*. Warum deutsche Arbeiter bezahlen, wenn chinesische/indische/tschechische Arbeiter für einen Bruchteil der deutschen Löhne mehr oder weniger das Gleiche tun?

So denken viele Manager – und dementsprechend handeln die meisten Unternehmensführer. Offshoring und Outsourcing sind *in* und nehmen rapide zu. Die Produktionsverlagerung werde zur »ganz normalen Option«, sagt BDI-Präsident Jürgen Thumann gegenüber der *Süddeutschen Zeitung*. »Wenn wir überleben wollen, müssen wir verlagern«, so Gerhard Pegam, Chef des Halbleiterherstellers Epcos.

Bei den 30 Dax-Unternehmen sinkt der Anteil der Beschäftigten, die noch in Deutschland arbeiten, kontinuierlich. Nach Berechnungen des *Handelsblatts* schrumpfte er in den vergangenen vier Jahren um 3,5 Prozent auf 47 Prozent. Zum Beispiel hat der Autohersteller Volkswagen nur noch rund 173 000 Arbeitnehmer in Deutschland beschäftigt, während es im gesamten Konzern über 330 000 Beschäftigte sind.

Bei anderen Konzernen ist die Entwicklung ähnlich. Sie bauen hierzulande ab und jenseits der Grenzen auf. So vermeldet das ifo-

Institut: »Während des vergangenen Jahrzehnts haben deutsche Unternehmen an ausländischen Standorten neue Stellen aufgebaut wie nie zuvor.« Zwei Millionen sind es wohl – im Ausland.

Eine fatale Entwicklung – für das Inland. Hoffnung, dass dieser Exodus irgendwann aufhört, gibt es kaum. »Es wird kein Ende (des Stellenabbaus) geben«, sagt eher resignierend Siemens-Gesamtbetriebsratschef Ralf Heckmann. »Wir sollten nicht den Traum haben, dass die Zahl der Industriearbeitsplätze in Deutschland insgesamt noch einmal nachhaltig zunimmt«, sagt Bosch-Chef Franz Fehrenbach in einem Interview mit der *Stuttgarter Zeitung*. Karl-Hermann Baumann, langjähriger Aufsichtsratschef von Siemens, nimmt als einer der wenigen deutschen Manager das Wort De-Industrialisierung in den Mund.

Die Lohnabhängigen in Deutschland träumen schon längst nicht mehr von einer Rückkehr der Vollbeschäftigung. Nach einer Umfrage des Marktforschungsunternehmens Valid Research im Sommer 2006 rechnen 52 Prozent der Befragten nicht damit, dass sich die Aussichten am Stellenmarkt bessern. 34 Prozent erwarten, dass sich die Situation sogar noch weiter verschlechtern wird. Als Ursache für die Misere am Jobmarkt nennen 79 Prozent die Verlagerung von Arbeitsplätzen in Billiglohnländer.

Das können Länder in Osteuropa oder in Asien sein. Dabei ist Osteuropa oft nur ein kleiner Zwischenschritt auf dem langen Weg nach Fernost. Eine ifo-Studie kommt zu dem Ergebnis: »Die mittel- und osteuropäischen Länder haben nur sehr kurzfristig von der Verlagerung einfacher Produktionsschritte profitiert«, sagt Andreas Kuhlmann, einer der Autoren der Studie, gegenüber der *Financial Times Deutschland*. »Vieles, was da hingewandert ist, ist jetzt schon wieder auf dem Sprung in günstigere Länder.«

Und das sind vor allem die beiden asiatischen Giganten China und Indien. Zwischen beiden hat sich eine Arbeitsteilung ergeben: China ist der alternative Standort für billige Fabrik-, Indien für Bürojobs. Die Deutsche Bank zum Beispiel hat Hunderte ihrer *Back-Office*-Arbeitsplätze hierzulande gestrichen und sie in die indischen Städte

Bangalore, Chennai und Mumbai verlagert. Der Wissenschaftsverlag Springer lässt Buchlayout und Texterfassung in Indien erledigen, wo inzwischen schon jeder vierte der insgesamt 5000 Mitarbeiter beschäftigt ist. Und auch DaimlerChrysler liebäugelt mit Indien und will dort möglicherweise Teile der Buchhaltung erledigen lassen, was allerdings auf massiven Widerstand in Stuttgart stößt.

Gerade letztere Beispiele zeigen, dass das Outsourcing längst eine neue Qualität erreicht hat. Dass Serienfertigungen – egal in welcher Branche – hierzulande sich leider kaum noch rechnen, ist inzwischen fast jedem bekannt. Epcos-Chef Pegam prophezeit: »Serienproduktion wird es in Deutschland tendenziell immer weniger geben.«

Doch es sind nicht nur die Fließbandjobs, die verschwinden. Das Outsourcing erreicht zunehmend auch Berufsgruppen, die sich in ihren Großraumbüros bislang relativ sicher fühlten: Buchhalter, Programmierer und andere Angestellte. Ihnen hilft auch nicht die bessere Ausbildung. »Die Hoffnung der Westeuropäer, aber auch der Amerikaner und Japaner, Hoch- und Höchstqualifikation schützten vor dem Verlust des Arbeitsplatzes, hat sich als trügerisch erwiesen«, sagt der Wissenschaftler Meinhard Miegel.

Die Verlagerung ergreift immer mehr Unternehmensbereiche neben der Produktion. Clyde Prestowitz, Präsident des Economic Strategy Institute in Washington, schreibt in seinem Buch *Three Billion New Capitalists*: »Auch Dienstleistungen, Forschung und Entwicklung, also Bereiche, in denen der Westen noch führend ist, werden der Produktion Richtung Asien folgen.«

Sie tun es bereits.

… dann die Forschung und Entwicklung …

Rund 5000 Ingenieure sind beim Reifenhersteller Conti beschäftigt. Noch. Denn sicher sind auch ihre Arbeitsplätze nicht mehr. Chef Manfred Wennemer hat auch sie schon im Visier: »Das wird sicher einer der nächsten Schauplätze, wo wir auf die Kosten sehen müssen. Noch verlagern wir keine Arbeitsplätze in der Entwicklung, wohl aber einzelne Aufgaben.«

»Selbst Beschäftigte in der Entwicklung können sich ihrer Arbeitsplätze heute nicht mehr sicher sein – auch wenn sie zu massiven Zugeständnissen bereit sind«, weiß Ralf Heckmann, der Gesamtbetriebsratsvorsitzende des Siemens-Konzerns. Heckmann sagt weiter: »Wir beobachten inzwischen auch bei höher qualifizierten Jobs einen schleichenden Prozess – zum Beispiel in der Software-Entwicklung. Asiaten oder Osteuropäer werden bald nicht mehr nur einfache Arbeiten, sondern auch komplexere Projekte übernehmen.«

Der Software-Konzern SAP zum Beispiel verdoppelte die Zahl seiner Entwickler in China bis Ende 2006 von 500 auf 1000. Noch mehr Entwickler arbeiten im indischen Bangalore, wo bereits ein Viertel aller SAP-Entwickler – also 4000 – sitzt. In dieser Stadt hat auch der Elektrokonzern Bosch bereits sein größtes Forschungszentrum außerhalb Deutschlands. Zudem eröffnete Bosch einen neuen F+E-Standort im chinesischen Wuxi und will dort etwa 650 Millionen Euro investieren.

SAP und Bosch sind keine Einzelfälle. Nach einer Umfrage des Deutschen Industrie- und Handelskammertages (DIHK) lässt bereits jedes dritte der 1500 befragten Unternehmen im Ausland forschen. Ein Fünftel plane in den nächsten Jahren weitere Verlagerungen. Ein Alarmsignal sei das, sagte DIHK-Chef Ludwig Georg Braun bei der Vorstellung der Studie.

Klar, die Firmen verlagern ihre Forschungsaktivitäten nach Fernost, weil dort die Löhne viel niedriger sind. Reinhold Würth, Inhaber des gleichnamigen Schraubenherstellers, sagt es in einem Interview mit der *Frankfurter Allgemeinen Sonntagszeitung* klipp und klar: »Wir haben 150 Programmierer in China. Die sind enorm billig. Dort kriegen wir zehn bestens ausgebildete Informatiker zum Preis von einem hier.«

Ex-Siemens-Chef Heinrich von Pierer vergleicht auf Ingenieur-Ebene: »Für den Lohn eines deutschen Ingenieurs bekomme ich sechs chinesische Ingenieure.« Und er fügt hinzu: »Und die sind nicht schlechter ausgebildet als die deutschen.«

Aber genau das haben viele Leute hierzulande noch nicht verstanden: Die Entwickler und Forscher in China wie in Indien sind eben nicht nur billig, sondern auch fast so gut. Nach Erfahrung von Ex-Siemens-Vorstand Thomas Ganswindt sind die Ingenieure in China »extrem gut ausgebildet«. Projekte – so seine Erfahrung – könnten dort in kürzester Zeit abgearbeitet werden. »Das hätte ich vor fünf Jahren noch nicht geglaubt.« Und dann fügt Ganswindt nachdenklich hinzu: »Das ist langfristig unendlich gefährlich.«

Doch dieser Trend scheint kaum aufhaltbar, denn aus Sicht der Unternehmen ergibt die Verlagerung durchaus Sinn. Denn dort, wo ein (Groß-)Teil der Produktion stattfindet, sollten zumindest partiell auch Forschung und Entwicklung stattfinden.

Aber was bleibt uns dann noch im Westen, wenn sich erst die Fertigung und mit einer zeitlichen Verzögerung Forschung und Entwicklung Richtung Fernost verabschieden? Nicht viel, auf jeden Fall nicht so viel, um ein 80-Millionen-Volk wie die Bundesrepublik voll zu beschäftigen.

So entwickelt sich zunehmend eine neue globale Arbeitsteilung: Hier im Westen sitzen noch ein paar Marketing- und Entwicklungsleute, die eine grobe Idee entwickeln, was ihr Produkt alles können muss und wie es ungefähr auszusehen hat. Entwickelt und designt wird es dann woanders – meist in Fernost.

Dort gibt es schon jetzt viele Unternehmen, die diese Dienste anbieten. Zum Beispiel Quanta Computer auf Taiwan. Quanta baut Computer für Apple, Dell und Sony. Jährlich 16 Millionen Stück. Keiner produziert mehr Computer auf der Welt als Quanta. Doch sie bauen sie nicht nur, sie entwickeln sie auch. Im HuayaMicro-Technologiepark arbeiten über 7000 Ingenieure an der nächsten Generation von Geräten. »Immer mehr Kunden beauftragen uns mit der Entwicklung ihrer Produkte«, sagt ein stolzer Quanta-Chef Barry Lam.

In der Elektronikindustrie ist diese neue internationale Arbeitsteilung am weitesten fortgeschritten. »In Asien gibt es riesige Kapazitäten, um komplette Produkte zu entwickeln«, sagt Doug Rasor, Strategie-Manager bei Texas Instruments, »das ist ein Megatrend in der Industrie.«

Die Elektro-Giganten werden deshalb ihre Entwicklungsabteilungen von einigen Tausenden auf wenige Hunderte reduzieren. »Es gibt keinen Zweifel, dass in Zukunft diese Unternehmen weniger Mitarbeiter in ihren Design- und Entwicklungsabteilungen haben werden«, prophezeit Michael Marks, Vorstandschef von Flextronics.

Nach der Elektroindustrie könnte als nächste die Auto- mitsamt ihrer Zulieferindustrie dran sein. Das *McKinsey Global Institute* schätzt, dass in dieser Branche nicht weniger als 198 000 Jobs in Forschung und Entwicklung von einer Verlagerung gefährdet sein können.

Eine Horrorzahl – vor allem für Deutschland, dessen industrielles Kernstück die Autoproduktion (noch) ist.

... und bald das ganze Unternehmen?

Wittelsbacherplatz 1 in 80279 München. Eine vornehme Adresse. Dort, mitten in München – unweit der Feldherrnhalle –, residiert ein renommiertes und traditionsreiches deutsches Unternehmen: die Siemens AG. Deutsch? Was ist an Siemens noch deutsch? Der Firmensitz, die Rechtsform und der Betriebsrat. Aber sonst? 79 Prozent des Umsatzes von Siemens wird im Ausland erzielt, 64 Prozent der insgesamt 460 000 Beschäftigten arbeiten jenseits unserer Grenzen, ein hoher Anteil (56 Prozent) der Aktien ist in ausländischer Hand.

Für Siemens ist deshalb das Wittelsbacher-Palais längst nicht mehr der Nabel der Welt. Die Konzernzentrale könnte auch in Hongkong oder Shanghai stehen. Doch die Vorstände und der

Großteil des Managements bleiben in ihren schönen Büros am Wittelsbacherplatz. Vorerst jedenfalls.

Good bye, Germany
Umsatzanteile deutscher Konzerne (in Prozent)

Unternehmen	**Ausland**	**Inland**
Adidas	90	10
BASF	84	16
Bayer	84	16
DaimlerChrysler	85	15
Epcos	71	29
Siemens	79	21
Volkswagen	73	27

Quelle: Frankfurter Allgemeine Sonntagszeitung

Noch wandern die Hauptverwaltungen der Unternehmen nicht ab. Aber sie werden ausgedünnt, die Konzernzentralen specken ab. Im Extremfall sind das Top-Management und vielleicht noch ein paar Marketing-Leute in der Hauptverwaltung, während sich die große Mehrheit der Mitarbeiter im Ausland befindet.

Zum Beispiel Adidas: Die Designteams sitzen in New York, London, Tokio. Die Beschaffungszentrale residiert in Hongkong. Die Fabriken sind in Südchina. Warum muss die Adidas-Zentrale in Herzogenaurach bleiben? Aus Nostalgie – denn in dem fränkischen Städtchen fing alles in den 20er Jahren des vergangenen Jahrhunderts an – und vor allem aus Angst vor dem nationalen Aufschrei, der käme, wenn Adidas ankündigen würde, etwa nach Hongkong umzuziehen. Deshalb hält das Führungsteam um Herbert Hainer am Stammsitz in Herzogenaurach fest.

Doch muss das in Zukunft so bleiben – bei Adidas, bei Siemens und all den anderen Konzernen mit hohem Auslandsanteil? Meinhard Miegel stellt die Frage, die niemand zu fragen wagt: »Warum auch sollte ein bislang deutsches oder französisches Unternehmen, das mittlerweile 70 Prozent seines Umsatzes und 90 Prozent seines Gewinns im Fernen Osten macht, am angestammten Firmensitz festhalten?« Miegel liefert die Antwort gleich hinterher: »Ein solches Unternehmen wird langsam, aber sicher chinesisch oder was auch immer, und zwar vom Pförtner bis zum Chef.«

Zukunftsmusik? Wenn man auf die Zwischentöne deutscher Vorstandschefs hört, kann man zumindest Gedankenspiele dieser Art heraushören. So sagt zum Beispiel Udo Ungeheuer, der Vorstandschef des Glasherstellers Schott: »Bisher war Mainz der Dreh- und Angelpunkt von Schott. Doch wir müssen unsere Geschäfte global aufstellen.« Er verfolgt bereits eine »Mission Asien«.

Martin Goetzeler, der Chef des Glühbirnen-Produzenten Osram, sagt nur: »Asien wird 2015 mehr als 50 Prozent des Weltlichtmarkts ausmachen.« Man kann diese Aussage auch so interpretieren: Warum sollen wir dann nicht auch das Geschäft von dort steuern? Der Anfang ist bereits gemacht: Mit Ballasts & Luminaires – das sind Vorschaltgeräte – wird seit kurzem erstmals ein gesamtes Geschäftsfeld aus Asien geführt.

Epcos-Vorstandsvorsitzender Gerhard Pegam ist da offener. Als der Chef des Schaltgeräte-Herstellers von der *Süddeutschen Zeitung* gefragt wurde, ob er Epcos – immerhin ein Dax-Unternehmen – bereits in einem Übergang vom deutschen zum asiatischen Unternehmen sehe, antwortete er: »Ja, allerdings über einen sehr, sehr langen Zeitraum. Wir können und wollen uns derzeit nicht komplett aus Deutschland zurückziehen.«

Epcos verabschiedet sich in Etappen aus Deutschland. Von den Geschäftsgebieten des Konzerns werden heute schon zwei komplett mit Entwicklung, Produktion, Qualitätskontrolle, Logistik und Marketing aus Asien gesteuert. »Solche Fälle wird es künftig häufiger geben«, sagt Pegam.

Was Epcos vormacht, werden die anderen nachmachen: Sie werden sich sukzessive, Geschäftsbereich für Geschäftsbereich aus Deutschland zurückziehen. Und am Ende ist der ganze Konzern weg.

Kein deutsches, sondern ein westliches Phänomen

Lou Dobbs ist einer der angesehensten amerikanischen Fernseh-Journalisten. In den USA kennt fast jeder den Mann mit den weißen Haaren und der sonoren Stimme. Beim Nachrichtensender CNN hat er seine regelmäßige Sendung »Lou Dobbs Tonight«. Firmenchefs kamen gerne zum Interview in seine Sendung.

Doch dann veröffentlichte Lou Dobbs Ende 2004 ein Buch mit dem Titel *Exporting America*. Daraufhin wurde er von allen Seiten attackiert: von Demokraten wie Republikanern – und Wirtschaftsführern. Als Kommunist, Nestbeschmutzer und Protektionist wurde der eher den Republikanern zugeneigte Dobbs beschimpft.

Was hatte er getan? Er hatte schlicht die Wahrheit gesagt und geschrieben. Und zwar die Wahrheit über den Export von Jobs. Fast täglich verlagern amerikanische Unternehmen Jobs nach Fernost. Sie schließen Fabriken zu Hause und bauen sie in China, Malaysia, Singapur und Indien wieder auf.

IBM zum Beispiel streicht 14 500 Stellen in den USA (und Westeuropa) und schafft gleichzeitg 14 000 neue Jobs in Indien. Michael Dell, Inhaber des gleichnamigen Computerbauers, kündigte an, bis 2009 seine Belegschaft in Indien auf 20 000 zu verdoppeln.

Nichts anderes als dieses gängige Phänomen des Offshorings und Outsourcings hat Dobbs in seinem Buch beschrieben. Und er hat die Job-Verlagerer alle namentlich erwähnt. Im Anhang hat er sie auf 32 (!) Seiten alphabetisch aufgelistet: Zwischen A wie Aalfs Manufacturing und Z wie Zetta Works sind alle, wirklich alle Top-Adressen der amerikanischen Wirtschaft vertreten.

Dobbs wirft den Konzernen vor, dass sie nicht nur ihre Arbeiter entlassen, sondern letztendlich auch ihre Konsumenten. Wer soll denn die Waren der US-Konzerne kaufen, wenn sie permanent ihre Mitarbeiter in die Arbeitslosigkeit entlassen? »Indien liefert uns die Software; China versorgt uns mit Spielwaren; Sri Lanka macht unsere Klamotten und Japan unsere Autos. Es stellt sich also die Frage: Was bleibt uns noch zum Produzieren? Und zu welchen Löhnen?«, fragt Lou Dobbs völlig zu Recht.

Immerhin: Anders als in Westeuropa wird das Thema Outsourcing in den USA wenigstens zur Kenntnis genommen sowie ernsthaft und zum Teil auch sehr emotional diskutiert.

Die Befürworter sind natürlich die Manager und Unternehmer mitsamt ihrer vielköpfigen Beraterschar, die ihnen das Outsourcing einredet, weil sie letztendlich davon profitieren. Voll des Lobes sind auch die Aktionäre, denn Outsourcing senkt erst einmal die Kosten und treibt den Kurs nach oben.

Auch die – meist republikanischen – Politiker stehen applaudierend Spalier, wenn sich die amerikanischen Unternehmen Richtung Fernost verabschieden. Legendär schon sind die Worte von Bushs ehemaligem Wirtschaftsberater Gregory Mankiw, der im Februar 2004 sagte: »Langfristig ist das (Outsourcing) gut für Amerika.«

Die Anhänger des Outsourcings führen zwei Argumente an: Erstens stärke Outsourcing die westlichen Unternehmen. Sie würden Kosten sparen, dadurch profitabler werden und schneller wachsen. Und wer wächst, schafft Arbeitsplätze. Bis dahin stimmt die Argumentationskette. Doch das große Fragezeichen ist: Warum sollen die neuen Arbeitsplätze in den USA entstehen und nicht gleich wieder in China, Indien oder anderen Ländern mit niedrigen Lohnkosten?

Zweites Argument: In den Ländern, in die Jobs verlagert werden, nimmt die Beschäftigung und damit auch die Kaufkraft zu. Immer mehr Chinesen und Inder können sich mehr leisten, greifen also zu amerikanischen (oder europäischen) Waren, was den Unternehmen im Westen zu mehr Umsatz und Wachstum verhilft.

Schwachpunkt dieser Argumentation: Warum sollen Chinesen und Inder Produkte aus dem Westen kaufen? Sie produzieren all die Waren doch selbst – und das auch noch billiger. Konkret: Warum sollen sie einen teuren VW oder Ford kaufen, wenn sie einen (chinesischen) Geely oder (indischen) Tata für 5000 Dollar oder noch weniger kaufen können?

Fazit: Outsourcing ist nicht gut für Amerika und auch nicht für Europa. Weder der alte noch der neue Kontinent können so schnell neue Jobs schaffen, wie sie durch Outsourcing einbüßen. Wer seinen Arbeitsplatz verliert, bekommt höchstens noch einen Job bei McDonald's oder in einem Supermarkt. Harvard-Professor Kenneth Rogoff sagte in einem *Spiegel*-Interview: »Diesen enormen Sog nach unten für ungelernte Arbeiter gibt es ja schon länger. Aber jetzt werden auch die mittleren und höheren Ränge vom Outsourcing betroffen – Menschen, die sich in ihrer Position sicher fühlten.«

John McCarthy vom Marktforschungsunternehmen Forrester hat errechnet, dass bis 2015 rund 3,3 Millionen gut bezahlte IT-Jobs Richtung Ausland (sprich: Asien) verschwinden werden. Und mit ihnen geht – so McCarthy – auch eine Lohnsumme von 316 Milliarden Dollar, die den USA als Kaufkraft fehlen werden. Es steigt die Armut, in der sich nach offizieller Definition bereits 12,7 Prozent der Amerikaner befinden.

Für die gesamte US-Wirtschaft schätzen Cynthia Kroll und Ashok Bardhan, Ökonomen an der University of California in Berkeley, dass die Jobs von 14 Millionen Amerikanern, also elf Prozent der gesamten Arbeitsbevölkerung, durch das Outsourcing gefährdet seien.

Und noch mehr könnten folgen. Denn: »Wir stehen erst am Beginn des Outsourcing-Phänomens«, schreiben Ron und Anil Hiral in ihrem Buch *Outsourcing America*.

Branche für Branche wandert aus

Metzingen, Industriegebiet, Dieselstraße 12. Hier residiert der deutsche Vorzeigeschneider Boss. Ein schlichtes Verwaltungsgebäude, eine große Lagerhalle – das war's, mehr ist nicht mehr in Metzingen.

Produziert wird in Metzingen nichts mehr. Boss lässt schon längst in Portugal, der Türkei, Osteuropa und anderen Ländern nähen und schneidern. Nur noch rund 1900 der insgesamt 7600 Beschäftigten arbeiten in der Zentrale. Dort residieren nur noch die Verwaltung und der Vertrieb.

Nicht anders sieht es bei Escada, Gerry Weber oder S. Oliver aus. Die Zentralen dieser deutschen Modemarken sind nur noch riesige Drehscheiben für die Waren, die aus aller Welt kommen, aus Süd- und Osteuropa, aus der Türkei und vor allem aus Asien.

Die Unternehmen der Textil- und Bekleidungsbranche gehörten in den 70er Jahren zu den ersten, die auswanderten. Die einfachen Tätigkeiten des Nähens und Schneiderns konnten auch Mitarbeiter im Ausland für viel weniger Geld als ihre deutschen Kollegen erledigen.

Der Modeindustrie folgten andere Konsumgüterbranchen: Spielzeuge, Schuhe, Sportartikel. Das sind sehr lohnintensive Industrien, die permanent auf weltweiter Suche nach günstigen Produktionsstätten sind – und dabei meist in Asien landen. Diese Branchen sind auf Nimmerwiedersehen weg.

Die zweite Auswanderungswelle kam etwas später. Sie erfasste die etwas gehobeneren Konsumgüterindustrien: Foto, Unterhaltungselektronik (braune Waren), Küchengroßgeräte (weiße Waren) und neuerdings auch die Handys. Bis auf ein paar wenige Ausnahmen werden solche Waren nicht mehr im westlichen Europa hergestellt, sondern in Osteuropa oder gleich im noch billigeren Asien. Die neue Generation der TV-Geräte – die Flachbildschirme – kommt nahezu ausschließlich aus Fabriken in China, Japan, Südkorea und Taiwan.

Fast alle diese elektronischen Produkte brauchen Chips, die ihr Innenleben steuern. Logisch, dass inzwischen auch fast die gesamte Chip-Industrie wegen der Nähe zu ihren Kunden in Asien sitzt. Europa hat sich deshalb fast ganz aus der Chip-Produktion verabschiedet. Zuletzt stieg Philips aus dem Geschäft aus.

Aber wir haben ja noch die Pharma- und die Chemieindustrie. Von wegen! Denn auch die Chemiebranche verflüchtigt sich sukzessive aus dem Westen. In den USA wurden 2004 allein siebzig Chemiefabriken geschlossen. Von den derzeit 120 weltweit in Bau und Planung befindlichen Fabriken (mit einem Investitionsvolumen von über einer Milliarde Dollar) entsteht nur eine (!) in den USA, aber gleich fünfzig in China.

Und auch die Pharmaindustrie verabschiedet sich leise aus Deutschland, das einst die Apotheke der Welt war. »Vor zwanzig Jahren zählten Hoechst und Bayer zu den weltweit fünf größten Herstellern von innovativen Medikamenten«, sagt der ehemalige Hoechst-Chef Jürgen Dormann gegenüber der *Wirtschaftswoche*, »heute sind deutsche Konzerne erst ab Platz 15 zu finden.«

Jürgen Mlynek, Chef der Helmholtz-Gemeinschaft, erklärt den Niedergang der deutschen Pharmabranche so: »Erst wurde die Produktion ins Ausland verlagert, dann auch immer mehr die Forschung.« Er warnt: »Wenn sich das in anderen Industrien wiederholt, und die Gefahr ist groß, dann können wir wirklich einpacken.«

Welche starken Branchen haben wir noch? Maschinenbau und vor allem die Autoindustrie. Doch wie lange noch?

Wie Toyota & Co. die westlichen Autokonzerne überholen

Detroit City um die Mittagszeit – fast ausgestorben ist diese Stadt. Nur um die Bürotürme der General-Motors-Zentrale unten am Fluss herrscht etwas Treiben. Abends ist die Stadt mausetot. In den vergangenen 30 Jahren halbierte sich die Bevölkerung. Detroit gilt als die unbeliebteste Großstadt Amerikas.

Der Spitzname der Stadt heißt Motown. Hier ist die Heimat der amerikanischen Autokonzerne Chrysler, Ford und General Motors. Oder soll man sagen: Hier *war* die Heimat der *Big Three*. Denn alle drei haben mehr oder weniger massive Probleme. Allein Ford und General Motors haben Verluste in Höhe von 7,2 Milliarden Dollar angehäuft, Zehntausende Entlassungen drohen, und immer wieder tauchen Gerüchte um einen Antrag nach Chapter 11 auf, also ein drohender Konkurs.

Sicher: Bei allen drei gab es hausgemachte Probleme und Management-Fehler. Aber doch stellt sich darüber hinaus die grundsätzliche Frage: Wie lange können in den USA noch Autos produziert werden?

Szenenwechsel: Wolfsburg, ebenfalls eine triste Stadt, deren Existenz von einer Branche, sogar nur von einem Unternehmen abhängt – Volkswagen. Auch hier – wie in Detroit – grassiert die Angst. Auch hier gab es Management-Fehler, zum Beispiel der Technikwahn des Ex-Chefs Ferdinand Piëch. Aber auch hier stellt sich die bange Frage: Kann VW überleben?

Keine Frage: die westliche Autoindustrie – ob in Deutschland, Frankreich, Italien (Fiat!) oder den USA – hat enorme Probleme, muss Fabriken schließen, Arbeiter entlassen. Opel machte den Anfang mit 10 000 Entlassungen, DaimlerChrysler will 8500 Jobs kürzen, und nun kommt noch VW mit 20 000. Über 45 000 Arbeitsplätze stehen allein in Deutschland zur Disposition.

In den USA will allein General Motors mehr als 12 Fabriken schließen, über 30 000 Jobs stehen auf der Kippe. Dieselbe Zahl hat Ford auf seiner Streichliste. Beim Zulieferer Delphi mussten 28 500 Mitarbeiter entlassen werden. Allein im US-Bundesstaat Michigan, dem Kernland der amerikanischen Autoindustrie, gingen seit dem Jahr 2000 rund 310 000 Arbeitsplätze verloren, die meisten in der Autoindustrie.

Ganz andere, nämlich viel positivere Zahlen vermelden die Autofirmen aus Fernost. Während die westlichen Hersteller auf der Kriechspur vorwärts schleichen, rasen die asiatischen Produzenten auf der Überholspur von einem Produktionsrekord zum nächsten. Inzwischen ist Toyota Weltmeister. Im Jahre 2005 machte Toyota 11,4 Milliarden Dollar Gewinn – so viel wie alle anderen großen Autohersteller der Welt zusammen. An der Börse ist Toyota so viel wert wie alle europäischen Hersteller gemeinsam.

Die Japaner gelten als die besten Autobauer die Welt. Die Fabriken im Städtchen Toyoda sind die effizientesten auf dem Globus. Immer wieder pilgern Autobauer aus aller Welt dorthin, um das Toyota-Erfolgsmodell zu studieren, aber sie sind offenbar unfähig, es zu kapieren, geschweige zu kopieren.

James Womack, einer der besten Produktionsexperten in der Autobranche, hat in seinem *Wall Street Journal*-Artikel *Why Toyota Won* fünf Schwächen der amerikanischen Hersteller gegenüber Toyota ausgemacht. Die wichtigste: »General Motors und Ford können einfach keine Autos zu einem Toyota-Preis entwickeln und herstellen.« Sie produzieren zu teuer, weil zu ineffizient. Bei General Motors brauchen die Arbeiter im Schnitt 23 Stunden, um ein Auto zusammenzubauen, bei Nissan 18 und bei Toyota gar nur 12 Stunden.

Weil das so ist, dominieren die Asiaten immer mehr die Autobranche. »Die Zukunft der Autoindustrie liegt in Asien«, lautet denn auch das Ergebnis des *Global Auto Executive Survey 2006* der Beratungsgesellschaft KPMG. Es sind in erster Linie die Japaner und die Südkoreaner, die attackieren. Aber im Rückspiegel kann man schon die ersten chinesischen Autos erkennen.

Mit ihrer bekannten Aggressivität erobern die Japaner Markt für Markt. Allein Toyota hat 51 Fabriken in aller Welt. Und die Asiaten bauen ihre Werke dort auf, wo ihre westlichen Konkurrenten abbauen. So ziehen Toyota, Honda und Nissan – die *Big Three* Japans – in den USA neue Fabriken hoch und weiten dort systematisch ihre Marktanteile aus. Und nicht nur das: Sie siegen auch bei der Qualität. In den berühmten *Consumer Reports* der USA liegen in allen zehn Kategorien japanische Autos vorne. Eine solche Dominanz hat es noch nie gegeben.

Doch die führenden Japaner werden gejagt – von den Südkoreanern. »Sie machen eigentlich dasselbe wie die Japaner, nur eben noch schneller«, konstatiert ein staunender Beobachter, nämlich DaimlerChrysler-Chef Dieter Zetsche. Vor allem Hyundai holt auf: 1998 noch weltweit die Nummer zwölf, waren sie 2004 schon die Nummer sieben, und 2010 wollen sie zur Nummer fünf avancieren.

Auch das südkoreanische Musterunternehmen baut gute und günstige Autos. Das US-Magazin *Forbes* stellt bei Hyundai »eine außergewöhnliche Verbesserung in der Qualität« fest und schreibt zudem: »Hyundai setzt nun die Trends, denen andere folgen müssen.« Ausgerechnet in der dahinsiechenden Motown Detroit zieht Hyundai ein neues Design-Center hoch.

Durch den Angriff der Asiaten geraten die westlichen Autoproduzenten massiv unter Druck. Vor allem die Massenhersteller kämpfen ums Überleben.

Für Garel Rhys, Auto-Experte und Professor an der Cardiff University, ist deshalb klar, dass das Fortleben der amerikanischen Autoindustrie davon abhängt, ob sie Autos produzieren kann, die gegenüber den Asiaten konkurrenzfähig sein werden. »Bislang haben sie das nicht geschafft«, sagt Rhys.

Bange Branchenbeobachter wie Rhys fragen sich deshalb, ob es in zehn bis 15 Jahren überhaupt noch eine amerikanische oder europäische Autoindustrie in der Größenordnung von heute geben wird: »Werden die europäischen und amerikanischen zu Nischenherstellern?«

Für das Autoland Deutschland hätte eine solche Entwicklung dramatische Konsequenzen: den Verlust an Know-how und vielen, vielen Arbeitsplätzen. So sagte Hans-Jörg Bullinger, Präsident der Fraunhofer-Gesellschaft, gegenüber dem *Spiegel*: »Ohne die Automobilindustrie kann man Deutschland kaum noch als Hightech-Land bezeichnen.«

Vielleicht noch gravierender sind die Folgen eines Niedergangs der Autobranche auf dem Arbeitsmarkt. Denn VW & Co. sind die größten Arbeitgeber hierzulande. Die Branche beschäftigt 1,8 Millionen Menschen. Jeder siebte deutsche Arbeitsplatz hängt direkt oder indirekt mit der Autoindustrie zusammen.

Ratlos auf den hohen Schuldenbergen

Outsourcing macht arbeitslos. Für den, der davon betroffen ist, ist das ein hartes Schicksal. Doch auch der Staat leidet, denn die Summe dieser Einzelschicksale ergibt in fast jedem westlichen Land ein großes volkswirtschaftliches Problem: Arbeitslosigkeit.

Wer arbeitslos ist, zahlt keine Steuern. Im Gegenteil: Er bekommt Geld vom Staat in Form von Sozialleistungen. Aber wer soll die Sozialsysteme finanzieren, wer soll die Steuern zahlen, wenn die Zahl der Arbeitslosen so hoch ist und vielleicht noch steigen wird?

Die westlichen Gesellschaften sind so konstruiert, dass sie auf den permanenten Strom von Steuern angewiesen sind, um die vielen Wohltaten des Staates zu finanzieren. Lässt der Strom nach, haben die Staaten ein großes Problem. Ohne die guten, hochbezahlten Jobs gibt es keine Steuereinnahmen, um unsere Bildung, Gesundheit, Infrastruktur und soziales Sicherheitssystem zu finanzieren.

Doch die guten, hochbezahlten Jobs nehmen ab. Immer weniger Menschen stehen in einem klassischen Arbeitsverhältnis, sind also fest angestellt und nahezu unkündbar. Immer mehr Menschen tummeln sich dagegen in so genannten prekären Beschäftigungsverhältnissen. Sie verdingen sich als (Pseudo-)Selbständige, in 400-Euro-Jobs oder als Teilzeitarbeiter und schönen nebenbei die Arbeitslosenstatistik, in der sie nicht auftauchen. »In Deutschland hat sich der Anteil derjenigen, die keiner Vollzeitarbeit nachgehen, in rund drei Jahrzehnten von reichlich einem Zehntel auf weit über ein Drittel erhöht«, schreibt Meinhard Miegel.

Dieses Drittel verdient gerade einmal das Nötigste zum (Über-) Leben. Und als Steuerzahler fallen sie auch aus. Der einzige Ausweg aus dieser Misere ist sowohl für den Privatmann als auch den Staat: Schulden machen.

Entsprechend steigen auch die Schulden. Besonders die USA haben sich zu dem Land der Schuldner entwickelt. Lou Dobbs sagt: »Die USA sind zur größten Schuldnernation der Welt geworden und zur größten Schuldnernation, die es je in der Weltgeschichte gab.« In den heutigen Vereinigten Staaten verhält sich fast niemand mehr nach dem antiquierten Motto von Benjamin Franklin, der einst sagte: »Es ist besser, ohne Abendessen ins Bett zu gehen, als morgens mit Schulden aufzuwachen.«

In den USA wachen viele Menschen morgens mit Schulden auf, darunter auch der Präsident George W. Bush. Und sie fühlen sich dabei nicht einmal schlecht. Im Land der tausend Einkaufsmöglichkeiten wird munter weiter konsumiert. Man hat ja mehrere Kreditkarten, die zu einem völlig überzogenen Lebenswandel animieren. Im Schnitt ist jeder Karteninhaber in den USA mit 9250 Dollar belastet. Insgesamt ist die private Verschuldung inzwischen auf die gigantische Summe von 10 000 Milliarden Dollar gestiegen. Mehr als zwei Millionen Amerikaner mussten 2005 ihren persönlichen Bankrott erklären.

Der amerikanische Staat musste dies noch nicht tun, obwohl er es eigentlich müsste. Aber Staaten können nun mal nicht in Konkurs gehen. Die USA leben weiter über ihre Verhältnisse, sie machen weiter wie bisher Schulden. Eine beliebte, eine bequeme Politik, die fast alle westlichen Länder verfolgen. Aber auch eine gefährliche Politik, vor allem für die künftigen Generationen, die die Zeche zu zahlen haben. »Für ein Land, dessen Bevölkerung und Wirtschaft expandiert, sind Schulden eine Last. Für ein Land, dessen expansive Pläne zu Ende gehen, sind sie jedoch Gift«, kritisiert Meinhard Miegel.

Ob die Staaten im Westen bei steigender Arbeitslosigkeit je von ihren Schuldenbergen herunterkommen werden, ist äußerst fraglich. Sie müssten auf jeden Fall gravierende Einsparungen vornehmen – und das über einen langen Zeitraum. Der Chef des Bundeskanzleramts, Thomas de Maizière, hat das in einem Interview mit der *Financial Times* schon einmal angekündigt: »Meine Prognose ist, dass die Haushaltskonsolidierung eine Priorität für alle Regierungen in den nächsten 30 Jahren sein wird.«

Die europäische Krankheit

Esko Aho war lange Zeit finnischer Ministerpräsident. Er kennt deshalb Europa und die Brüsseler Szene bestens. Die EU-Kommission hat ihn 2005 an die Spitze einer kleinen Expertengruppe berufen, die den Regierungen erklären soll, wie man ein innovatives Europa schafft. Er weiß also, wovon er spricht.

Im Frühjahr 2006 hatte er ein paar europäische Journalisten zu Gast, zu denen er eingangs sagte: »Lasst uns offen über die Probleme reden.« Er sei ja kein Politiker mehr, der wiedergewählt werden müsse, also könne er die Wahrheit sagen. Und die hörte sich dann so an: »Europa ist auf dem absteigenden Ast.« Wenn nichts passiere, drohe – so Aho – spätestens 2050 der wirtschaftliche Niedergang.

Europa ist aber jetzt schon in keinem guten Zustand, weder die EU noch deren Mitgliedstaaten. Aus allen Ecken des Kontinents kommen düstere Diagnosen.

In Italien sagt der Chefökonom des Industrieverbandes Confindustria: »Italien ist der kranke Mann der Welt.«

In Frankreich warnt Nicolas Bavarez, Wirtschaftsanwalt und Buchautor (*La France Qui Tombe*/Frankreichs Abstieg): »Wir befinden uns in einer großen nationalen Krise.«

In Großbritannien stellen die beiden Wissenschaftler und Buchautoren (*Global Europe, Social Europe*) Patrick Diamond und Anthony Giddens fest: »Die EU sieht sich einer Krise von historischem Ausmaße gegenüber.«

In Osteuropa – vor gar nicht allzu langer Zeit noch die hoffnungsvolle Aufbruchregion des Kontinents – fragen sich laut Meinhard

Miegel viele Menschen: »Wird unser Aufbauwerk gesichert sein, ehe der Westen erlahmt und möglicherweise Asien die Regie übernimmt?«

Warum dieser Pessimismus allenthalben? Was ist faul im Staate Europa?

Zunächst die traurigen ökonomischen Wahrheiten: Rund 20 Millionen Menschen sind in der EU arbeitslos. Und weitere 93 Millionen haben überhaupt keinen Zugang mehr zum Arbeitsmarkt, obwohl viele von ihnen arbeiten möchten, wenn sie nur etwas finden würden. Die Arbeitslosigkeit unter Jugendlichen liegt bei rund 20 Prozent. Noch gravierender ist jedoch, dass jedes fünfte Kind in der EU unter der Armutsgrenze leben muss. Der Lebensstandard vieler Menschen vor allem in den großen EU-Ländern stagniert oder geht gar zurück.

Nach fast 40 Jahren permanenter Wohlstandssteigerung ist Westeuropa unter Druck – vor allem aus Asien. »Mit dem Aufstieg Chinas, Indiens und anderer aufstrebender Volkswirtschaften steht Europa vor Herausforderungen, die Europas Gründerväter nicht vorhersehen konnten«, schreibt Großbritanniens Schatzkanzler Gordon Brown in seinem Diskussionspapier *Global Europe: full-employment Europe*. Er zieht darin einen interessanten Vergleich: Vor 20 Jahren seien nur zehn Prozent aller Waren aus der so genannten Dritten Welt gekommen, im Jahre 2020 werden es dagegen 50 Prozent (die überwiegend aus Asien kommen) sein. Das heißt: Europas Anteil am Welthandel wird weiter deutlich sinken.

Das europäische Sozialmodell trägt unter diesen sich rapide verschärfenden Wettbewerbsbedingungen nicht mehr. Deshalb sagt Martin Wolf, der Chefkommentator der *Financial Times*: »Es ist für die Europäer die Zeit gekommen, sich das Undenkbare zu fragen: Können sie ihr Sozialmodell behalten?« Er beantwortet die Frage mit Nein – wie auch viele europäische Politiker, ob britische Konservative, deutsche Sozialdemokraten oder italienische Kommunisten.

Doch welches Modell soll an dessen Stelle treten? Darüber streiten sich die Politiker aller Parteien. »Die Regierungschefs haben es bislang nicht geschafft, ein kohärentes Programm für Strukturreformen zu formulieren«, kritisieren Patrick Diamond und Anthony Giddens. Jedes Land wurschtelt allein vor sich hin.

Eine Korrektur des Sozialstaates ist sicher die eine – eher unbequeme – strategische Notwendigkeit für Europa, die uns noch viel Streit und Streiks sowie einige abgewählte Regierungen bescheren dürfte.

Der andere – eher positive – Imperativ lautet: Europa muss mehr in Bildung und Forschung investieren, um die Angriffe aus Asien zumindest mit dem ein oder anderen besseren und innovativeren Produkt abzuwehren!

Aber wie steht es um die Innovationen in Europa?

2 Alte und satte Gesellschaften – wenig Bildung, wenige Innovationen

»Wenn die Politik nicht heute damit beginnt, noch stärker in Bildung zu investieren und die Effizienz des Bildungssystems zu erhöhen, ist der künftige wirtschaftliche Abstieg Deutschlands programmiert.«

Wolfgang Franz, Präsident des Zentrums für Europäische Wirtschaftsforschung

Yan ist ein guter Freund von mir. Vor ein paar Jahren kam er aus China nach Hamburg, um Betriebswirtschaft zu studieren. Er sprach kaum Deutsch, doch er lernte es schnell und zog in zehn Semestern sein Studium durch. Dabei jobbte er nebenbei noch als Qigong-Lehrer und Kellner, um das nötige Geld fürs Studium zu verdienen. Oft hat er nächtelang gelernt. Seine Frau, die in China lebt, sah er jahrelang nicht.

Welcher Deutsche, welcher Amerikaner würde Vergleichbares tun? Wenige. In China dagegen gibt es viele Yans, viele Tausende, vielleicht viele Hunderttausende. Die Yans sind hungrig nach Bildung und Wissen.

Dort die hungrigen, hier die satten Gesellschaften. Nirgendwo zeigt sich diese Diskrepanz zwischen Ost und West deutlicher als in der Bildung.

Wir im Westen haben bereits über 50 Jahre Wohlstand hinter uns, die Menschen in Asien haben noch Jahrzehnte Wohlstand vor sich. Dort fängt er erst an. Wie unsere Eltern im Nachkriegsdeutschland der 50er Jahre wollen die Asiaten nach oben kommen. Es gilt das

Motto von damals: Unsere Kinder sollen es besser haben. Was eignet sich dazu besser als eine gute (Aus-)Bildung?

Im Westen dagegen hat Bildung deutlich an Stellenwert verloren. Dabei sind für die meisten Staaten im Westen kluge Köpfe der einzige Rohstoff, den sie haben. Sowohl für die meisten Eltern als auch für viele Staaten hat jedoch Bildung keine Priorität. So ist der deutsche Staat trotz seines schlechten Abschneidens unter anderem in der Pisa-Studie nicht willens und in der Lage, wesentlich mehr in Bildung zu investieren.

Und viele Eltern stehlen sich aus der Verantwortung, ihren Kindern eine gute Ausbildung zu ermöglichen. Aus falsch verstandener Toleranz schauen sie zu, wie diese die Schule abbrechen, sich zu einem mäßigen Abschluss quälen und in ihrer Freizeit nur Spaß haben wollen.

Diese Entwicklung ist gefährlich. Denn: »Unsere Kinder konkurrieren zunehmend mit chinesischen, indischen und anderen asiatischen Kids«, sagt Thomas L. Friedman, Autor des Buches *Die Welt ist flach*. In einer globalisierten Welt gibt es keine nationalen Arbeitsmärkte mehr, sondern nur noch einen globalen. Und da werden mittelmäßige Schüler aus Deutschland oder den USA keine Chance gegen lernbessenene Chinesen und Inder haben, die ihnen nicht nur quantitativ, sondern auch qualitativ überlegen sein werden.

Die Bildungsmisere hat jedoch nicht nur eine individuelle, sondern auch eine gesellschaftliche Dimension: Bildung und das dadurch erworbene Wissen sind die Basis jeglicher Innovation. Wer Bildung vernachlässigt, wird deshalb zwangsläufig Probleme mit der Forschung bekommen. So stagnieren schon jetzt die Forschungsaktivitäten im Westen, während die Asiaten in wichtigen Zukunftstechnologien kräftig aufholen. Selbst die technologische Spitzenreiterrolle der USA, die sich lange Zeit so überlegen fühlten, ist ernsthaft in Gefahr.

Denn neben der Bildungsmisere plagt den Westen noch ein zweites, völlig unterschätztes Problem: der Mangel an Ingenieuren. Vor allem in den USA fehlen Zehntausende von Ingenieuren. Dabei sind die Technologiekonzerne wie Microsoft oder die Weltraumbehörde Nasa auf permanenten Nachschub angewiesen. Wenn der ausbleibt, haben diese Unternehmen ein Problem – und damit ganz Amerika.

Asien kennt dieses Problem nicht: Das kleine Südkorea »produziert« zum Beispiel jährlich genauso viele Ingenieure wie das große Amerika. Von China und Indien erst gar nicht zu reden.

Marodes Bildungssystem (I) – Deutschland

Anja Ziegon ist Mutter von drei schulpflichtigen Kindern. Trotzdem – oder gerade deshalb – engagiert sie sich. Sie ist Vorsitzende im Grundschulausschuss des Bundeselternrates. Als Mutter und Funktionärin ist sie entrüstet. »Wenn ich sehe, wie in den Grundschulen gespart wird, dann sträuben sich mir die Nackenhaare«, sagt sie gegenüber der *Financial Times Deutschland*. Dann lässt sie Zahlen sprechen: Deutschland gebe im Durchschnitt weniger für Grundschulen aus als andere Industrieländer. Und deutsche Grundschüler hätten 20 Prozent weniger Unterricht als ihre ausländischen Altersgenossen.

So weit der traurige Alltag, die harte Wirklichkeit. Und der Anspruch? Der ist im Koalitionsvertrag auf geduldigem Papier niedergeschrieben. »Deutschlands Zukunft liegt in den Köpfen seiner Menschen. Bildung ist ein Schlüsselthema für die weitere Entwicklung unserer Wirtschaft und unseres Lebens«, heißt es im Papier der Berliner Großkoalitionäre. Und Bundespräsident Horst Köhler hat in seiner Berliner Rede vom 21. September 2006 nachgelegt: »Bildung ist die wichtigste Investition, die unsere Gesellschaft und jeder Einzelne tätigen kann. Wer an der Bildung spart, spart an der falschen Stelle.«

Ja, die Erkenntnis der Politiker ist völlig richtig. Wir leben in einer Wissensgesellschaft. »Wissen wird zum entscheidenden Standortfaktor für eine Gesellschaft im globalen Wettbewerb«, sagt Jürgen

Kluge, Ex-Chef von McKinsey Deutschland. Für den Berater ist »Wissen nahezu der einzige Rohstoff Deutschlands«. Er kann nur durch Bildung gefördert werden. Doch daran hapert es in Deutschland gewaltig. Nochmals Kluge: »Mangelnde Bildung ist das eigentliche Manko dieses Landes.«

Vor allem in der frühkindlichen Bildung, also in der Grundschule, sieht es hierzulande ziemlich katastrophal aus. Ausgerechnet der Bereich, in dem die Grundlagen gelegt werden sollten, wird vom Staat stiefmütterlich behandelt. Dabei ist wissenschaftlich längst bewiesen, dass im frühen Kindesalter die Weichen für die Zukunft gestellt werden. Der amerikanische Nobelpreisträger James Heckman sagt: »Investitionen in ganz junge Kinder machen ökonomisch den meisten Sinn.«

Doch was macht Deutschland? Das Gegenteil. Die Grundschule wird nur unterdurchschnittlich mit Mitteln ausgestattet. Rund 4600 Euro gab der deutsche Staat für jeden Grundschüler aus. Er rangiert damit auf Platz 20 unter den 28 OECD-Ländern.

Wie groß war der Aufschrei, als die berühmte Pisa-Studie unseren Schülern ein schlechtes Zeugnis ausstellte. Die Nation regte sich monatelang auf, die Politiker versprachen schleunigst Nachhilfe. Doch Anja Ziegon, die Mutter im Bundeselternrat, sagt: »Alle reden über Pisa. Aber ich kann nicht erkennen, dass Bildung für die Kleinsten eine Priorität in der deutschen Politik ist.«

Überhaupt scheint dort Bildung nicht die gebührende Anerkennung zu finden. Bildung eignet sich ideal für Sonntagsreden. Dabei wird Bildung häufig als Allzweckwaffe beschrieben. »Es gibt kaum ein soziales Defizit, kaum einen deutschen Reformrückstand, bei dem Bildung nicht als geeignetste Medizin empfohlen wird«, schreibt der Politologe Paul Nolte in seinem Essay *Baustelle Bildung*.

Doch im Alltag sieht es anders aus. Nach Berechnungen des Statistischen Bundesamtes gingen 2004 private wie öffentliche Investitionen in Bildung zurück, und zwar von 193,9 auf 193,3 Milliarden Euro. Und welchen Stellenwert Bildung in der Politik hat, konnte man in der Föderalismus-Reformdebatte erkennen. Dort siegten letztlich die Provinzfürsten. Jedes der 16 Bundesländer darf nun seine eigenen Bildungsgesetze machen. Kleinkarierter geht es nicht mehr. Statt Kräfte zu bündeln, was angesichts der Bildungsmisere nottäte, verzehren sich die Bildungspolitiker nun in unproduktiven Länderkämpfen.

Ex-Bildungsministerin Edelgard Buhlman, die bis zuletzt gegen diese Kleinstaaterei kämpfte, echauffiert sich im *Spiegel*: »Das gibt es nirgendwo auf der Welt: Nur in Deutschland soll der Zentralregierung ausdrücklich verboten werden, Bildung zu fördern.« Sie prophezeit: »Die Bildung wird an Geld und politischem Gewicht verlieren.«

Doch es ist nicht nur der Staat, der in Sachen Bildung versagt. Es sind auch die unmittelbar Betroffenen: die Schüler und Studenten. »Sind sie heiß auf Bildung, wie man das bei den jungen Erwachsenen aus osteuropäischen und ostasiatischen Ländern täglich erleben kann?«, fragt eher rhetorisch Paul Nolte.

Nein, sie sind nicht heiß. Sie sind – und das kann man ihnen nicht vorwerfen – Kinder der Wohlstandsgesellschaft. Sie mussten um nichts kämpfen, wie zum Beispiel ihre Eltern in der entbehrungsreichen Nachkriegszeit. Sie sind satt und deshalb nicht so bildungshungrig wie beispielsweise ihre Altersgenossen in China und Indien, die tage- und – wenn es sein muss – nächtelang für gute Examina büffeln, um so nach oben zu kommen.

Sie haben außerdem keine Eltern, die sie dazu antreiben. »Der Bildungsdrang, der den Westen einst beseelte, ist weithin abgestorben. Noch vor zwei Generationen brachten die Menschen große Opfer, damit ihre Kinder etwas lernten. Heute ist das vielen gleichgültig«, bedauert Meinhard Miegel.

Die Bildungsaversion ist deshalb in hohem Maße »das Versagen der Eltern«, wie der ehemalige Marburger Lehrer Joachim Kurschke einen *Spiegel*-Essay titulierte. Er kritisiert »die gegenwärtig erzieherische Abstinenz vieler Eltern«, die lieber einem hedonistischen Lebensstil frönten. »Manche wollen gar nicht Eltern sein, sondern der Freund, der gute Kumpel ihrer Kinder«, stellt Kurschke fest.

Ein Zustand, der auf Dauer nicht tragbar ist. Kurschke fordert deshalb, auch wenn das sehr konservativ klingt: »Die Eltern müssen wieder mehr erzieherische Verantwortung übernehmen.« Thomas L. Friedman sagt: »Wir brauchen eine neue Generation von Eltern, die aus Liebe hart genug sind, um ihren Kindern zu sagen: Es ist Zeit, euren Game Boy wegzulegen, den Fernseher und den iPod auszumachen – und euch ans Lernen zu machen.«

Die Spaßgesellschaften oder der Tanz auf der Titanic

DSDS? Sie kennen DSDS nicht? Dann sind Sie kein Mitglied der Spaßgesellschaft und lesen womöglich allen Ernstes Bücher.

DSDS ist das Kürzel für *Deutschland sucht den Superstar.* So hieß eine erfolgreiche Serie, die über Monate hinweg dem Privatsender RTL traumhafte Einschaltquoten bescherte. Mädchen und Jungen in der tiefsten Pubertät versuchten vor laufender Kamera zu singen und zu tanzen.

Ein so genannter Prominenter namens Dieter Bohlen saß – umrahmt von anderen Juroren – als Scharfrichter auf dem Sofa und senkte oder reckte den Daumen über unzählige trällernde Teenager, die alle nur einen Traum hatten: ein Superstar zu werden, berühmt zu sein und viel Geld zu verdienen.

Das ist der Stoff, aus dem die Träume vieler Jugendlicher im Westen sind. Ganz im Gegensatz zu denen im Osten, in Asien.

Im Westen verehrt man blonde Popsternchen wie Britney Spears, im Fernen Osten dagegen produktive Unternehmensgründer wie Bill Gates.

Warum das so ist, kann nur ein Psychologe erklären: »Die heutigen Jugendlichen befinden sich in einem Zustand ideeller Haltlosigkeit und seelischer Heimatlosigkeit«, analysiert der Psychologe und Buchautor *(Deutschland auf der Couch)* Stephan Grünewald,

»ohne eine konkrete Zielvision flüchten sich daher immer mehr Jugendliche in diffuse Superstarphantasien.«

Aber nicht nur orientierungslose Jugendliche suchen Zuflucht in einer Scheinwelt der Stars und Sternchen, ein ganzes Volk giert offenbar nach Ablenkung und Zerstreuung. Es tanzt auf der Titanic, um die Probleme und Tristesse des Alltags zu vergessen und nicht an drohende Arbeitslosigkeit oder sinkenden Lebensstandard denken zu müssen.

Ganz Deutschland – so scheint es – ist inzwischen eine Event-Landschaft geworden. Alles ist Mega, Giga – und manchmal schlicht nur Gaga. Ob Stefan Raab furchtlose Promis auf dem Wok durch den Eiskanal schickt oder junge Damen im ersten Stiletto-Run über den Berliner Ku'damm stolpern – keine Idee kann schräg genug sein, um nicht Tausende auf die Straße und Hunderttausende vor die Kiste zu locken.

Mitte der 80er Jahre hat der amerikanische Kommunikationswissenschaftler Neil Postman das Buch *Wir amüsieren uns zu Tode* geschrieben. Rund 20 Jahre später scheint seine Prognose – zumindest für die westliche Welt – einzutreffen. Dreieinhalb Stunden sitzt der Durchschnittsdeutsche vor der Kiste und lässt sich von einem immer seichter werdenden Programm berieseln. Noch höher ist der Fernsehkonsum in den USA, was auch dort das Bildungsniveau nicht unbedingt hebt.

Marodes Bildungssystem (II) – USA

Monta Vista High in Cupertino und Lynbrook High in San José sind zwei angesehene High Schools in Kalifornien. Doch immer weniger weiße Eltern wollen ihre Kinder auf die beiden Schulen schicken. So ist in den vergangenen zehn Jahren der Anteil der weißen Schüler an der Lynbrook High auf 25 Prozent gefallen.

In beiden Schulen dominieren inzwischen die Kinder asiatischer Familien. Und die sind fleißig, lernbegierig und zeigen Interesse an den – von ihren amerikanischen Mitschülern – verpönten Fächern Mathematik und Naturwissenschaften. Da kommen die weißen Schüler nicht mehr mit, oder sie haben keine Lust darauf, mitkommen zu wollen. Sie wechseln deshalb auf Schulen, wo die Konkurrenz nicht so groß ist und sie es etwas bequemer haben.

Das ist eine Kapitulation im eigenen Land. Nichts verdeutlicht die Misere im amerikanischen Bildungssystem mehr als diese Flucht.

Die High Schools sind im Gerede. Ganz Amerika diskutierte im Sommer 2006 über das Versagen der Schulen. Darüber hat der ehemalige hohe Washingtoner Beamte John Bridgeland einen Forschungsbericht veröffentlicht. Sein Titel: *The Silent Epidemic.* Die stille Epidemie, die sich immer mehr ausbreitet und immer mehr Jugendliche infiziert.

Rund 30 Prozent aller High-School-Schüler steigen vorzeitig aus. Besonders dramatisch ist die Situation in Großstädten wie New York, Los Angeles, Dallas, Houston, Denver und Cleveland. Einsames Schlusslicht ist Detroit: Dort schaffen gerade einmal 21,7 Prozent den Abschluss an der High School.

Als wichtigen Grund geben die meisten Teenager an, dass der Unterricht uninteressant gewesen sei. Aber auch der Wunsch, schnell Geld zu verdienen, spielt eine große Rolle. Lieber verkaufen sie für ein paar Dollars Hamburger bei McDonald's, als für die Schule beziehungsweise das Leben zu pauken.

Doch es sind nicht nur die Schüler, die keine Lust auf die Schule haben, sondern auch viele Lehrer. »Knapp 50 Prozent der neuen Lehrer verlassen innerhalb von fünf Jahren wieder ihr Lehramt«, steht im Bericht *Teaching at Risk: Progress & Potholes* der hochkarätig besetzten *Teaching Commission.* Besonders frustriert seien die Lehrer für Mathematik und Naturwissenschaften. Ihre Fächer stoßen auf das geringste Interesse. Zudem schneiden US-Schüler in der Pisa-Studie im Fach Mathematik mit am schlechtesten ab.

Doch das sind genau die Fächer, die bislang die Basis des amerikanischen Erfolges in vielen Technologiebereichen waren, zum Beispiel Informations- und Kommunikationstechnologie, Computerbau, Pharmazeutik, Gen- und Biotechnologie. »Mathematik und Naturwissenschaften sind entscheidend für die Wettbewerbssituation unseres Landes in der globalen Wirtschaft«, stellt deshalb das *Business-Higher Education Forum* in seinem aufsehenerregenden Report über die Krise in der Mathematik-Ausbildung des Landes fest.

Die Autoren des Reports sehen Amerikas Wettbewerbsfähigkeit in Gefahr, wenn nicht sofort etwas in Sachen Mathematik und Naturwissenschaften getan wird. Ihr eindringlicher Appell: »Mehr Amerikaner *müssen* mehr über Mathematik und Naturwissenschaften wissen.«

In der Vorschule, in der Schule und an den Unis müssten diese Fächer wieder an Bedeutung gewinnen. Sollte das nicht gelingen, prophezeien die Autoren Schlimmes, nämlich »Amerikas sofortigen Niedergang als wirtschaftliche Führungsmacht«.

Ohne Bildung keine Innovationen

Innovationen sind wichtig. Wer innovativ ist, dem kann nichts passieren. Nur die innovativen Nationen werden überleben. Das haben die Politiker verstanden, deshalb benutzen sie gerne das Zauberwort Innovation.

Zum Beispiel in einer Rede von Bundeskanzlerin Angela Merkel, die sie Ende Januar 2006 in Davos gehalten hat. Ein Auszug: »Wir müssen in die Zukunft investieren. Das heißt für mich, dass wir vor allen Dingen in F+E investieren müssen, weil Innovation der eigentliche Schlüssel ist. Wir können diesen Wohlstand nur halten, wenn wir der Innovation absoluten Vorrang einräumen.«

Oder der Koalitionsvertrag: »Nur an der Spitze des wissenschaftlichen und technischen Fortschritts wird unser rohstoffarmes Land seine Zukunftschancen wahren. Wir müssen in Deutschland vor allem durch permanente Innovationen Wettbewerbsvorsprünge erzielen, damit wir um so viel besser werden, wie wir teurer sind.«

Goldene Sätze, die jeder unterschreiben kann. Aber alles fromme Wünsche. Denn die deutsche, die europäische Wirklichkeit in Sachen Innovation sieht anders aus.

Zur Zustandsbeschreibung genügt ein nüchterner Satz: »Die technologische Leistungsfähigkeit Deutschlands hat sich nicht gut entwickelt.« Das schreibt das Bundesministerium für Bildung und Forschung in seinem *Bericht zur technologischen Leistungsfähigkeit Deutschlands 2006*. In ihm wird schonungslos analysiert, wo Deutschland technologisch steht, nämlich – um es milde auszudrücken – nicht im vorderen Feld der Industrienationen.

Warum das so ist, erklären die Ministerialbürokraten in ihrem Bericht so:

- Die Ausgaben für Forschung und experimentelle Entwicklung wurden von der Wirtschaft nicht kräftig genug erhöht.
- Der F+E-Personalstamm ist auf das Niveau Westdeutschlands von Mitte der 80er Jahre zurückgefahren worden.
- Innovationen richten sich immer häufiger auf die Senkung von Kosten.
- Spitzentechnologien im deutschen Exportwarenkorb haben kein hohes Gewicht.
- Die Gründungsdynamik ist im internationalen Vergleich recht niedrig.
- Die Bedeutung Deutschlands für F+E in der Weltwirtschaft hat sich stark reduziert.

All diese Sätze sind wörtliche Zitate. Sie summieren sich zu einem düsteren Bild. Deutschland ist technologisches Mittelmaß. Da passt es ins Bild, dass nur noch sechs Prozent der Deutschen an eine hohe Innovationskraft im Lande glauben (in Japan sind es übrigens 40 Prozent).

Dabei ist es nicht so, dass Deutschland in der Forschung schlechter geworden wäre. Es ist einfach nur stehen geblieben. Christoph Grenzmann vom Stifterverband für die Deutsche Wissenschaft sagt: »Der Forschungsstandort Deutschland hat sich nicht weiterentwickelt.« Während des deutschen Stillstands holten und holen andere – vor allem asiatische – Nationen auf, und manche zogen gar vorbei.

So hinkt Deutschland bei manchen Spitzentechnologien wie der Gentechnik, den Gesundheitswissenschaften oder der Internet-Weiterentwicklung hinterher. »Bei der absoluten High-End-Technologie ist Deutschland zurückgefallen«, konstatiert Oliver Koppel, Forschungsexperte am Institut der deutschen Wirtschaft, gegenüber der *Wirtschaftswoche*. So beträgt der Anteil der Spitzentechnologie an der gesamten deutschen Ausfuhr 18,5 Prozent. Das ist lediglich Platz 11 im internationalen Vergleich.

Ein wichtiger Grund hierfür: Die Unternehmen investieren zu wenig in Forschung und Entwicklung. Nach einer Umfrage des Stifterverbandes für die Deutsche Wissenschaft haben 2005 deutsche Firmen »erstmals seit zehn Jahren weniger Geld für F+E ausgegeben als im Vorjahr«. Sie verwenden es offenbar lieber für Entlassungen (die viele Millionen kosten können) oder für oft sinnlose Übernahmen.

Ein Trend, der auch in Europa zu erkennen ist: Die 500 größten europäischen Firmen erhöhten nach dem *Research and Development Scoreboard* des britischen Industrieministeriums DTI ihre Forschungsetats kaum, während die 500 größten Konzerne außerhalb Europas klotzen, insbesondere die Asiaten. Spitzenreiter ist Südkorea, wo Konzerne wie Samsung Electronics, Hyundai Motor und LG Electronics extrem viel in ihre Zukunft investieren.

Forschung kostet Geld – privates wie öffentliches. Immerhin will die Große Koalition mehr tun als die rot-grüne Regierung. Im August 2006 stellte sie vollmundig ihre Hightech-Strategie vor: »Bis zum Jahr 2020 können wir aus Deutschland die forschungsfreudigste Nation der Welt machen.« Knapp 15 Milliarden Euro will sie mit der Gießkanne über 17 ausgewählte Technologiefelder schütten. Ob danach Deutschland eine blühende

Landschaft ist? Wohl kaum. Die Gießkanne dürfte viel zu früh leer sein.

Die Bildungs- und Forschungsministerin Annette Schavan weist derweil dezent darauf hin, dass der Bund für Hartz IV dreieinhalbmal so viel ausgebe wie für Bildung und Forschung.

Böses Erwachen der europäischen Traumtänzer

Es war beim EU-Gipfeltreffen im März 2000 in Lissabon. Die damals 15 Regierungschefs verabschiedeten die Lissabon-Agenda 2010. Spätestens im Jahre 2010 sollte die EU – so das gestelzte Eurokraten-Deutsch – der »wettbewerbsfähigste und dynamischste wissensbasierte Wirtschaftsraum der Welt« sein. Um dieses ambitionierte Ziel zu erreichen, sollten spätestens 2010 drei Prozent des Bruttosozialprodukts (BSP) für Forschung und Entwicklung ausgegeben werden.

Ein schönes Ziel, ein hehres Ziel. Endlich: Europa tritt an, um aufzuholen. Doch schon auf halber Strecke war klar: Die Gipfelstürmer von Lissabon haben sich übernommen, sie haben zu viel versprochen. Im Juli 2005 schlug deshalb die EU-Kommission Alarm: Bei den Forschungsinvestitionen sei nahezu eine Stagnation eingetreten. Wenn sich der derzeitige Trend fortsetze, würden die Investitionen in Forschung und Entwicklung im Jahr 2010 nur bei 2,2 Prozent des BSP und nicht bei den anvisierten drei Prozent liegen.

Kurz vor dem Brüsseler Gipfel im März 2006 kursierte in Ratskreisen ein Papier mit einer vielsagenden Tabelle. Darin konnte man ablesen, wie weit die meisten Staaten vom Drei-Prozent-Ziel noch entfernt sind, sieht man einmal von den skandinavischen Musterknaben Finnland und Schweden ab.

Die verfehlten Ziele
Anteil der Forschungsausgaben am Bruttosozialprodukt
(in Prozent)

Land	Anteil
Schweden	3,74
Finnland	3,51
Deutschland	2,49
Frankreich	2,16
Großbritannien	1,79
Niederlande	1,77
Italien	1,14
Spanien	1,07

»Wir erwarten, dass die Mitgliedstaaten glaubwürdige und ehrgeizige Aktionspläne vorlegen, damit Lissabon funktioniert«, forderte deshalb die EU-Kommission. Die Regierungschefs reagierten auf diesen Appell auf dem Brüsseler Gipfel im März 2006, wie sie immer reagierten: mit schönen Worten. In den Schlussfolgerungen des Rates heißt es, die 25 Regierungschefs haben beschlossen, »der (Lissabon-)Strategie grundlegende neue Impulse zu geben« und »dass dafür alle geeigneten einzelstaatlichen und gemeinschaftlichen Mittel verstärkt mobilisiert werden müssen«.

Jeder weiß, dass die Ziele von Lissabon nicht erreicht werden, aber keiner gibt es zu. Auch Angela Merkel weiß es und druckst deshalb herum: »Europa kann dieses Ziel erreichen, aber es hat viel zu tun – bis zum Jahr 2010 der dynamischste Kontinent zu werden. Ich will mich jetzt nicht auf das Jahr festlegen; da haben wir, glaube ich, noch ein paar Probleme«, sagte sie im Januar 2006 in Davos.

Deutlicher werden Politiker, die nicht mehr an exponierter Stelle in Amt und Würden sind. Frankreichs Ex-Finanzminister und der jetzige Europa-Abgeordnete Dominique Strauss-Kahn sagt in *Newsweek*: »Die Lissabon-Strategie hat nicht funktioniert. Niemand hat irgendetwas getan.« Der ehemalige niederländische Ministerpräsident Wim Kok erklärt: »Jeder ist verantwortlich und damit letztendlich niemand.« Es ist auch bei der Lissabon-Strategie das übliche Brüsseler Schwarzer-Peter-Spiel: Jeder schiebt dem anderen Schuld und Verantwortung zu. Die Kommission den Regierungen und umgekehrt die Regierungen der Kommission.

Die Lissabon-Strategie ist grandios gescheitert. Lissabon hat gezeigt, dass die EU – die Regierungen mehr als die Kommission – nicht in der Lage ist, das Problem der zunehmenden Wettbewerbsnachteile vor allem gegenüber Asien zu lösen. Deutlicher konnte man die Unfähigkeit gegenüber aller Welt nicht dokumentieren.

Im fernen Asien fängt man schon an, den Kopf zu schütteln über das wunderliche Europa. In einem Gespräch mit europäischen Journalisten ließ der Außenminister Singapurs, George Yeo, ganz undiplomatisch seinen Gedanken über den alten Kontinent freien Lauf: »Europa steht vor einer sehr schwierigen Herausforderung.« Wenn es sich nicht rasch den Anforderungen der globalen Konkurrenz anpasse, werde es seine Wettbewerbsfähigkeit gegenüber den stark wachsenden Volkswirtschaften in Asien verlieren. Am Schluss seiner Rede diktierte er den verdutzten Journalisten in die Blöcke: »Die Märkte werden euch am Ende besiegen.«

Worte eines überheblichen Diplomaten? Nein, es gibt auch andere, die so denken und reden, auch Nicht-Asiaten. Zum Beispiel Hans-Jörg Seeberger, Chef und Eigentümer des Egana-Goldpfeil-Konzerns, dem unter anderen die Marken Dugena, Goldpfeil und Salamander gehören. Seeberger ist Deutscher, lebt aber seit Jahrzehnten in Asien, derzeit in Hongkong. Er pendelt regelmäßig zwischen beiden Welten in West und Ost und kann sich deshalb ein Urteil erlauben. Und das fällt nicht schmeichelhaft für Europa aus: »Wenn wir in Europa nichts ändern, dann werden wir – jetzt bitte nicht falsch verstehen – in 100 Jahren die Unterklasse sein. Ich weiß, welche Kraft in Asien liegt.«

Verlieren die USA ihre technologische Führerschaft?

Sie waren über ein Jahrhundert nahezu unschlagbar. Was entdeckten die Amerikaner nicht alles zwischen dem Ende des 19. Jahrhunderts und dem beginnenden 21. Jahrhundert? Die modernen Kommunikationstechnologien haben wir den Amerikanern zu verdanken. Erst erfand Samuel Morse den Telegrafen, dann Graham Bell das Telefon und schließlich der Exil-Schotte Tim Berness-Lee das Internet.

Die Amerikaner waren die Pioniere der Luftfahrt (Lindbergh), sie entwickelten die Massenfertigung am Fließband (Ford), sie entdeckten das Mittel gegen Kinderlähmung, sie setzten als Erste den Fuß auf den Mond, und, und, und ...

Die USA waren die globale Technologiemacht Nummer eins und sind es nach wie vor – doch man muss ein relativierendes *noch* hinzufügen. Denn zum ersten Mal kommen Zweifel auf, ob die USA diese technologische Führungsrolle verteidigen können. Publizisten, Unternehmer und Wissenschaftler heben warnend ihre Zeigefinger, die allerdings von den derzeit Regierenden übersehen werden.

Thomas L. Friedman weist darauf hin, dass die Zahl der amerikanischen Patente und wissenschaftlichen Veröffentlichungen seit Jahren kontinuierlich zurückgeht. Beides sind Frühindikatoren, die auf eine Innovationsschwäche hindeuten. Clyde Prestowitz stellt fest, dass Amerika auf dem besten Wege sei, seine technologische Führung in der Telekommunikation zu verspielen, also gerade in der Branche, der das Land so viel zu verdanken hat.

Neben den mahnenden Stimmen häufen sich in den vergangenen zwei Jahren die besorgten Berichte und Studien über die nachlassende Innovationsstärke der Amerikaner. Die Warnrufe kommen dabei von hochangesehenen Institutionen:

»Über Jahrzehnte hinweg hatte Amerika keine Rivalen. Aber nun verlieren die USA ihren Innovationsvorsprung. Das ist mindestens genauso gefährlich wie eine militärische oder terroristische Bedrohung«, heißt es in dem Bericht *Commitment to America's Future* des Business-Higher Education Forum.

»In der Wissenschafts- und Technologie-Gemeinschaft besteht beträchtliche Sorge um die Zukunft Amerikas als führender Hightech-Standort«, vermeldet *The President's Council of Advisors on Science and Technology*, das höchste Beratergremium des US-Präsidenten in Sachen Technologie.

The National Academy of Sciences gibt sich »zutiefst besorgt, dass die wissenschaftlichen und technologischen Fundamente unserer wirtschaftlichen Führung erodieren, und das zu einem Zeitpunkt, an dem viele andere Nationen stärker werden.«

Warum plötzlich diese Ängste, diese Selbstkritik der Amerikaner, die sonst doch vor Selbstbewusstsein nur so strotzen? Warum fürchten ausgewiesene Fachleute um die technologische Vormachtstellung des Landes der unbegrenzten Möglichkeiten?

Die Antwort ist ein Sammelsurium aus hausgemachten Problemen und Gefahren von außen.

Die Bedrohung hat einen Namen: Asien. Dort tun Regierungen alles, um technologisch aufzuholen. Sie setzen Technologiepolitik an die Spitze ihrer Prioritäten, sie investieren Milliarden in die Forschung, und sie haben den Vorteil der großen Masse. Während in den USA jährlich nur 70 000 fertige Ingenieure die Unis verlassen, sind es in Indien 200 000 und in China gar 500 000. Und diese Ingenieure sind gut, lernwillig und unschlagbar billig. Für die Kosten eines US-Ingenieurs kann man in China fünf und in Indien zehn einstellen.

Warum also nicht gleich dort forschen?, fragen sich viele US-Konzerne und tun genau das. Sie verlagern neben der Produktion auch Forschung & Entwicklung vor allem nach China. »Chinas Aufstieg zum Hightech-Standort macht uns zunehmend Sorgen«, schreibt *The President's Council of Advisors on Science and Technology*,

»die Verlagerung von Forschung dorthin gefährdet unsere Fähigkeit, permanent Innovationen zu entwickeln.«

Diese globale Herausforderung paart sich mit nationalen Problemen. So haben unter Präsident George W. Bush, der ein Mann des *Big Oil Business* ist, die alten Industrien offenbar eine höhere Priorität als die neuen zukunftsträchtigen. Außerdem musste seine Administration infolge der vielen kriegerischen Abenteuer viele Milliarden in den Rüstungsetat stecken, statt sie sinnvoller in Bildung und Forschung zu investieren, was dringend nötig wäre.

Und auch die private Wirtschaft muss falsche Prioritäten setzen. So geben die amerikanischen Unternehmen inzwischen mehr für Schadensersatz-Zahlungen aus als für Forschung + Entwicklung. Dies ist die Folge eines Rechtssystems, in dem – getrieben von einer geldgierigen Anwaltsindustrie – Verbraucher, die sich eine zu heiße Tasse Kaffee auf die Hose schütten, einen Millionenbetrag (in diesem Falle von McDonald's) als Schadensersatz zugesprochen bekommen.

Trotz der vielen alarmierenden Stimmen und Studien scheint die Regierung Bush die Gefahr des technologischen Niedergangs nicht zu sehen, oder sie will sie nicht sehen. Die Bush-Jahre könnten als die entscheidenden Jahre in die Geschichte eingehen, in denen die USA ihre technologische Führungsrolle in der Welt verspielte.

Überall fehlen Ingenieure

Bei der weltberühmten amerikanischen Raumfahrtbehörde NASA waren im Jahre 2004 nach Angaben von Thomas L. Friedman exakt 18 146 Mitarbeiter beschäftigt. Fast 40 Prozent davon waren über 50 Jahre alt. Sie gehen also in den nächsten 10 bis 15 Jahren in den Ruhestand und müssen ersetzt werden. Aber durch wen?

Das ist die große Frage, denn die USA steuern auf ein großes Problem zu: In den nächsten Jahren werden ihnen immer mehr

Ingenieure fehlen, weil in den vergangenen Jahren viel zu wenige Amerikaner Natur- und Ingenieurwissenschaften studiert haben. 1985 war das Rekordjahr, damals produzierten die US-Unis so viele Ingenieure wie nie zuvor. Doch seitdem nimmt ihre Zahl kontinuierlich ab.

Und es werden in Zukunft noch weniger werden. Denn von den insgesamt 1,1 Millionen Absolventen der High Schools pro Jahr wollen nur sechs Prozent Ingenieure werden und ein entsprechendes Studium beginnen. Unter den Industrienationen ist das der zweitschlechteste Wert.

In US-Wirtschaftskreisen wird man deshalb nervös und schlägt Alarm. Im Juli 2005 schloss sich eine Gruppe der 15 wichtigsten Wirtschaftsorganisationen zur *Education for Innovation Initiative* zusammen, »um unsere tiefe Sorge zum Ausdruck zu bringen, ob die USA ihre wissenschaftliche und technologische Vormachtstellung in der kommenden Dekade und danach erhalten kann«.

In ihrer Studie *Tapping America's Potential* rechneten sie vor, dass im Jahr 2010 mehr als 90 Prozent aller Wissenschaftler und Ingenieure der Welt in Asien leben werden.

Diese quantitative (und – nebenbei bemerkt – zunehmend auch qualitative) Überlegenheit der Asiaten ist mittel- und langfristig eine große Gefahr für die Hightech-Nation USA. »Die USA müssen auf diese Herausforderung so energisch reagieren wie damals beim Sputnik«, fordern deshalb die Wirtschaftsverbände.

Sputnik, immer wieder fällt das Wort Sputnik. Der Flug des sowjetischen Raumschiffes Anfang Oktober 1957 schockte die amerikanische Nation, die sich doch so überlegen fühlte. Die Regierung reagierte damals mit dem *National Defense Education Act,* der die Amerikaner aufforderte, quasi als patriotischen Akt sich mehr den technischen Wissenschaften zu widmen. Das waren Forderungen, die auch US-Präsident John F. Kennedy in seiner kurzen Amtszeit immer wieder aufstellte.

Doch diejenigen, die damals dem Ruf des Vaterlandes folgten, kommen nun ins Rentenalter oder sind bereits pensioniert. Nun gehen General Electric, Google, IBM, Microsoft, der NASA und den vielen unbekannten Technologie-Unternehmen Amerikas langsam die Ingenieure aus.

»50 Jahre nach dem Sputnik steht unsere Nation vor einer ernsteren, aber nicht so offensichtlichen Herausforderung«, schreiben die Wirtschaftsverbände in ihrem Brandbrief an das Weiße Haus. Sie fordern deshalb eine neue Variante des Post-Sputnik-Aufbruchs in den USA.

Dieselben Probleme haben die Europäer. So fehlen auch in Deutschland Ingenieure. Der Verein Deutscher Ingenieure (VDI) schätzt den Fehlbestand derzeit auf 15 000. Er sieht schon deshalb schwarz für die ohnehin nicht rosige Zukunft des Technikstandortes Deutschland. Seltsamerweise verursacht das außer bei ein paar Experten nur wenig öffentliche Aufregung.

Thomas Rachel, Parlamentarischer Staatssekretär im Bundesministerium für Bildung und Forschung, versuchte den CDU-Wirtschaftsrat für das Thema zu sensibilisieren: »Die Herausforderungen will ich Ihnen nur mit einer einzigen Zahl deutlich machen: In China wurden zwischen 1997 und 2004 mehr Forscher eingestellt, als wir in Deutschland insgesamt haben.« Mittelfristig fehlten der Bundesrepublik – so Rachel – rund 90 000 Ingenieure.

Scheinbar paradox: Gleichzeitig finden immer weniger junge Menschen mit guter Ausbildung einen Job.

Generation ohne Zukunft: Das Problem der Jungen

Der Italiener Antonio Incorvaia ist Anfang 30. Er jobbt sich durch sein junges Leben. Er macht das nicht, weil er diese Art zu leben schick findet oder weil er die Freiheit braucht, heute hier und morgen dort zu sein. Nein, Antonio macht das mangels Alternativen. Er findet einfach keine Arbeit.

Aus Frustration darüber hat er sich mit Alessandro Rimassa zusammengetan. Und die beiden haben ein Buch geschrieben. Titel:

»Generazione 1000 Euro« – die Generation 1000 Euro. So viel Geld verdienen junge Italiener – wenn sie Glück haben – jeden Monat. Wohlgemerkt: Das sind 30- bis 35-Jährige, die ein Studium absolviert, aber keine Zukunft haben.

Diese Perspektivlosigkeit macht sie wütend und treibt sie auch auf die Straßen. Am 1. Mai 2006 – dem Tag der Arbeit – demonstrierten europaweit über hunderttausend gut ausgebildete, junge Leute ohne Arbeit. Zuvor gingen schon wochenlang frustrierte Studenten in Frankreich auf die Barrikaden. Sie protestierten gegen verschärfte Kündigungsgesetze für junge Leute.

Es war freilich kein neuer Pariser Frühling, der sich da ankündigte. Anders als anno 1968 träumen die Aufständler von heute nicht von einer neuen Gesellschaft, sie träumen ganz simpel nur vom Lebensnotwendigen – einem Job. »Es gibt keine kulturelle Utopie oder Kritik an der bestehenden Konsumgesellschaft, sondern nur eine große Angst vor der Arbeitslosigkeit«, analysiert der Soziologe Michel Wieviorka von der Ecole des Hautes Etudes en Sciences Sociales in Paris die neue ideologiefreie Protestbewegung.

Laut neuester Shell-Jugendstudie fürchten sich mehr als zwei Drittel der deutschen Jugendlichen vor der Arbeitslosigkeit. Sie haben allen Grund dazu, denn hohe Arbeitslosigkeit unter jungen Leuten herrscht überall in Europa, ob Ost oder West. So waren im Jahr 2005 in Polen 36 Prozent, in Griechenland 26, in Italien 24, in Frankreich 22, in Spanien knapp 20 und in Deutschland rund 15 Prozent der Jugendlichen unter 25 Jahren ohne Arbeit. Eine Studie unter 18 OECD-Ländern durch den Soziologen Hans-Peter Blossfeld an der Universität Bamberg ergab: Die Jungen im Westen sind die Verlierer der Globalisierung. Blossfeld erklärt: »Durch die Globalisierungsprozesse haben sich die Beschäftigungsverhältnisse der jungen Leute radikal verändert.«

Frisch diplomierte Studenten konkurrieren nicht mehr nur mit dem Absolventen aus Aachen, Heidelberg oder München, sondern auch mit denen aus Beijing, Shanghai, Bangalore, Mumbai oder Moskau. Chinesen, Inder oder Russen wissen genauso viel, und sie bieten ihr Wissen den global konkurrierenden Konzernen zu wesentlich günstigeren Preisen an.

Studenten hierzulande müssen deshalb die bittere Erfahrung machen, dass eine gute Ausbildung und ein gutes Examen längst nicht mehr – wie für ihre Eltern – die Eintrittskarte in eine Berufswelt ist, die ihnen einen unbefristeten Arbeitsvertrag mit regelmäßigem Einkommen garantiert. Heute werden neue Jobs fast nur auf Zeit vergeben. Eine *Spiegel*-Umfrage unter Hochschulabsolventen ergab, dass nur ein Drittel unter ihnen eine unbefristete Anstellung hat.

Die große Mehrheit dagegen hangelt sich von Praktikum zu Praktikum oder von einem schlecht bezahlten Job zum nächsten. »Unzählige hochqualifizierte Menschen arbeiten ohne Entlohnung oder gegen einen Lohn, der unter dem Existenzmiminum liegt«, heißt es in einer von 45 000 Personen unterschriebenen Petition an den Deutschen Bundestag.

In Frankreich nennt man diese junge Menschen, die trotz guter Ausbildung so arm dran sind, *génération précaire*. Précaire heißt heikel, unsicher. Der neue Begriff hat inzwischen europaweit die Runde gemacht, in Deutschland ist immer häufiger von einem »Prekariat« die Rede. »Überall in der industrialisierten Welt nimmt der Anteil prekärer Arbeitsverhältnisse erheblich zu«, stellt der Münchner Soziologe Ulrich Beck in einem *Spiegel*-Interview fest.

Für diese Generation ist der – häufig aussichtslose – Kampf um einen Job eine völlig neue Erfahrung. Als Kinder der Wohlstandsjahre waren sie daran gewöhnt, dass es immer aufwärtsging.

Und nun müssen sie feststellen: Es geht nicht nur aufwärts. Sie reagieren darauf ratlos, verunsichert und zunehmend gereizt. Noch hält sich freilich der Protest der verlorenen Generation in Grenzen. Aber wie lange noch?

Generation mit Zukunft: Das Problem mit den Alten

Es sage niemand, er hätte es nicht gewusst. Schon seit Ende der 80er Jahre ist durch zahlreiche Warnrufer bekannt: Deutschland, ja ganz Europa wird immer älter. Die demographische Zeitbombe tickt. Doch die Völker überhören die Signale.

Dabei lässt sich nichts so leicht und seriös hochrechnen wie demographische Entwicklungen. Die Ergebnisse von UN- und EU-Behörden sind alarmierend: Überall in Europa nimmt die Zahl der Einwohner zum Teil gravierend ab.

Schrumpfendes Europa:
Bevölkerungsentwicklung in EU-Ländern (in Millionen)

Land	**Heute …**	**… und 2050**
Deutschland	82	61
Frankreich	60	55
Großbritannien	60	53
Italien	57	37
Spanien	39	28

Quelle: Walter Laqueur: Die letzten Tage von Europa

Die kippende Alterspyramide wird auch unsere Sozialsysteme auf den Kopf stellen. Weil immer weniger junge Menschen immer mehr ältere Menschen finanzieren müssen, kann das derzeitige Rentensystem in der jetzigen Form nicht mehr aufrechterhalten werden. Es wird deshalb zu gravierenden Einschnitten kommen. Die Leute werden länger arbeiten müssen, und als Dank werden sie weniger Rente bekommen.

Anders ist es in Asien. China wird zwar aufgrund seiner – übrigens nicht mehr ganz so rigorosen – Ein-Kind-Politik auch weniger

Menschen haben. Experten schätzen, dass Chinas Bevölkerung um das Jahr 2030 mit knapp 1,5 Milliarden Menschen ihren Höhepunkt erreichen und danach – freilich von einem sehr hohen Niveau kommend – schrumpfen wird.

In Indien dagegen wird die Bevölkerung weiter zunehmen, weil sie sehr jung ist. Die Hälfte der 1,1 Milliarden Inder ist unter 25 Jahre alt. Jedes Jahr wächst Indien um die Einwohnerzahl Australiens, also um rund 20 Millionen. Um 2035 könnte Indien den Nachbarn China überholen und damit das bevölkerungsreichste Land der Erde sein.

Zur Jahrhundertmitte wird Indien dann 1,6 Milliarden Menschen haben, davon werden 800 Millionen im erwerbsfähigen Alter sein. Drei Milliarden Inder und Chinesen wird es dann geben, während das in jeder Hinsicht alte Europa auf rund 500 Millionen zusammengeschrumpft sein wird. Die Welt wird dann anders aussehen. Vielleicht so, wie sie der renommierte Historiker Walter Laqueur in seinem neuesten Werk *Die letzten Tage von Europa* beschrieben hat: »Angesichts seiner schrumpfenden Bevölkerung wird Europa möglicherweise zu einem kulturellen Themenpark für betuchte Besucher aus China und Indien werden, zu einer Art Disneyland auf kulturell hohem Niveau – eine Art Brügge, Venedig, Versailles, Stratford on Avon und Rothenburg ob der Tauber im großen Maßstab.«

3 Europa gegen Asien – ein historisches Duell

> *»Der Aufstieg Chinas und Indiens sollte weniger als eine neue Entwicklung verstanden werden, sondern eher als ein Wiederaufstieg.«*
>
> Jairam Ramesh, indischer Intellektueller und Politiker

Die Geschichte lehrt uns seit Jahrtausenden, dass Nationen kommen und gehen, dass Imperien aufsteigen und zu Grunde gehen. Kein Imperium hat auf Dauer überlebt. Die Ägypter, die Griechen, die Römer, die Perser, die Türken – alle sind als dominierende Weltmächte gescheitert und zu kleinen, relativ unbedeutenden Völkern und Nationen geschrumpft. Die Reiche der Azteken und Inkas sind sogar auf Nimmerwiedersehen in der Versenkung verschwunden.

Vor allem drei Regionen haben im Laufe der vergangenen zweitausend Jahre überlebt und eine mal mehr, mal weniger bedeutende Rolle in der Welt gespielt: China, Indien und Europa. Dabei war und ist China eine einheitliche Nation, die auf eine rund 5000 Jahre alte Geschichte zurückblicken kann, während Europa ein kulturell geeintes, aber politisch eher zerstrittenes Gebilde von Völkern war. Indiens Geschichte, die so hoffnungsvoll mit der Hochkultur der Harappa zwischen 2600 und 1700 vor Christus begonnen hatte, verlief dagegen sehr wechselhaft: Einigenden Großreichen folgten Kleinstaatereien – und umgekehrt.

So waren es insbesondere das fernöstliche China und Europa, die sich seit über 2000 Jahren spannende Duelle liefern. Es waren und sind keine kriegerischen Auseinandersetzungen, sondern eher Fernduelle um Einfluss und Macht, um kulturelle und wissenschaftliche

Überlegenheit. Mal lagen dabei die Chinesen vorn, mal die Europäer.

So waren nach dem Zusammenbruch des Römischen Reiches die Chinesen die führende Nation der Welt. Während Europa sich in die Dunkelheit des frühen Mittelalters verabschiedete, blühte China auf und war im ersten Jahrtausend nach Christus mit all seinen Erfindungen – von Papier bis Porzellan – technologisch und wirtschaftlich weltweit die Nummer eins.

Die Jahrhunderte zwischen 1000 und 1500 waren die Jahre des »euroasiatischen kulturellen Gleichgewichts«, wie es der Historiker William H. McNeill ausdrückt. Beide Kulturräume – Asien und Europa – waren auch ökonomisch etwa gleich stark. Doch um das Jahr 1500, das für die Historiker die Zeitenwende zwischen Mittelalter und Neuzeit ist, kippte das Gleichgewicht: Es begann die Dominanz der westlichen Welt. Sie sollte bis heute anhalten.

Die westliche Herrschaft entwickelte sich seit 1500 kontinuierlich. Eine wichtige Rolle spielte dabei die Seefahrt. Während sich die Chinesen von den Weltmeeren zurückzogen, drängte es die Europäer auf sie hinaus. Nationen wie Portugal, Spanien, die Niederlande und Großbritannien beherrschten mit ihren überlegenen Flotten die Weltmeere, eroberten ferne Länder, unterdrückten deren Völker und beuteten deren Bodenschätze aus. Im Jahr 1800 hielten die Europäer 35 Prozent der Landmasse der Welt besetzt oder kontrollierten sie, 1878 waren es bereits 67 Prozent.

Gegen Ende des 19. Jahrhunderts war Europa auf dem Höhepunkt seiner Macht. Doch dann wuchs mit den USA im westlichen Lager ein Rivale heran, der das 20. Jahrhundert wirtschaftlich, technologisch und militärisch beherrschen sollte. Doch auch das amerikanische Imperium wird – wie schon so viele vor ihm – nicht von Dauer sein.

Derzeit holen die asiatischen Milliardenmächte China und Indien, aber auch die wirtschaftlichen Giganten Japan und Südkorea weiter mächtig auf. So zeichnet sich mit Beginn des 21. Jahrhunderts eine gravierende Trendwende ab: Der Westen wird relativ an Bedeutung verlieren, Asien dagegen an Stärke und Einfluss gewinnen.

Das 21. Jahrhundert wird das asiatische Jahrhundert werden. Asien wird zu alter Stärke zurückkehren.

Frühe asiatische Überlegenheit (bis 1000)

Im ersten und zweiten Jahrhundert nach Christi Geburt war Rom der Mittelpunkt der Welt. Die Herrscher des Römischen Reiches waren in jenen Jahren auf dem Gipfel der Macht angelangt. Ihr Reich hatte eine gewaltige Dimension erreicht, weil die Machthaber in ihrem imperialistischen Wahn immer mehr Völker eroberten und mit aller Gewalt unterdrückten.

Doch mit zunehmender Größe wuchsen auch die Schwierigkeiten, ein so großes Imperium zu verwalten. Schon im Jahre 285 musste deshalb Kaiser Diokletian die Aufteilung in ein West- und ein Ostreich vornehmen. Im fünften Jahrhundert war dann das Weströmische Reich vollständig zerfallen. Das Ende des einst so mächtigen und stolzen Römischen Reiches war damit besiegelt. Zu jener Zeit war den Römern nur ein Imperium ebenbürtig: das chinesische Reich der Mitte.

»Als die Westhälfte des Römischen Imperiums zerfiel, waren das Einkommensniveau von Westeuropa und das von China wahrscheinlich ähnlich«, vermutet der Historiker Angus Maddison. Doch von da ab ging die Einkommensschere zwischen Europa und dem Fernen Osten immer weiter auseinander. Während Europa in Agonie verfiel, blühte China technologisch wie wirtschaftlich auf.

»Von allen Zivilisationen der vormodernen Welt erschien keine so fortgeschritten, empfand sich keine als so überlegen wie die Chinas«, stellt der Historiker Paul Kennedy fest. Das Reich der Mitte besaß zu jener Zeit bereits eine beachtliche technische Frühreife. Die Chinesen machten Entdeckungen, die den Westen erst später erreichten. Im ersten Jahrtausend nach Christus erfanden sie zum Beispiel das Papier (um 200 nach Christus), das Porzellan (300), den Magnetkompass (300), den Buchdruck (750) und das Schwarzpulver (1000).

Im siebten Jahrhundert war China auf dem Höhepunkt seiner Macht. Die asiatischen Völker rund um das Riesenreich erkannten die chinesische Hoheit an. Der Konfuzianismus wurde zur Staatsmoral und begründete die chinesische Einheitskultur. China hatte weit und breit die effizienteste Bürokratie. Für die Beamten wurde schon im Jahre 606 ein hartes, aber faires – und übrigens bis ins 20. Jahrhundert gültiges – Prüfungssystem eingeführt, das nur die Besten und Klügsten an die Macht brachte.

Parallel dazu entwickelte sich in jener Zeit Indien zu einer wichtigen asiatischen Macht. Dort herrschten von 320 bis rund 500 die Guptas, die Indien zu einer kulturellen Blütezeit verhalfen. Unter den Guptas erfolgte eine Ausdehnung nach Norden und Süden.

Doch anders als in China zerfielen die indischen Reiche immer wieder – so auch das der Guptas. Es folgte über mehrere Jahrhunderte hinweg die Periode der streitenden Reiche, die erst mit der Herrschaft der Großmoguln im 16. Jahrhundert enden sollte.

Trotz dieser Zersplitterung war jedoch Indien in jenen Zeiten ein wirtschaftlich und auch – vor allem durch den starken islamischen Einfluss – wissenschaftlich bedeutender Akteur, der – wie China – Europa überlegen war.

Europas Aufholjagd (1000–1500)

Aus dem Fernen Osten gelangten über die legendäre Seidenstraße Waren wie Porzellan, Parfüm, Seide und Gewürze nach Europa. Diese exotischen Produkte landeten meist in Venedig. Sie wurden dort zum Beispiel getauscht gegen edles Tuch, das aus Brabant und Flandern nach Venedig transportiert wurde. Die norditalienische Stadt an der Adria hatte den großen Vorteil, dass sie als Drehscheibe günstig zwischen Ost und West gelegen war.

So begann um das Jahr 1000 Venedigs Aufstieg zu einer großen Handelsmacht. Die Republik Venedig wurde in den folgenden vier Jahrhunderten die reichste und dynamischste westeuropäische Volkswirtschaft.

Der Handel war in dieser Zeit der Antrieb für die wirtschaftliche Aufholjagd Europas. Die Zersplitterung des europäischen Kontinents entpuppte sich dabei als Vorteil. Zwischen den vielen kleinen und großen Herzogtümern, Königreichen und Republiken wurde ein reger Handel getrieben, was das Wachstum förderte. Es bildeten sich Handelszentren wie Venedig, Genua oder auch die Städte Flanderns.

Und noch einen Vorteil hatte der Vielvölkerkontinent Europa: Die Nationen standen untereinander in einem kreativen Wettstreit, was ihre Innovationsfähigkeit steigerte. Es wurden die ersten Universitäten gegründet, die allererste im Jahre 1080 im norditalienischen Bologna. Weitere folgten: Oxford, Siena, Padua, Montpellier, Paris, um nur einige zu nennen. Im Jahre 1500 zählte Europa bereits rund 70 Universitäten, darunter auch die deutschen Hochschulen Heidelberg und Tübingen.

Aufgrund des wirtschaftlichen und wissenschaftlichen Booms erhöhte sich zwischen 1000 und 1500 die Bevölkerungszahl in Westeuropa schneller als in irgendeinem anderen Teil der Welt.

China war auch zu dieser Zeit immer noch das reichste Land der Welt. Es hatte eine beträchtliche Bevölkerungszahl, außerordentlich fruchtbare und bewässerte Ebenen und gutausgebildete Bürokraten. Außerdem verfügte es bereits in den letzten Jahrzehnten des 11. Jahrhunderts über eine gewaltige Eisenindustrie, der es im späten 14. Jahrhundert gelang, Kanonen herzustellen.

Und China war eine Seemacht. Ihre Dschunken waren so groß wie später die spanischen Galeonen. Um 1420 besaß die Ming-Marine 1300 Kampfschiffe. Legendär war Admiral Zheng He, der mit seiner gigantischen Armada im Chinesischen Meer und Indischen Ozean unterwegs war und bis in den Persischen Golf und sogar nach Afrika vorstieß.

Doch 1436 war Schluss mit den Segeltouren von Zheng He. Per Edikt verbot Kaiser Zhu Gaozhi den Bau von weiteren hochseetüchtigen Schiffen. Es war ein Entschluss von historischer Bedeutung. Denn damit »hatte sich China entschlossen, der Welt den Rücken zu kehren«, urteilt Paul Kennedy.

Es begann der langsame Abstieg Chinas und Asiens.

Der langsame Niedergang Asiens ...

Der Rückzug Chinas von den Weltmeeren war eine fatale Fehleinschätzung der damaligen Machthaber der Ming-Dynastie (1368-1644). Sie fühlten sich gegenüber der restlichen Welt überlegen. Arrogant und stolz waren sie der festen Überzeugung, dass sie von anderen Nationen und Völkern nichts lernen könnten, also brauche man auch keinen Kontakt zu ihnen.

»Die Ablehnung ausländischer Technologie war umso gravierender, als China längst in technische und wissenschaftliche Erstarrung verfallen war«, schreibt der Historiker David Landes in seinem Buch *Wohlstand und Armut der Nationen*. Also just während sich Europa technologisch weiterentwickelte, stagnierte China, ja entwickelte eine regelrechte Fortschrittsphobie.

Allzu viel änderte sich an dieser Haltung auch unter der Qing-Dynastie (1644–1912) nicht. Man schottete sich gegenüber dem Ausland weiter ab, der Hang zur Fremdenfeindlichkeit nahm sogar zu. Hinzu kamen interne Probleme: Eine stark zunehmende Bevölkerung und immer wieder Hungersnöte. Auch wirtschaftlich kam China nicht viel weiter. Weil man so viele Menschen als Arbeitskräfte zur Verfügung hatte, war wenig Druck da, gewisse Produktionsprozesse zu mechanisieren.

Da man keine Kriegsschiffe hatte und auch keine wollte, leistete man den europäischen Kolonialmächten Portugal, Holland und England auf ihren Eroberungszügen in Süd- und Südostasien keine Gegenwehr. Man überließ den Europäern großzügig den Handel mit Gewürzen, Baumwolle, Kaffee und Tee. Der Welthandel stieg zwischen 1500 und 1850 um das Zwanzigfache. Doch die Asiaten partizipierten daran nur am Rande.

Trotz all dieser negativen Tendenzen konnten China und Indien noch bis 1800 mit Europa wirtschaftlich mithalten. Die Unterschiede im Pro-Kopf-Einkommen waren zu diesem Zeitpunkt noch nicht sehr groß. Doch dann kam der große Einbruch. Wie dramatisch er war, zeigt folgende Tabelle, die auf Berechnungen des Wirtschaftshistorikers Paul Bairoch basiert:

Asien verlor, Europa gewann
Relative Anteile an der Welt-Industrieproduktion 1750-1900

	1750	**1800**	**1830**	**1860**	**1880**	**1900**
Europa	23,2	28,1	34,2	53,2	61,3	62,0
USA	0,1	0,8	2,4	7,2	14,7	23,6
China	32,8	33,3	29,8	19,7	12,5	6,2
Indien	24,5	19,7	17,6	8,6	2,8	1,7

Quelle: Paul Kennedy, *Aufstieg und Fall der großen Mächte*

Der Grund für die nach 1800 extrem unterschiedliche Entwicklung Europas und der asiatischen Großmächte China und Indien heißt: industrielle Revolution. Sie begann um 1780 im Westen – in England.

Und warum gerade England, warum nicht Indien? Diese Frage, die sich David Landes stellte, ist berechtigt. Denn Indien hatte bereits im 17. und 18. Jahrhundert »die weltweit erste Baumwollindustrie mit einmaliger Qualität und Vielfalt und unschlagbar preiswerter Herstellung« (Landes). Die Spinnereien und Webereien waren im wahrsten Sinne des Wortes Manufakturen. Die Stoffe wurden in Handarbeit hergestellt. Man hatte ja im bevölkerungsreichen Indien viele fleißige Hände. Maschinen und Werkzeuge gab es nicht.

Das war der entscheidende Unterschied zu England, das in jener Zeit auch bereits eine prosperierende Baumwollfertigung hatte, die jedoch durch mechanische Spinnmaschinen wie die berühmte – 1764 patentierte – *Spinning Jenny* revolutioniert wurde. Zu jener Zeit wurde auch die Dampfmaschine erfunden. Sie ersetzte in vielen entstehenden Industrien die menschliche Arbeitskraft.

Nach Asien kam die industrielle Revolution nicht, weil sich Länder wie China und Japan für westliche Neuerungen nicht interessierten. Zudem hatte die britische Kolonialmacht kein Interesse, die Inder mit Maschinen zu versorgen, um so einen Konkurrenten heranzuzüchten.

Vor allem in China mit seiner großen Bevölkerung ersetzte man nicht – wie in Europa – Menschen durch Maschinen, um die Produktivität zu steigern. Wollten die Chinesen die Produktion erhöhen, setzten sie einfach mehr Menschen ein.

Die industrielle Revolution machte also nach 1800 den Unterschied zwischen Asien und Europa aus. Sie kam zwar relativ plötzlich über die europäischen Nationen, aber ihre Basis wurde schon in den Jahrzehnten und Jahrhunderten zuvor gelegt, als sich Europa – im Gegensatz zu Asien – auf den verschiedensten Gebieten mutig weiterentwickelt hatte.

Es fing mit der Schifffahrt an.

... und Europas Überlegenheit (1500–1900)

Es begann in Portugal. Das kleine Land an der stürmischen Atlantikküste stieg um 1500 zur ersten großen Seefahrernation Europas empor. Lissabon war damals die größte Hafenstadt des Kontinents. Dort hatte Heinrich der Seefahrer schon etwas früher die erste Schifffahrtsschule gegründet, dort war das Zentrum der Schifffahrtstechnologie.

Den Portugiesen gelangen einige Entdeckungen, die die Fahrt auf hoher See leichter und zielorientierter machten. So erfanden sie zum Beispiel wichtige Navigationsinstrumente wie den Quadranten. Entfernungen und Geschwindigkeiten auf See konnten so besser und genauer gemessen werden. Zudem waren die portugiesischen Boote vom Typ Caravel schneller und wendiger als die bisherigen.

So gerüstet, segelten portugiesische Seefahrer um 1500 in rascher Folge auf die bis dato noch unergründeten Weltmeere hinaus. Vasco da Gama fand 1498 mit drei Schiffen und 150 Matrosen den Seeweg nach Indien. Pedro Álvares Cabral entdeckte 1500 auf seinem Weg nach Indien eher zufällig das südamerikanische Brasilien. Und der Mannschaft des legendären Magellan – Portugiese in spanischen Diensten – gelang zwischen 1519 und 1521 die erste Erdumsegelung.

Den Portugiesen folgten erst die Spanier, später die Niederländer und die Briten. Sie alle verfügten über moderne Flotten. Die Schiffe besaßen exzellente meteorologische und astronomische Messinstrumente. Der Schiffbau profitierte enorm von der wissenschaftlichen Revolution, die gleichzeitig in Europa stattfand und an deren Spitze Denker und Tüftler wie Galileo, Halley, Kopernikus, Kepler und Newton standen.

Die europäischen Seefahrernationen eroberten dank ihrer überlegenen Schiffs-, aber auch Waffentechnologie ferne Gebiete, unterdrückten häufig deren Völker und beuteten deren Rohstoffe aus. Am Ende dieses gewaltigen Kolonialisierungsprozesses beherrschten die Europäer Mitte des 19. Jahrhunderts große Teile der Welt.

Nur die Vereinigten Staaten von Amerika, die sich 1776 ihre Selbständigkeit erkämpft hatten, und asiatische Mächte wie China, Japan und Korea konnten sich den europäischen Machtgelüsten widersetzen.

Die Welt um 1850, auf dem Höhepunkt der imperialen Ausdehnung Europas, sah deshalb ganz anders aus als die Welt in den zwei

Jahrtausenden davor. Diese war gekennzeichnet gewesen durch ein mehr oder weniger wirtschaftliches und kulturelles Gleichgewicht zwischen den großen Weltregionen Europa, China, Indien und Naher Osten. Doch nun dominierte nur einer: das nahezu allmächtige Europa.

Der Aufstieg des Westens

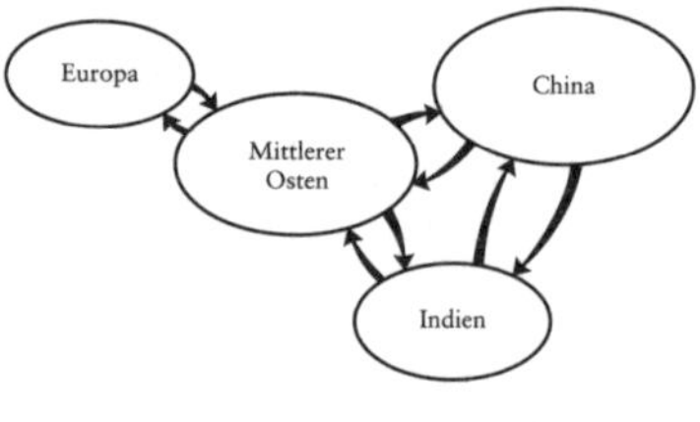

Die Welt zwischen 500 v. Chr. und 1850 n. Chr.

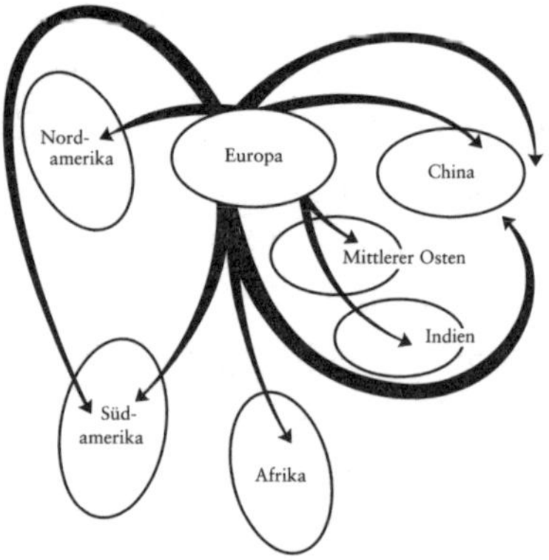

Die Welt um 1850

Wie konnte es zu dieser einmaligen globalen Vorherrschaft des Westens, also Europas, kommen? Diese Frage ist umso berechtigter, zumal um das Jahr 1500 nichts auf diese Dominanz hinwies. »Zu Beginn des 16. Jahrhunderts war es keineswegs offensichtlich, dass Westeuropa dazu bestimmt war, alle anderen in den Schatten zu stellen«, stellt Paul Kennedy fest. Zu jener Zeit befanden sich die großen Zentren der Zivilisation ungefähr auf der gleichen Entwicklungsstufe.

Warum wurde dann gerade Europa nach und nach zur kommerziellen und militärischen Führungsmacht der Welt?

Eine mögliche Antwort: Im Gegensatz zu den zentral regierten Reichen Chinas und Indiens, das zu jenem Zeitpunkt unter den Großmoguln geeint war, war Europa zersplittert. Europa hatte keinen zentralen, allmächtigen Kaiser oder Großmogul. »Das Fehlen einer solchen Autorität in Europa und die kriegerischen Rivalitäten stimulierten eine stetige Suche nach militärischen Verbesserungen, die in fruchtbarer Wechselwirkung zu den neueren technologischen Verbesserungen und kommerziellen Fortschritten standen«, erklärt Kennedy. Europas Nationen standen also in einem permanenten kreativen Wettbewerb.

Außerdem – so Kennedy – »zog Europas unterschiedliches Klima unterschiedliche Produkte nach sich, die sich zum Austausch eigneten«. Zum Beispiel Wein aus Portugal und Tuch aus Großbritannien. Der regelmäßige Austausch von Waren über weite Entfernungen förderte wiederum das Wechselgeschäft, das Kreditsystem und das Bankwesen auf internationaler Ebene.

So schaukelten sich die europäischen Nationen gegenseitig nach oben – bis sie gegen Ende des 19. Jahrhunderts den Höhepunkt ihrer Macht erreicht hatten und im eigenen westlichen Lager einen Rivalen bekamen.

Das amerikanische Jahrhundert (1900–2000)

In den Wintermonaten 1884/85 war Berlin Schauplatz einer großen Konferenz. Alles, was in der Weltpolitik Rang und Namen hatte, traf sich auf Einladung Otto von Bismarcks zur so genannten Kongokonferenz. Trotz des Namens ging es nicht nur um den Kongo, sondern um ganz Afrika. Die versammelten Mächte teilten den Kontinent unter sich auf. Jede der europäischen Nationen Belgien, Deutschland, England, Frankreich, Portugal und Spanien bekam einen mehr oder weniger großen Teil Afrikas. Der schwarze Kontinent verwandelte sich in einen kolonialen Flickenteppich.

Doch am Berliner Verhandlungstisch der Kongokonferenz saß zum ersten Mal eine andere westliche Macht, die den Europäern künftig die Vorherrschaft streitig machen sollte: die Vereinigten Staaten von Amerika. Noch war deren Einfluss gering, aber ihre

Anwesenheit in Berlin signalisierte, dass sie sich in die Weltpolitik einmischen wollten.

Vorbei waren damit die isolationistischen Tendenzen, die seit der Gründung der USA die amerikanische Außenpolitik bestimmt hatten. Die USA waren auf der weltpolitischen Bühne ein neuer Akteur, der relativ schnell den noch dominierenden Europäern die Show stehlen sollte.

Binnen kürzester Zeit stiegen die USA zu einer wirtschaftlichen Großmacht auf. Die Bevölkerung wuchs enorm – allein von 1860 bis 1910 von 31,3 auf 91,9 Millionen, darunter viele Einwanderer. Gerade diese Gruppe brachte großen Arbeitseifer, aber auch viel Risikofreude mit. Schnell entwickelte sich im Land der unbegrenzten Möglichkeiten ein enormer unternehmerischer Geist, der übrigens bis heute anhält. Aus kleinen Anfängen wurden große Konzerne mit später bedeutenden Namen wie Rockefeller (Öl), Morgan (Bank), Carnegie (Stahl) und Vanderbilt (Eisenbahn).

Der wirtschaftlichen Macht folgte die politische. Noch vor 1900 traten die Vereinigten Staaten in die Weltpolitik ein, mit einem Krieg. Denn Spannungen um Kuba lösten 1898 den Krieg mit Spanien aus. Von nun an sollten die USA häufiger kriegerisch intervenieren und meist obsiegen. Sie waren letztendlich die entscheidenden Akteure in beiden Weltkriegen.

Wo immer die Amerikaner im 20. Jahrhundert auftraten, sie dominierten die Szenerie, ob wirtschaftlich, technologisch oder kulturell. So kann am Ende dieses Jahrhunderts eine überragende Bilanz gezogen werden.

Einen ökonomischen Superlativ nach dem anderen können die USA vorweisen: Sie haben das höchste Pro-Kopf-Einkommen der Welt, sie sind die weltgrößte Handelsnation. Amerikanische Multis – von Coca-Cola bis Microsoft – beherrschen die globalen Märkte. Rund 400 der 500 größten Konzerne der Welt haben ihren Sitz in den USA. Die New Yorker Wall Street ist das unumstrittene Finanzzentrum, der US-Dollar die globale Leitwährung.

Auch technologisch dominierte Amerika das vergangene Jahrhundert. Computer, Raumfahrt und zuletzt das Internet waren Innovationen, die die Welt veränderten. Die Elite-Unis – von Harvard im Osten bis Stanford im Westen – gehören unangefochten zu den besten der Welt. Die USA produzierten so viele Nobelpreisträger wie kein anderes Land.

Und noch in einer dritten Sparte dominierten die USA die Welt, im Show Business. Ob Popmusik aus New Yorker Tonstudios, Kinofilme aus Hollywood oder TV-Serien aus Dallas, Denver, Miami oder Manhattan, sie alle hatten ein globales Publikum. Durch sie wurde der *American Way of Life* in alle Winkel der Erde transportiert.

Keine Frage deshalb: Das 20. Jahrhundert war das amerikanische Jahrhundert, auch wenn es temporär den sowjetischen Bären als Rivalen gab, der sich jedoch im Nachhinein wirtschaftlich und technologisch als harmlos entlarvte. Nachdem der Bär erlegt war und sich der Ost-West-Konflikt binnen kürzester Zeit in nichts aufgelöst hatte, wurden die USA noch mächtiger.

Sie waren seit Beginn der 90er Jahre die einzige Weltmacht. Die Welt wurde vorübergehend unilateral. Die haushoch überlegene Militärmacht USA, deren Verteidigungsetat so hoch ist wie der aller folgenden 15 Nationen zusammen, träumte den kurzen Traum, eine globale Ordnungsmacht zu sein, die überall und jederzeit eingreifen könne, wenn die – freilich von ihr definierte – Ordnung gefährdet sei.

Doch diese Militärmacht USA erlebt in Bagdad ihr Waterloo, verstrickt sich dort in einen Krieg, den die Verantwortlichen sich hartnäckig weigern als das zu benennen, was er tatsächlich ist – ein Bürgerkrieg. Ein Krieg, der auch dieser Macht seine Grenzen aufzeigt.

Aber nicht nur deswegen haben die USA den Zenit ihrer Macht überschritten. »Das Zeitalter der relativ unbedrängten US-Führung endet nun«, stellt die – wohlgemerkt – amerikanische National Academy of Sciences in ihrer Studie *Gathering the Storm* fest.

Die Ära endet, weil die USA und mit ihnen der gesamte Westen vor einigen großen Herausforderungen des 21. Jahrhunderts stehen.

Die größte: der Aufstieg der neuen, alten Mächte aus Asien.

Asien holt wieder auf und wird dominieren

Schon in den 90er Jahren des ausgehenden 20. Jahrhunderts begannen die Lobgesänge auf Asien. Beeindruckt von der Dynamik der Tigerstaaten und dem kontinuierlichen wirtschaftlichen Aufstieg der Volksrepublik China riefen viele journalistische und wissenschaftliche Beobachter das bevorstehende 21. Jahrhundert als das asiatische Millennium aus.

Einer der ersten war der Amerikaner Robert Elegant, der 30 Jahre lang als Korrespondent in Asien unterwegs war. Er schrieb schon 1991 das Buch *Zukunft Fernost*. Die Unterzeile lautete: ›Das asiatische Jahrhundert hat schon begonnen‹.

Ein paar Jahre später folgte der amerikanische Trendforscher John Naisbitt mit seinem Bestseller *Megatrends Asien*. Darin postuliert er eine Renaissance Asiens. Weitsichtig schrieb er damals: »Die Modernisierung Asiens, die mit der Jahrtausendwende zusammenfällt, wird die Welt nachhaltig verändern.« Im gleichen Jahr legte der Banker und Journalist Jim Rohwers sein Werk *Asia Rising* vor, das *Asia's New Millennium* pries.

Doch dann kam im Sommer 1997 die Asien-Krise, die vor allem eine der südostasiatischen Länder, Südkoreas und Taiwans, war. Voller Häme erfreuten sich viele westliche Beobachter an dem temporären Niedergang einiger asiatischer Staaten. Das asiatische Jahrhundert sei schon tot, bevor es überhaupt begonnen habe, frotzelten sie selbstgerecht – und lagen mit dieser Einschätzung daneben.

Die Staaten Südostasiens berappelten sich Ende der 90er Jahre wieder. Südkorea fand nach einem schmerzhaften Anpassungsprozess zu alter Stärke zurück. Auch das fast ein Jahrzehnt schwächelnde Japan hat sich wieder erholt. China war ohnehin von der Krise kaum betroffen und marschierte unbeirrt auf seinem Wachstumspfad weiter. Ebenso Indien, dessen Aufstieg im Schatten des Riesen China lange Zeit unbeobachtet blieb.

So präsentierte sich Asien zur Jahrtausendwende wieder in einer Stärke wie zuletzt vor ein paar Jahrhunderten: Die Wachstumsraten sind die höchsten der Welt, immer mehr Menschen können deshalb die Armutszone verlassen und werden zu Konsumenten, alle Regierungen setzen auf eine wachstumsorientierte Politik, die Gefahr von kriegerischen Auseinandersetzungen innerhalb Asiens hat – sieht man von dem verrückten nordkoreanischen Diktator Kim Il Sung einmal ab – rapide abgenommen, und der Bildungshunger der Bevölkerung ist einmalig auf der Welt.

Keine Region dieser Erde verzeichnet eine ähnliche Dynamik. Das 21. Jahrhundert wird deshalb das asiatische sein. Der Singapurer Kishore Mahbubani, einer der hellsten Köpfe Asiens, prophezeit deshalb: »Das 21. Jahrhundert wird fundamental anders sein als das 18. und 19. Jahrhundert.« Es wird keine westliche Dominanz mehr geben wie damals, als erst die Europäer und später die Amerikaner die Welt beherrschten. Stattdessen lautet Mahbubanis Prognose: »Wir kehren zurück zur Welt zwischen dem 10. und 15. Jahrhundert, als Asien und Europa auf gleichem Niveau waren.«

Teil II
Der Aufstieg der neuen Mächte

Ein etwas seltsames und vielen noch nicht geläufiges Kürzel hat in den vergangenen Jahren zumindest die Wirtschaftswelt erobert: BRIC. Die Initialen stehen für die vier Länder Brasilien, Russland, Indien und China. Es sind große Länder, gemessen an Fläche, Bevölkerung und Einfluss in der Weltwirtschaft und der internationalen Politik. Rund die Hälfte der Menschheit – also drei Milliarden – lebt in diesen vier Staaten.

Was haben diese auf den ersten Blick so unterschiedlichen Giganten auf drei verschiedenen Kontinenten gemeinsam? Eine glorreiche Zukunft. Diese prophezeien ihnen die beiden Forscher der renommierten amerikanischen Investmentbank Goldman Sachs Dominic Wilson und Roopa Purushothaman. Sie waren es, die im Oktober 2003 eine vielbeachtete Studie mit dem Titel *Dreaming with BRICs: The Path to 2050* veröffentlichten und damit das Kürzel BRIC in die Diskussion einführten.

Ihre zentrale Aussage: »Während der nächsten 50 Jahre werden Brasilien, Russland, Indien und China – die BRIC-Wirtschaften – zusammen eine viel größere Macht in der Weltwirtschaft als heute darstellen.« Dass China und Indien schnell wachsen, ist inzwischen bekannt, aber Russland und gar Brasilien – das überrascht.

In ihrer Studie rechneten die beiden Analysten vor, wie schnell diese vier Staaten wachsen werden. Das Quartett legt dabei ein unterschiedliches Wachstumstempo vor. Am schnellsten sind die Chinesen unterwegs. Ihnen folgen die Inder und mit Abstand die Russen und die Brasilianer.

Entsprechend unterscheiden sich die Zeitpunkte, an denen die Newcomer die noch führenden Länder der alten industrialisierten Welt ein- und überholen werden. So wird zum Beispiel Deutschland schon 2007 von China, aber erst 2016 von Indien, 2028 von Russland und gar erst 2036 von Brasilien überholt werden. Am Ende des Aufholprozesses, im Jahre 2050, werden alle vier Giganten unter den sechs größten Volkswirtschaften der Welt sein.

Globaler Machtwechsel
Die größten Wirtschaftsmächte im Jahr 2050

Land	BIP in Milliarden $
China	44 453
USA	35 165
Indien	27 803
Japan	6 673
Brasilien	6 074
Russland	5 870
Großbritannien	3 782
Deutschland	3 603
Frankreich	3 148
Italien	2 061

Quelle: Goldman Sachs

Oft wird diskutiert: China oder Indien – welcher der beiden asiatischen Giganten wird das Rennen gewinnen? Die Antwort lautet: Beide. Sie ergänzen sich nahezu ideal. Vereinfacht gesprochen: China liefert die Hardware, Indien die Software. China ist die Fabrik der Welt, Indien die Software-Bude. Noch steckt die Kooperation der beiden Mächte erst in den Anfängen, »aber wenn sie wirklich zusammenarbeiten, dann werden sie die globale Technologie-Industrie übernehmen«, prophezeit Navi Radjou, Analyst der amerikanischen IT-Beratungsfirma Forrester, gegenüber *Business Week*.

Und weil beide asiatischen Mächte in einem exorbitanten Tempo wachsen – Chinas jährliches Wachstum pendelt um die neun Prozent, das indische um sechs Prozent –, brauchen sie viele Rohstoffe. Diese bieten ihnen vor allem die Rohstoff-Giganten Brasilien und Russland. Brasilien ist bei Agrarprodukten und Eisenerz stark, Russland bei Gas und Öl. Brasilien kann man deshalb plakativ die Kornkammer der Welt und Russland die Tankstelle der Welt nennen.

In den folgenden Kapiteln 4 bis 7 werde ich zunächst die einzelnen BRIC-Staaten, deren Aufstieg und deren Potenzial genauer analysieren. Die beiden wichtigsten der vier BRIC-Staaten sind ohne Frage die asiatischen Mächte China und Indien. Zusammen mit ihnen ist ein ganzer Kontinent im Aufbruch: Asien.

Dabei ist Asien längst nicht mehr nur eine riesige Fabrikhalle, die uns mit billigen und kopierten Produkten überschwemmt. Asien ist mehr, viel mehr. Asien ist innovativer, als viele glauben. Und Asiens (sub-)kultureller Einfluss – von Ayurveda bis Sudoku – verbreitet sich immer weiter im *Global Village*. Diese technologische und kulturelle Aufholjagd Asiens werde ich in den Kapiteln 8 und 9 beschreiben.

4 Brasilien – die Kornkammer der Welt

»Brasilien hat das Potenzial,
die Welt zu ernähren.«

Pedro Jacyr, Manager der Maggi-Gruppe,
des größten Soja-Anbauers der Welt

Brasilia, die Hauptstadt des Landes, ist eine seltsame, eine einmalige Stadt. In den 50er und 60er Jahren wurde sie von dem deutschstämmigen Architekten und Städteplaner Oscar Niemeyer auf dem Reißbrett erschaffen. Sie ist großzügig und weitläufig angelegt. Grünflächen wechseln sich mit stalinistisch anmutenden Bauten ab. An der Esplanada dos Ministérios sind die verschiedenen Ministerien – bis auf das etwas edler aussehende Außenministerium – wie Wohnsilos aneinandergereiht. An der Hausfront zur Straße steht in großen Lettern, welches Ministerium sich hinter den Plattenbauten befindet.

Ich fahre zum *Ministério de Agricultura, Pecuária y Abastecimiento.* Im Block D des Agrarministeriums empfängt mich Eduardo Sampaio Marques, Direktor der internationalen Abteilung. Auf 28 *Power-Poin*t-Seiten erklärt er in geschliffenem Englisch die Bedeutung des Agrobusiness für Brasilien, aber auch für die Welt. Routiniert spult Eduardo die Zahlen herunter: Die Landwirtschaft trug im Jahr 2005 exakt 27,9 Prozent zum Bruttosozialprodukt bei, erzielte 36,9 Prozent aller Exporterlöse und beschäftigt 37 Prozent aller Brasilianer.

Und dann kommt Eduardo zum beeindruckenden Schaubild Nummer neun in seiner Präsentation, einer Weltrangliste. Dort steht, bei welchen Produkten Brasilien bereits Exportweltmeister ist.

Der Weltmeister
Bei welchen Agrarprodukten Brasilien in der Welt führend ist

Produkt	Produktion	Exporte
Alkohol	1	1
Zucker	1	1
Kaffee	1	1
Orangensaft	1	1
Soja	2	1
Rindfleisch	2	1
Tabak	2	1
Hühnerfleisch	3	1
Früchte	3	-
Schweinefleisch	4	4

Mit Kaffee und Zucker fing es vor Jahrhunderten an. Doch gerade in den vergangenen Jahrzehnten holte Brasilien Produkt um Produkt auf. 2002 überholte das Land die USA als größten Soja- und kürzlich auch Australien als wichtigsten Fleisch-Exporteur.

Heute ist kein Land der Welt stärker in der Landwirtschaft als Brasilien. Völlig zu Recht bezeichnete deshalb der ehemalige US-Außenminister Colin Powell während eines Besuches im Oktober 2005 Brasilien als eine landwirtschaftliche Supermacht. »Brasilien hat das Potenzial, binnen 10 Jahren zum größten Lebensmittelproduzenten weltweit zu werden«, steht in einem Papier der deutschen Botschaft, das mir der Agrarexperte Achim Viereck während meines Besuchs in der Hauptstadt Brasilia zusteckt.

Schon jetzt schlürfen Japaner brasilianischen Kaffee, rauchen

Deutsche brasilianischen Tabak, essen Russen brasilianische Steaks und trinken Chinesen brasilianischen Orangensaft.

Die Chinesen sind sicher die treibende Kraft des Exportbooms des Landes. Weil deren heimische Produktion nicht mehr ausreicht, das 1,3-Milliarden-Volk zu ernähren, müssen die Chinesen auf den Weltmärkten massiv einkaufen. Und sie tun das vor allem in Brasilien. Für Lester Brown, Präsident des Earth Policy Institute, wird die Achse Brasilien – China in den nächsten Jahren den Weltagrarmarkt beherrschen und damit die alte Achse USA – Japan ablösen. Ganz oben auf dem Einkaufszettel der Chinesen steht Soja, das sie in riesigen Mengen in Brasilien ordern.

Doch Chinas Appetit ist nur ein Grund für den Aufstieg Brasiliens zur Agrar-Supermacht. Weitere Erklärungen, warum sich Brasilien in den vergangenen Jahren zum Ernährer der Welt entwickelte, hat Agrarminister Roberto Rodriguez parat: »Wir haben unendlich viel Land, billige Arbeit, ein perfektes Klima und vor allem die beste tropische Agrartechnologie der Welt.« Nur einen Grund hat er in seiner Aufzählung vergessen: Brasilien hat auch viel Wasser, nämlich das größte Süßwasservorkommen der Welt. Das scheint dem Landwirtschaftsminister wohl so selbstverständlich zu sein, dass er es nicht eigens erwähnt.

Brasilien – heute und morgen

	2005	2050
BIP	793 Mrd. $	6 074 Mrd. $
BIP pro Kopf	4 298 $	26 592 $

Quelle: Goldman Sachs

Infolge des Booms auf dem Agrarsektor gesundete Brasiliens Wirtschaft. Das einst chronisch kranke Land, das lange Zeit am Tropf des Internationalen Währungsfonds (IWF) hing, konnte bis zum

Jahresende 2005 seine Milliardenschulden beim IWF zurückzahlen. Im Außenhandel erzielte es 2005 einen Rekordüberschuss von knapp 45 Milliarden Dollar, und es sitzt nun auf einem Berg von Devisenreserven in Höhe von rund 70 Milliarden Dollar.

Präsident Lula, im Oktober 2006 zum zweiten Mal wiedergewählt, zeigt sich in einem Interview mit dem *Economist* stolz auf das Erreichte: »Niemals in der Wirtschaftsgeschichte unseres Landes hatten wir ein solch solides wirtschaftliches Fundament.«

Der agro-industrielle Komplex und seine Eroberung des grünen Goldes

Es regnet an diesem Morgen in Strömen. João Batista de Almeida Neto ist deshalb ziemlich sauer. »Bei dem Wetter können wir nicht arbeiten«, schimpft er in seinem Büro. Wir sind im Hafen von Santos, eine knappe Autostunde von São Paulo entfernt. João ist im Hafen von Santos Chef des Agrarhandelshauses Louis Dreyfus. Vor dessen Lagerhäusern warten Schiffe auf die Beladung mit Soja. Doch Soja darf nicht nass werden, klärt mich João auf.

Wegen der witterungsbedingten Untätigkeit hat er aber Zeit, mir den Hafen von Santos zu zeigen. Er hat ein kleines Boot gechartert, mit dem wir durch den heute relativ ruhigen Hafen pflügen. Hinter den Kais stehen riesige Lagerhäuser, Silos und Tanks. Die Lagerhäuser sind ordentlich durchnummeriert. João weiß, was sich hinter jeder Nummer verbirgt. »Hier wird Weizen gelagert«, sagt er und zeigt auf den Schuppen 12. Wir fahren an den gigantischen Zucker-Lagerhäusern vorbei. Neben diesen ist das kleine Salzlager. Plötzlich türmt sich ein Berg von Containern auf. »In denen werden Fleisch und Hähnchen transportiert«, erklärt João. Wir fahren weiter, vorbei an Silos, in denen Orangenkonzentrat gelagert wird. Am Ende unserer einstündigen Hafenrundfahrt stehen riesige Tanks. »Öltanks?«, frage ich. »Ja, aber für Sojaöl«, antwortet João.

Nirgendwo kann man Ausmaß und Vielfalt des brasilianischen Agrobusiness anschaulicher studieren als im Hafen von Santos, dem größten Brasiliens. Santos sowie Paranaguá im Süden und Vitória im Norden sind die Nadelöhre der Agrarexporte Brasiliens. Hier kommen die Waren per Lkw oder Eisenbahn aus dem Landesinneren, von hier aus gehen sie per Schiff in alle Welt.

Fährt man von São Paulo die erst vier-, dann zweispurige Autobahn SP 160 hinunter nach Santos, überholt man permanent Lastwagen, auf denen zum Beispiel *Sugar Express* steht, oder Tanklastwagen mit dem Aufdruck *Citrovito*, was unschwer auf eine Ladung Orangenkonzentrat schließen lässt. Unten im Hafen warten bereits die Schiffe auf die Fracht. Zum Beispiel an diesem Tag die *Orange Sky*, in die Orangensaftkonzentrat gepumpt wird, das dann bei Minus sieben Grad über die Weltmeere zu den Verbrauchern geschifft wird. Oder der chinesische Frachter *Yong An*, der vor dem Terminal des Zucker-Giganten Cosan beladen wird. 30 000 Tonnen Zucker kann der Bauch der *Yong An* fassen.

Es ist mittlerweile ein feines Gespinn von Unternehmen, das diesen gigantischen agro-industriellen Komplex Brasiliens am Leben hält. Mittendrin in diesem Netz sind Agrarhandelshäuser wie Louis Dreyfus. Über sie läuft fast alles. Vier globale Handelshäuser beherrschen diesen Markt: Neben Louis Dreyfus sind das Archer Daniels Midland (ADM), Cargill und Bunge y Born aus Argentinien – alles relativ unbekannte Milliardenkonzerne.

Die ADMs, Cargills und Bunges kaufen bei unzähligen mittleren bäuerlichen Betrieben, meist jedoch bei Großunternehmern ein, die man getrost als Agrarfabriken bezeichnen kann. »In Brasilien existieren landwirtschaftliche Betriebe von unvorstellbarem Ausmaß«, schreibt der Kieler Geograph Florian Dünckmann in den *Mitteilungen der Deutschen Landwirtschafts-Gesellschaft* (DLG).

Sie bewirtschaften zum Teil bis zu 200 000 Hektar. Wie zum Beispiel die Maggi-Familie, die weltgrößten Soja-Erzeuger, oder die Cutrales, die Besitzer einer der weltgrößten Orangenplantagen. Viele dieser Agrarfabriken haben zudem eigene Infrastrukturprojekte wie Kraftwerke oder Hafenanlagen. Und sie bauen ihre eigenen Straßen und Wasserwege.

»Die Großunternehmen spielen eine wichtige Rolle in Brasiliens Agrarbusiness«, schreibt der *Ibero-Amerika-Verein* in einer Analyse der brasilianischen Landwirtschaft. Sie verdienen viel Geld, weil sie einerseits niedrige Löhne bezahlen (ein einfacher Arbeiter bekommt 100 Dollar im Monat, ein Vorarbeiter etwa das Doppelte), aber andererseits auf den Weltmärkten hohe Erlöse erzielen.

Die Brasilianer nennen deshalb ihre Farmen *Eldorado* oder auch *Ouro Verde*, was grünes Gold heißt. Diese riesigen Goldgruben sind es, die das nötige Kapital haben, moderne Maschinen und Technologien zu kaufen. Vor allem sie tragen deshalb dazu bei, dass die Produktivität in der brasilianischen Landwirtschaft steigt und steigt und diese damit auf den Weltmärkten wettbewerbsfähig ist und bleibt.

So haben die Brasilianer Produkt für Produkt die Weltmärkte erobert. Angefangen hat es mit einem besonders süßen Stoff – dem Zucker.

Aus allen Rohren: Zucker, Schnaps und Sprit

Zuckerrohr war das erste Produkt, das die portugiesischen Kolonialherren in der ersten Hälfte des 16. Jahrhunderts in ihrer neuen Eroberung Brasilien anpflanzten. Zucker war über Jahrhunderte hinweg das alles dominierende Exportprodukt Brasiliens. In den Spitzenzeiten kam fast die Hälfte der Exporterlöse des Landes aus dem Geschäft mit dem süßen Stoff. Entsprechend hing Brasiliens Wohl und Wehe allzu stark vom Zuckerpreis ab, der draußen auf dem Weltmarkt bezahlt wurde.

Heute hat sich Brasiliens Abhängigkeit vom Zucker reduziert. Gleichwohl ist Zucker immer noch ein Stoff, aus dem viele brasilianische Träume sind. Brasilien kann zu unschlagbaren Preisen Zucker herstellen. Die Produktion einer Tonne Zucker aus brasilianischem Zuckerrohr kostet nur 160 Dollar, eine Tonne aus Europas Rübenzucker dagegen rund 700 Dollar. Brasiliens Zuckerfabriken sind hocheffizient. Bis zu fünf Ernten fahren sie im Jahr ein. Das ist Weltklasse. Ebenso wie die Arbeit der brasilianischen Zuckerforscher am Centro de Tecnologica Canavieira. Sie entschlüsselten als Erste das Erbgut des Zuckerrohrs. Dadurch können sie ein gegen Trockenheit und Krankheiten viel widerstandsfähigeres Zuckerrohr entwickeln und anbauen.

Auf einer Fläche von sechs Millionen Hektar stehen inzwischen die übermannshohen Zuckerrohrstauden. Weitere 4,5 Millionen Hektar sind zur Anpflanzung vorgesehen. Über 40 neue Zuckerfabriken sind im Entstehen. Das langfristige Wachstumspotenzial der brasilianischen Zuckerindustrie ist riesig. Die Rohstoffhändler an den internationalen Börsen haben in den vergangenen Monaten den Zucker entdeckt, entsprechend steigen die Zuckerpreise. Der berühmte New Yorker Rohstoff-Guru James Rogers zockt auf Zucker. Er sagt: »Zucker hat eine große Zukunft.«

Das plötzliche Interesse am Zucker hat nicht nur mit der weltweit steigenden Nachfrage (China!) zu tun. Zucker kann nämlich zu einem wertvollen Stoff verwandelt werden: Zu Ethanol, zu Sprit. Und auch hier ist Brasilien führend. Nur noch aus rund 45 Prozent der jährlichen Produktion wird in Brasilien Zucker gemacht. Aus 55 Prozent der Ernte entsteht Alkohol. Ein bisschen davon fließt in den legendären Zuckerrohrschnaps Cachaça, den Basisstoff des in Deutschland so beliebten Cocktails *Caipirinha.* Aus dem großen Rest wird freilich Sprit gemacht.

Brasilien hat das ehrgeizigste Weg-vom-Öl-Projekt der Welt. Es startete schon 1975 – kurz nach der ersten Ölkrise – mit seinem Ethanol-Programm. Der damalige Junta-Chef Ernesto Geisel ordnete an, dass dem Benzin zehn Prozent Ethanol beigemischt werden sollte. Nach der zweiten Ölkrise legte Brasilien 1979 sein »Pro-Álcool«-Programm auf. Die Regierung forcierte die Zuckerproduktion und subventionierte heftig die Ethanol-Preise. Doch lange Zeit war der internationale Ölpreis im Vergleich zum Ethanol so niedrig, dass viele in Brasilien dachten, das Programm sei eine Verschwendung von Steuergeldern. Aber die Regierung hielt an ihren Alkohol-Sprit-Plänen fest. Ende der 80er Jahre fuhren bereits neun von zehn neu zugelassenen Autos mit Alkohol.

Erst in den vergangenen Jahren jedoch gelang der Durchbruch des Ethanols. Grund: Der hohe Ölpreis machte Ethanol endlich zur kostengünstigeren Alternative zu Benzin. Eine Tankfüllung Ethanol kostet jetzt nur noch 29, eine Tankfüllung Benzin hingegen 36 Dollar.

Die brasilianische Autoindustrie unterstützte den Trend. Sie führte im März 2003 die so genannten *Flex-Fuel-Motoren* ein. Der Autofahrer kann nun an fast jeder der rund 30 000 Tankstellen des Landes entscheiden, ob er Benzin oder Ethanol tanken will. Der Motor schluckt beides ohne Murren. Derzeit wird fast ausschließlich Ethanol getankt.

In Brasiliens Zuckerindustrie herrscht deshalb Hochstimmung. Eduardo Pereira de Carvalho, Präsident des Zuckerverbandes im Staate São Paulo Unica, sagt: »Wenn eines Tages jemand sagt, es gibt kein Öl mehr, werden wir sagen: Gut, wir haben Alternativen. Sie können bei uns kaufen.«

Brasiliens Zuckerbarone sehen eine Riesenchance, im zu Ende gehenden Öl-Zeitalter einen Ersatzstoff anbieten zu können. »Die Welt entdeckt in diesen Tagen Ethanol«, jubiliert Paulo Diniz, Finanzchef von Brasiliens größtem Zuckerhersteller Cosan, gegenüber der *Financial Times*. Das Ethanol hat drei gravierende Vorteile: Es ist relativ günstig, es ist sauber – und es kommt nicht aus dem Nahen Osten.

Aufmerksam und hocherfreut hat man in Brasilien die *State of the Union*-Rede von US-Präsident George W. Bush im Februar 2006 verfolgt. Dort sprach Öljunkie Bush erstmals öffentlich von Ethanol als einer Alternative zum Benzin. In der neuesten *Energy Bill* der USA wird bereits von einer Verdoppelung des Ethanol-Einsatzes bis 2012 ausgegangen. Die USA, aber auch sich rapide motorisierende

Länder wie China und Indien verfolgen sehr genau das brasilianische Ethanol-Programm.

Brasiliens Alkoholexporte sind in den vergangenen Jahren rapide angestiegen. Es entsteht erstmals ein Weltmarkt für Ethanol, der freilich von den Brasilianern dominiert sein wird. Zucker-Manager Paulo Diniz sagt selbstbewusst: »Brasilien ist der größte und kostengünstigste Produzent von Ethanol. Deswegen werden wir der globale Preisführer sein.«

Insgeheim träumen die Brasilianer davon, das Saudi-Arabien des Ethanols zu werden. Die Chancen hierfür stehen nicht schlecht.

Keine Bohnen von der Stange

Einige Zeit später als der Zucker landete der Kaffee in Brasilien. Denn erst 1615 kamen die ersten Bohnen aus dem Osten in Europa, genauer in Venedig, an. Weil in Europa alle Anpflanzungsversuche fehlschlugen, begannen die Europäer – allen voran die Holländer –, in ihren Kolonien Kaffee anzubauen. Das gelang auf Java und auf den Antillen im Nordosten des südamerikanischen Kontinents. Von dort, von Guayana, gelangte schließlich der Kaffee über die Grenze nach Brasilien. Im nördlichen Bundesstaat Pará wurde 1727 der erste Kaffeestrauch angepflanzt.

Heute – 280 Jahre später – ist Brasilien *der* Kaffee-Lieferant der Welt, mit weitem Abstand vor Indonesien und dem aufstrebenden Vietnam. Knapp 35 Prozent der Weltproduktion werden in Brasilien geerntet. Das sind 32,9 Millionen Säcke jedes Jahr.

Kaffee ist eine der wichtigsten Kulturen Brasiliens. Rund acht Millionen Brasilianer sind direkt oder indirekt im Kaffeegeschäft tätig.

Rund sechs Millionen Bäume, die meist zu Sträuchern zurechtgestutzt werden, stehen im so genannten Kaffee-Gürtel, der vor allem die Bundesstaaten Espírito Santo, Minas Gerais und São Paulo umfasst. Dort werden je nach Höhenlage die weltweit beliebtesten

Sorten Arabica (über 400 Meter) und Robusta (unter 400 Meter) angepflanzt.

Ein großer Teil der Export-Säcke aus Brasilien landet in der Speicherstadt im Hamburger Hafen, wo Europas große Rösthäuser ihren Sitz haben. Mit Abstand die Nummer eins ist die Neumann Kaffee Gruppe (NKG). In Verbraucherkreisen sind Firmen wie Neumann völlig unbekannt, aber sie liefern an so bekannte Marken wie Eduscho, Jacobs oder Tchibo.

Brasilianischer Kaffee wird in Europa besonders geschätzt, weil er einen hohen Koffeingehalt hat, aber einen geringen Säureanteil besitzt. Das schmeckt den Europäern, insbesondere den Italienern.

Doch der Kaffeekonsum steigt weltweit, auch in Tee-dominierten Ländern wie zum Beispiel China. Dort gilt es längst als schick, eine teure Latte macchiato in einer der vielen Starbucks-Filialen oder einem anderen Coffeeshop zu schlürfen. Chinas Kaffeekonsum steigt jedenfalls mit hohen zweistelligen Zuwachsraten. Noch ist China freilich eine Teetrinker-Nation. Aber das war Japan auch einmal. Und jetzt liegt Japan beim Kaffeeverbrauch auf Platz drei hinter Italien und Frankreich.

Orangen für die Welt

Wer morgens – wo auch immer auf dieser Welt – seinen Orangensaft trinkt, schluckt mit großer Wahrscheinlichkeit Konzentrat von Orangen aus Brasilien. Ob Hohes C, Granini oder Rio d'oro von Aldi in Deutschland, ob Minute Maid in den USA, ob Fanta aus dem Hause Coca-Cola – alle diese Firmen und Marken sind Abnehmer von Orangensaftkonzentrat aus Brasilien.

Die Brasilianer beherrschen den Weltmarkt des *FCOJ (Frozen Concentrated Orange Juice)*. In der nordwestlichen Ecke des Bundesstaates São Paulo sitzen zwei große Firmen, die den Weltmarkt fast unter sich aufteilen: Citrosuco Paulista und Sucocitrico Cutrale.

Beide wurden von legendären Unternehmern gegründet. Der aus Sizilien stammende José Cutrale kaufte 1952 seine ersten Orangenbäume. Man nannte ihn respektvoll »Rei da Laranja«, den Orangenkönig. Er starb im Dezember 2004, sein Sohn führt die Geschäfte weiter.

Der andere war ein Deutscher: Carl Fischer. Der Auswanderer war eigentlich auf dem Weg nach Argentinien, blieb aber 1928 in Brasilien hängen und kaufte seine erste Plantage. Später folgte ihm sein Sohn. Nachdem dieser 2000 starb, übernahm Maria do Rosario Fischer (genannt »Ro«) zusammen mit ihren vier Töchtern Bianca, Ana Luisa, Alessandra und Renata die Leitung des Unternehmens.

Doch die beiden Firmen Citrosuco Paulista und Sucocitrico Cutrale hätten den Durchbruch an die Weltspitze nicht geschafft, wenn es nicht in einem anderen Land einen dramatischen Einbruch gegeben hätte. Denn 1962 vernichtete ein unerwartet starker Frost fast vollständig die Zitruskultur im – bis dato alles dominierenden – US-Bundesstaat Florida. Von diesem Naturdesaster erholten sich die Plantagen in Florida nie mehr richtig, in Brasilien hingegen begann der Boom der Orangensaftindustrie – und in ihrem Windschatten gediehen auch Äpfel, Mangos und Zitronen.

Heute ist Brasilien der drittgrößte Früchteproduzent der Welt. Fast alle tropischen Früchte haben die Brasilianer inzwischen im Angebot: Äpfel, Ananas, Avocados, Bananen, Cashewnüsse, Guava, Kokosnüsse, Mangos, Melonen, Papayas, Passionsfrüchte, Pfirsiche, Wassermelonen und Zitronen.

Und Acerola. Schmeckt köstlich, ist nicht zu süß und die Vitamin-C-reichste aller bekannten Früchte. Erst langsam beginnen die Brasilianer, diese Vitamin-Bombe zu vermarkten.

Noch dominieren die Orangen Brasiliens Obstgeschäft. Inzwischen kommen von den jährlich weltweit produzierten 1,1 Millionen Tonnen Orangensaftkonzentrat drei Viertel aus Brasilien. Allein die Fischers besitzen in der Gegend um Araraquara zehn Millionen Orangenbäume. Gepflückt werden die Früchte von so genannten Orangennomaden, umherziehenden Tagelöhnern. Jeden Tag holen

diese 20 000 Tonnen Orangen von den Bäumen. Noch vor Ort werden die Früchte zu Konzentrat verarbeitet. Tanklastwagen transportieren dieses dann in den rund 600 Kilometer entfernten Hafen von Santos. Dort fließt die dickflüssige Masse in riesige Tanks, ehe sie per Schiff ihre Reise über die Weltmeere antritt. Der Endpunkt der Reise Richtung Europa ist der Hafen im belgischen Gent. Er ist die Drehscheibe im europäischen Markt für Orangensaftkonzentrat. Von dort geht es wieder per Tanklaster zu Eckes (Hohes C) nach Mainz oder zum Aldi-Lieferanten Stute nach Paderborn.
Und irgendwann landen die Orangen, die vor Monaten im 10 000 Kilometer entfernten Brasilien gepflückt wurden, als Orangensaft auf dem Frühstückstisch.

Der Sojakönig und sein Reich

Mato Grosso ist ein großer brasilianischer Bundesstaat im Westen des Landes. Er ist zweimal so groß wie Frankreich. Gouverneur ist Blairo Maggi. Doch er hat noch einen anderen, inoffiziellen Titel: Er ist »der Sojakönig«. Die Maggis herrschen über ein Gebiet, das größer ist als der US-Bundesstaat Wisconsin. Sie sind die größten Sojahersteller der Welt.

Der Aufstieg des Maggi-Clans ist einer der vielen Erfolgsgeschichten, die Brasiliens Landwirtschaft in den vergangenen Jahren schrieb. Blairos Vater André machte sich erst vor 16 Jahren aus dem Süden des Landes Richtung Westen nach Mato Grosso auf. Damals wuchs dort kein Halm Soja. Doch Maggi ließ in der Steppe eine Sojasaat nach der anderen testen. »Wir waren quasi die Ersten, die versuchten, in der Savanne Soja zu pflanzen«, sagt Pedro Jacyr gegenüber der *Zeit*, »bis zu 20 verschiedene Saaten nutzen wir heute«. Auf rund 135 000 Hektar pflanzen die Maggis derzeit Soja an. Pro Hektar dieses trockenen Landes ernten sie heute rund 60 Kilo Soja, vor zehn Jahren waren es lediglich 40 Kilo.

Den Maggis sind inzwischen viele Sojabauern nach Mato Grosso gefolgt. Dieser Binnenstaat ist zu *dem* Soja-Staat Brasiliens geworden. Doch damit lange nicht genug. Gouverneur und Unternehmer Blairo Maggi will die Agrarfläche im Staate Mato Grosso in den nächsten Jahren nochmals verdoppeln.

Dabei ist Soja schon heute die mit Abstand wichtigste Kultur in Brasilien. Auf knapp der Hälfte der landwirtschaftlichen Anbaufläche wird inzwischen Soja angepflanzt. Die Sojaproduktion hat sich in den letzten zehn Jahren verdoppelt. Heute liefern die rund 250 000 Sojabauern ein Viertel der Weltproduktion. Analysten gehen davon aus, dass Brasilien – derzeit Nummer zwei – in den nächsten fünf Jahren die USA als weltgrößten Produzenten ablösen wird.

Weltgrößter Exporteur sind die Brasilianer schon. Pro Jahr verkaufen sie für zehn Milliarden Dollar Soja. Treiber dieses Booms sind vor allem die asiatischen Länder. Erst war es Japan, nun ist es vor allem ein immer hungriger werdendes China. China hat längst nicht mehr genügend Soja im eigenen Land, muss also zukaufen. China ist das klassische Soja-Konsumland. Die Chinesen stellen aus Soja alles Mögliche her, ob Fertiggerichte, Kosmetika, Soßen oder Viehfutter. Solange die Chinesen in diesem Maße weiter konsumieren, müssen sich die Brasilianer keine Sorgen um ihren Absatz machen.

Einziges großes Problem der brasilianischen Sojabauern: Die Transportwege. Mato Grosso liegt 2500 bis 3000 Kilometer von den Häfen an der Atlantikküste weg. Der lange Anfahrtsweg verteuert das Soja. Und zudem sind die beiden Häfen Santos und Paranaguá oft überlastet. Zu Spitzenzeiten der Sojaernte stauen sich jeden Tag 2000 Lkws und 400 Eisenbahnwaggons im Hafen von Paranaguá.

Bleibt als Alternative die Straße BR 163, die von Cuiabá, der Hauptstadt von Mato Grosso, nach Santaram am Amazonas führt. Das ist allerdings eine 1000 Kilometer lange Schotterpiste, bestehend aus zwei engen Fahrbahnen, die übersät sind von riesigen Schlaglöchern.

Um dem oft mörderischen Rennen der Lastwagenfahrer ein Ende zu bereiten, plant Maggi den Bau eines 1000 Kilometer langen Wasserwegs von den Sojafeldern im Westen Richtung Norden zum Amazonas. Finanziert werden soll er über die modisch gewordene *Private Public Partnership (PPP)*, bei der Unternehmen und Staat gemeinsam Infrastrukturprojekte finanzieren. In dem Falle ist es einfach: Der Unternehmer Maggi tut sich mit dem Politiker Maggi zusammen.

Mageres Fleisch und fette Erfolge

Die Churrascaria Fogo in São Paulo ist eine der besten in diesem brasilianischen Moloch. In einer großen Speisehalle wuseln Männer in traditionellen Trachten (weiße Hemden, dunkelblaue Pluderhosen, die in Stiefeln stecken) mit Fleischspießen durch die schmalen Gänge, die ihnen die Tische und Stühle lassen. Permanent drängen sie die Gäste auf freundliche Weise zum Fleischverzehr. Nur eine runde rote Karte, die auf den Tischen liegt, und ein dezentes Abwinken kann verhindern, dass permanent Nachschub kommt.

Für einen Einheitspreis von 63 Reais (über 20 Euro) gibt es Fleisch satt, und wer will, kann sich zudem am Salatbuffet in der Mitte des Restaurants bedienen. Das Fleisch ist mindestens so gut wie das weltweit gelobte argentinische Rindfleisch. Doch nur die wenigsten wissen, dass Fleisch aus Brasilien inzwischen zu einem Exportschlager des Landes geworden ist. Bei Rindfleisch ist Brasilien inzwischen weltweit führender Exporteur. Es hat 2004 die Australier vom Platz eins verdrängt.

Rund 200 Millionen Rinder grasen auf Brasiliens Weiden. Nur die Inder haben mehr Vieh, verzehren es freilich aus bekannten religiösen Gründen nicht. Auf Brasiliens Weiden sind fast nur Zebu-Rinder (mit ihrem kleinen Höcker auf der Schulter) anzutreffen. Sie kommen ursprünglich aus Afrika und Asien, haben sich aber inzwischen vorzüglich an das subtropische Klima Brasiliens angepasst.

Weil das Land noch genügend ungenutzte Weideflächen zur Verfügung hat, werden die Herden noch weiter wachsen.

Den Erfolg der Rinderzüchter vor Augen, machten sich in den vergangenen Jahren die Produzenten anderer Tiere auf, diesen Erfolg zu wiederholen. Allen voran die Hühner- und Schweinezüchter.

Bei Hühnerfleisch ist Brasilien binnen kurzer Zeit zum weltgrößten Exporteur aufgestiegen. Das sei »die größte Erfolgsgeschichte des brasilianischen Agrobusiness«, urteilt das Agrarministerium. Täglich werden 20 Millionen Tiere geschlachtet. Ein Drittel davon wird exportiert. Wichtigster Markt ist Japan.

Und auch bei Schweinen holt Brasilien gewaltig auf. Heute ist das Land mit jährlich drei Millionen Tonnen Schweinefleisch der viertgrößte Produzent der Welt. Das International Meat Secretariat (IMS) traut den brasilianischen Schweinen noch mehr zu. Es sieht Brasilien künftig als mögliche Nummer eins beim Schweinefleischexport. Die Schweinezüchter haben einen großen Vorteil gegenüber ihren Konkurrenten: Sie können ihren Schweinen sehr günstige, weil im Inland hergestellte Futtermittel geben.

Außerdem haben es brasilianische Techniker und Züchter geschafft, dass ihre Schweine exzellentes Fleisch liefern. In den vergangenen 20 Jahren reduzierte sich der Fettanteil im brasilianischen Schweinefleisch um 31, der von Cholesterin um 10 und die Kalorienanzahl um 14 Prozent.

Diese abgespeckte Version brasilianischen Schweinefleisches ist ein weiterer Erfolg einer Institution, die außerhalb Brasiliens kaum jemand kennt. Sie heißt Embrapa – und ist einer der Garanten, wenn nicht sogar *der* Garant für Brasiliens erfolgten Aufstieg zur Agrar-Supermacht.

Die besten Erntehelfer der Welt

Rund 15 Minuten außerhalb Brasilias liegt die Zentrale dieser geheimnisumwitterten Institution. Auf der kurzen Fahrt dorthin gibt mir der altgediente Landwirtschaftsexperte der deutschen Botschaft, Achim Viereck, eine erste Einschätzung: »Die Brasilianer haben – vielleicht neben den Australiern – die besten Agrarforscher der Welt.« Kurze Zeit später passieren wir das Eingangstor zu einem campusähnlichen Gelände mit schönen Grünflächen und einigen dreistöckigen Gebäuden.

Auf einer Tafel am Eingang steht: EMBRAPA – eine Abkürzung für *Empresa Brasileira de Pesquisa Agropecuária*. Auf Deutsch in etwa: Brasilianisches landwirtschaftliches Forschungsinstitut. Hier sitzt seit über 30 Jahren die Elite der brasilianischen Agrarforscher. Eine, die von Beginn an dabei ist, empfängt uns zum Gespräch: Tatiana Deane de Abreu Sá, heute stellvertretende Direktorin von Embrapa. Sie hat in den USA studiert, wie viele andere Experten von Embrapa. »Unsere Politik damals war es, junge Wissenschaftler an die besten Unis der Welt zu schicken«, sagt Tatiana.

Zurück in Brasilien, hatten sie mit ihrem Wissen und Engagement quasi eine nationale Mission zu erfüllen. Oberstes Ziel war es, die landwirtschaftliche Fläche Brasiliens zu vergrößern und sie effizienter zu nutzen. Denn die *Cerrados*, wie die weiten Savannenflächen Brasiliens vor allem in der Mitte des Landes heißen, gehören nicht zum besten Agrarland dieser Welt. »Sie nutzbar zu machen war die erste große Herausforderung für die Embrapa«, sagt Tatiana.

Heute – 30 Jahre später – kann man sagen, dass Embrapa diese Herausforderung sehr erfolgreich gemeistert hat. Die leise und bedächtig sprechende Tatiana ist stolz auf das Erreichte: »Wir haben der Welt gezeigt, dass wir in den Tropen Landwirtschaft betreiben können.« Lob gibt es auch aus objektivem Munde: »Brasilien ist das erste Land der Welt, das gelernt hat, tropische Böden zu kultivieren«, sagt Edward Schuh, Diektor am Center for International Economic Policy an der University of Minnesota, respektvoll.

Dieses Kompliment in Zahlen ausgedrückt: Brasilien nutzt heute rund 40 Prozent mehr Anbaufläche als vor 20 Jahren. Auf der Karte des riesigen Brasiliens zeigt Tatiana, wie die landwirtschaftlich nutzbaren Flächen sich vom Süden immer weiter Richtung Mitte und Norden des Landes ausdehnen.

Doch Brasilien hat nicht nur mehr Äcker, Plantagen und Weiden – diese werden auch immer intensiver genutzt. Kein Land hat in den vergangenen Jahrzehnten solche Produktivitätssprünge gemacht wie Brasilien. In einem Zeitraum von 20 Jahren verbesserten Brasiliens Bauern und Agrarfabriken ihre Ernteerträge um stolze 150 Prozent.

Vor allem dank Embrapa. Die Institution, die vom Agrarministerium finanziell großzügig unterstützt wird, hat inzwischen ein landesweites Netz von über 8000 Mitarbeitern, von denen 2200 bestens ausgebildete Forscher sind. Der Embrapa ist es zum Beispiel gelungen, unterschiedliche Sojapflanzen zu entwickeln, die in fast allen brasilianischen Regionen gedeihen. Das Gleiche gilt für Weizen und andere Getreide.

Die Arbeit der Embrapa ist sicher eine der Erfolgskomponenten der brasilianischen Agrarwirtschaft. Es gibt aber noch ein paar andere.

Erfolgreich ohne Subventionen

Zur Erkundung des gar nicht so geheimen Erfolgsgeheimnisses besuche ich Icone in São Paulo. Icone ist ein angesehener Think-Tank mit einer kleinen, aber effektiven Forschertruppe. Dort diskutiere ich mit Mário de Queiroz Monteiro Jales die Hintergründe des brasilianischen Booms. Mário arbeitete fast zehn Jahre in Washington bei der Weltbank. Er kennt deshalb die Agrarmärkte dieser Welt und kann vergleichen.

Warum Brasilien in einem solchen globalen Vergleich am besten dasteht, erklärt Mário in einem Satz: »Die Gründe für das Wachstum der brasilianischen Landwirtschaft sind ganz einfach: Entrepreneurship, gute Wissenschaftler, Zugang zu gutem Land und gutes Wetter.«

Klar, da ist das Klima. Brasilien hat, weil es ein riesiges Land von den Ausmaßen eines ganzen Kontinents ist, sowohl subtropisches als auch tropisches Klima. Das heißt: Warme Temperaturen zwischen 25 und 40 Grad, aber auch die nötigen Niederschläge. Diese Kombination ermöglicht bei den meisten Agrarprodukten zwei oder gar mehr Ernten im Jahr.

Und Brasilien hat jede Menge Fläche. Die Dimension des Landes begreift man erst, wenn man darüber fliegt. Rund fünf Flugstunden liegen zwischen Fortaleza, wo man nach der Atlantiküberquerung erstmals brasilianischen Boden erblickt, bis zu den gigantischen Wasserfällen von Iguazú im Südwesten, wo man das Land wieder Richtung Argentinien oder Chile verlässt.

Dazwischen landwirtschaftlich genutztes, aber noch mehr ungenutztes Land. Erst auf rund 60 Millionen Hektar wird derzeit Ackerbau und Viehzucht betrieben. Doch das weitere – noch brachliegende – Potenzial ist enorm, fast unvorstellbar groß. Brasilien verfügt über weitere 90 Millionen Hektar ackerfähige Landreserve. »Das Agrarpotenzial Brasiliens ist bei weitem noch nicht ausgeschöpft«, urteilt deshalb der Ibero-Amerika Verein in einer Studie.

Um dies zu tun, muss nicht – wie viele im Westen argwöhnen – auf das Amazonas-Gebiet zurückgegriffen werden, das wichtigste Ökosystem der Erde. »Auch außerhalb des Regenwaldes hat Brasilien ein enormes Reservoir an ungenutzten Flächen«, sagt Florian Dünckmann vom Geographischen Institut der Universität Kiel. Er meint vor allem die *Cerrados*, diese riesige Savannenlandschaft.

Land und Klima – das ist naturgegeben. Und welchen Beitrag leistet der Mensch? Brasilien hat innovative Agrarunternehmer und hervorragende Agrarwissenschaftler. »Und es wird doch sicher bei dieser überragenden Bedeutung des Agrarsektors eine massive Unterstützung durch die Politiker geben?«, frage ich Icone-Forscher Mário Jales.

»Ja, die gibt es – aber ganz anders als in der EU oder in den USA.« Dort wird die Landwirtschaft mit Milliarden-Subventionen und hohen Zöllen für Konkurrenzprodukte aus anderen Ländern künstlich am (Über-)Leben gehalten. Diese teure Subventionitis grassierte auch einmal in Brasilien – bis der Staat kein Geld mehr hatte. Fast alle Subventionen wurden deshalb Anfang der 90er Jahre gestrichen.

Und was passierte? Obwohl den Bauern fast von heute auf morgen der Geldhahn zugedreht wurde, brach die Landwirtschaft nicht zusammen. Im Gegenteil: »Der Wegfall staatlicher Regulierung und Unterstützung führte keinesfalls zu einem Einbruch der landwirtschaftlichen Produktion, sondern vielmehr zu einem regelrechten Boom«, schreibt der Landwirt René Döbelt in den *DLG-Mitteilungen*.

Brasiliens Bauern mussten plötzlich ums Überleben kämpfen und entwickelten dabei innovative Kräfte. Der Wegfall der Staatsgelder spornte sie an, immer produktiver zu werden. In diesen Zeiten des Umbruchs hat sich in Brasiliens Landwirtschaft ein kreatives Unternehmertum entwickelt.

So ist das vermeintliche Paradoxon eingetreten, dass es den Bauern ohne Subventionen besser geht. Die OECD attestiert in ihrer Studie *Agricultural Policy Reform in Brazil* den brasilianischen Bauern, dass sie inzwischen die erfolgreichsten der Welt seien, gerade weil sie nur noch drei (!) Prozent ihres Einkommens aus staatlichen Töpfen bezögen. Zum Vergleich: In der OECD, der alle Industrieländer des Westens angehören, bekommen die Landwirte im Schnitt 30 Prozent ihres Einkommens vom Staat, also zehnmal mehr als die brasilianischen Bauern.

Kein Wunder, dass Brasiliens Unterhändler bei den gescheiterten WTO-Verhandlungen, der so genannten Doha-Runde, gegen die Agrarsubventionen wetterten und ihre – zumindest teilweise – Abschaffung forderten. Denn sie wissen, dass ihre Landwirtschaft auch ohne Subventionen weltweit konkurrenzfähig ist. Andererseits ist den Ländern im subventionierten Norden – also der EU und den USA – klar, dass sie ohne den Schutz durch Subventionen und Zölle gegen Brasilien keine Chance haben werden. Deshalb blockten sie in der Doha-Runde Brasiliens Wünsche nach Abbau der Subventionen ab.

Was aber, wenn irgendwann die Blockade des Nordens fällt? Geograph Florian Dünckmann prophezeit jetzt schon Dramatisches: »Sollte Brasilien eines Tages auf einem deregulierten Weltagrarmarkt seine landwirtschaftliche Wettbewerbsfähigkeit ungehindert entfalten können, dann wird nur ein geringer Teil der hiesigen Landwirtschaft in der Lage sein, diesem Konkurrenzdruck zu trotzen.«

Eisenerz und andere Preziosen

Es ist 7.30 Uhr morgens am Bahnhof von Belo Horizonte. Der einzige Zug des Tages steht abfahrbereit. Sein Ziel ist das rund 670 Kilometer entfernte Vitória an der Atlantikküste. Ich kaufe mir für 55 Reais ein Ticket für die Classo Ejecutivo, die Business-Class, deren einziger Vorteil darin besteht, dass man am Platz mit Getränken und Speisen bedient wird.

Der Zug, dessen von zwei Loks gezogenen braun-beigen Waggons pünktlich Belo Horizonte verlassen, gehört keiner Eisenbahngesellschaft. Auf den Wagen stehen vielmehr die vier Buchstaben CVRD. Sie stehen für Companhia Vale do Rio Doce, die Gesellschaft aus dem Tal des Rio Doce.

Durch dieses Tal rumpelt der Zug im einschläfernden Schneckentempo. Oft muss er auf der eingleisigen Strecke halten und Gegenzüge abwarten. Es sind keine Personen-, sondern endlos lange Güterzüge, die nur mit einer Ware beladen sind: Eisenerz. Das Tal ist eine der rohstoffreichsten Gegenden Brasiliens. Und die Firma, die seit Jahrzehnten diesen Rohstoff abbaut, heißt CVRD.

Die CVRD ist heute mit rund 14 Milliarden Dollar Umsatz und knapp 40 000 Beschäftigten einer der größten Rohstoffkonzerne der Welt. Längst hat sie die Enge des Tales des Rio Doce verlassen. Geschürft und gebohrt wird überall in Brasilien. Ihr Firmensitz ist in

Rio de Janeiro. Das nötige Geld holt sie sich an der New Yorker Börse. Geführt wird sie von einem der interessantesten Manager Brasiliens: Roger Agnelli.

CVRD ist Beweis und Erinnerung, dass Brasilien nicht nur eine Agrar-Supermacht ist, sondern auch ein Rohstoff-Gigant. Brasilien produziert eben nicht nur massenhaft grünes, sondern auch graues Gold. Die Companhia ist der weltgrößte Produzent von Eisenerz, der zweitgrößte von Mangan und ein großer Aluminium-Hersteller. Sie ist im Besitz von elf Prozent der weltweit vorhandenen Bauxit-Reserven. Und sie leistet sich mit 9306 Kilometern das größte Eisenbahnnetz des Landes, auf dem sie die vielen Tonnen Rohstoffe in die Exporthäfen transportiert.

Die größte Macht hat CVRD beim Eisenerz, einem unverzichtbaren Grundstoff der Stahlerzeugung. Zusammen mit den beiden australischen Giganten BHP Billiton und Rio Tinto kontrolliert CVRD rund drei Viertel des weltweiten Eisenerz-Angebots. »Würde dieses Oligopol bloß eine Woche die Lieferungen an die Stahlfirmen aussetzen, käme die gesamte Industrieproduktion ins Stocken. Die Weltwirtschaft stünde bald vor dem Kollaps«, menetekelt Alexander Jung im *Spiegel*.

Deshalb sind CVRD & Co. in einer außerordentlich starken Verhandlungsposition. Stahl ist derzeit gefragt wie nie, also auch das Eisenerz. Das haben sie gemein mit der anderen kommenden Rohstoff-Großmacht: Russland, das aufgrund seiner riesigen Gas- und Ölvorkommen zur Tankstelle der Welt werden wird.

5 Russland – die Tankstelle der Welt

»Wir haben bereits den größten Gaskonzern der Welt, und wir werden bald auch den größten Ölkonzern der Welt haben.«

Walerij Jasew, Vorsitzender des Energieausschusses des russischen Parlaments

Auf der vierten Etage im russischen Parlament, der Duma, sitzt Walerij Jasew in seinem großen Büro. Links neben ihm befinden sich fünf Telefone. Rechts steht ein großer Sony-Bildschirm. Hinter Jasew hängt ein Bild, das ihn mit Wladimir Putin zeigt.

Jasew ist ein einflussreicher Mann in Russland. Er ist Vorsitzender des Energieausschusses der Duma. Er ist ein Russe, wie ihn sich Westler vorstellen. Ein richtiger Brummbär, der vor Angriffslust und Selbstbewusstsein strotzt. »Natürlich sind wir eine Energie-Großmacht«, sagt er.

Russland ist wieder wer. So wie Jasew denkt und fühlt die russische Nomenklatura. Die Herrscher im Kreml sehen sich wieder auf dem Weg zu einer Großmacht. Ihre Stärke misst sich aber diesmal nicht wie in der untergegangenen Sowjetunion in Mittelstreckenraketen, Panzern und Soldaten.

Nein, diesmal heißen die Maßeinheiten Barrel und Kubikmeter. Denn zu verdanken hat Russland seinen Wiederaufstieg vor allem zwei Rohstoffen, die tief in seinem Boden schlummern: Öl und vor allem Gas.

Bei Gas ist Russland weltweit Förderland Nummer eins, bei Öl die Nummer zwei. Kein Land der Welt hat so viele Gasreserven wie Russland. In den Weiten Sibiriens, in der eiskalten Barentssee, im Kaspischen Meer – überall lagern die wertvollen Energiereserven. Manche dieser Quellen sind bekannt, viele aber noch unentdeckt.

Seit die Energiepreise explodieren, spült dieser Energiereichtum den Russen Milliarden Dollars und Euros in die Kassen. *Windfall Profits* werden diese zusätzlichen Gewinne genannt, die man einfach kassiert, ohne etwas dafür tun zu müssen. Und weil die Preise für Öl und Gas hoch bleiben werden – denn die Nachfrage steigt weiterhin, und der Nahe Osten bleibt ein Pulverfass – wird Russland auch in den nächsten Jahren Milliarde um Milliarde Dollar kassieren.

Russland – heute und morgen

	2005	**2050**
BIP	741 Mrd. $	5 870 Mrd. $
BIP pro Kopf	11 100 $	49 646 $

Quelle: Goldman Sachs

Russland – das neue Saudi-Arabien? Ja, aber mit einem großen Unterschied: Während Saudi-Arabien sich mit der eher bescheidenen Rolle als regionale Ordnungsmacht im Nahen Osten begnügte, hat Russland andere Ambitionen. Der etwas geschrumpfte Nachfolgestaat der einst mächtigen UdSSR verspürt wieder Großmacht-Gelüste – und schmiedet Allianzen, die dem Westen nicht gefallen.

Besonders brisant ist das Bündnis Shanghai Cooperation Organization (SCO), in der sich Russland, China und die zentralasiatischen Staaten zusammengeschlossen haben. Der Iran nimmt bereits als Gast der SCO-Treffen teil. Nicht nur deswegen fürchten manche westliche Beobachter, dass sich aus der SCO eine neue Opec, eine Gas-Opec, bilden könnte. Denn Russland und der Iran sind die größten Gasfördernationen der Welt. Sie beherrschen zu 70 Prozent den Gas-Weltmarkt und haben damit eine viel größere Macht, als die Ölscheichs je hatten.

Gas und Öl ohne Ende

Neun Stunden dauert der Flug von Moskau in den äußersten Osten Russlands. Hier, nördlich von Japan, liegt die russische Insel Sachalin. Das Flugzeug landet im Süden der Insel, in Yuzhno-Sakhalinsk. Von hier aus geht es abends mit dem Zug nach Nogliki in den Norden der Insel. 15 Stunden durch die eiskalte Nacht. Dann sind es nur noch knapp 70 Kilometer – meist über eine Eispiste – bis zum Ziel: dem Projekt Sachalin II, einem der unwirtlichsten, aber auch vielversprechendsten Gas- und Ölfördergebiete der Welt.

Rund 17 000 Beschäftigte versuchen hier fernab jeglicher Zivilisation, für ebenjene fernen Zivilisationen Gas aus den frostigen Böden zu fördern. Ein teures Vergnügen: Die explodierenden Explorationskosten liegen derzeit bei 20 Milliarden Dollar. Eine lohnende Investition, denn geschätzte 45 Milliarden Barrel Öl-Äquivalent schlummern vor der Küste Sachalins. Das ist so viel, wie Europa und die USA zusammen als Reserven aufzuweisen haben.

Und Sachalin II ist bei weitem nicht das einzige Gebiet, in dem die Russen auf der Suche nach Gas und Öl sind. In dem riesigen Land und draußen vor dessen Küste (*off-shore*) lagern 30 Prozent aller weltweit bekannten Gasreserven. Kein Land hat mehr. Experten vermuten riesige Gasvorkommen in Sibirien. Sie sind dort bislang nur zu einem Zehntel geologisch erforscht.

Und auch bei Öl hat Russland viel zu bieten. Fast zehn Prozent der nachgewiesenen Weltvorräte befinden sich in dem großen weiten Land, vor allem im westlichen Sibirien, aber auch im russischen Teil des Kaspischen Meeres. Nur Saudi-Arabien hat mehr Öl unter seinem Wüstensand. Rechnet man noch die vermuteten Vorkommen hinzu, ist Russland auch beim Öl weltweit die Nummer eins. Experten gehen davon aus, dass die russische Erdölförderung bis mindestens 2030 weiter ansteigen wird, wahrscheinlich noch länger.

Da Russland auch bei der altmodischen, aber trotzdem noch begehrten Kohle der weltgrößte Produzent ist, sitzt das Land auf gigantischen Bodenschätzen. Experten haben den Wert von Russlands Gas, Öl und Kohle hochgerechnet und kamen auf die unvorstellbare Summe von 40 Trillionen Dollar.

Einen Teil des Geldes wird Russland für die Exploration dieser Rohstoffe ausgeben müssen. Denn das ist die Crux des russischen Energiereichtums: Gas und Öl befinden sich dort, wo weit und breit keine Verbraucher sind, nämlich in den Weiten Sibriens und in den eisigen arktischen Gewässern.

Das hat zwei teure Konsequenzen. Die eine lautet: Es müssen Pipelines von gigantischer Länge gebaut werden, egal, ob die Kunden in Europa oder Asien sitzen. Diese Leitungen sind meist mehrere tausend Kilometer lang. Bei Gas gibt es zur Landverschickung per Pipeline noch die Alternative des Flüssiggases. Dabei wird Gas an Ort und Stelle verflüssigt, in Tanks gepackt und dann über die Meere verschifft. Aber auch diese Transportalternative erfordert hohe Investitionen in Hafenanlagen und spezielle Tankschiffe.

Die andere Konsequenz: Die Explorationskosten in den arktischen Gegenden – ob in der Barentssee oder Petschorasee – sind extrem hoch. Experten taxieren sie auf eine Summe zwischen 70 und 110 Milliarden Dollar.

Können die Russen diese riesigen Investitionen allein bewältigen? Die Russen in Politik und Wirtschaft, die von der Energie-Großmacht Russland träumen, sagen Ja. Experten in westlichen Energiekonzernen, die natürlich gerne an Russlands Reichtum partizipieren wollen, sagen Nein.

Die Wahrheit wird wohl in der Mitte liegen. Russland braucht westliches Know-how und Kapital, um die Gas- und Ölfelder zu erschließen. Aber die russische Regierung – egal, ob Putin oder ein Nachfolger im Kreml herrschen – wird nicht erlauben, dass irgendein westliches Unternehmen die Mehrheit an einem der Felder bekommen wird.

Dieses Privileg ist den zwei erwähnten mächtigen russischen Konzernen, die sich mehrheitlich in Staatsbesitz befinden, vorbehalten: Rosneft bei Öl, und Gazprom bei Gas.

Gazprom – der Staat im Staate

Im Süden Moskaus liegt ein imposanter Gebäudekomplex. Er ist 35 Stockwerke hoch. Um das Hochhaus gruppieren sich ein Hotel, eine Poliklinik, ein Schwimmbad, ein sehr gut sortierter Supermarkt.

Es ist der Sitz von Gazprom, dem größten Unternehmen Russlands und dem größten Gasproduzenten der Welt. In bester alter Sowjettradition hat sich Gazprom zu einem Moloch jenseits seines eigentlichen Geschäftszweckes – Förderung und Vertrieb von Gas – entwickelt.

So gehört Gazprom die einflussreiche Gazprom-Bank, Medien wie die liberale Mediamost-Gruppe und die einstige Regierungszeitung *Iswestjia*, die Fernsehsender NTW und TNT sowie der Sankt Petersburger Fußballklub Zenit, dem die Gazprom-Führung das modernste, schönste Stadion der Welt bauen will. Außerdem befinden sich im Portfolio Schreinereien, Jachthäfen, Geschirrfabriken, Sanatorien und Hühnerfarmen.

Gazprom ist ein Gigant. Seine wirtschaftlichen Daten sind beeindruckend: 45 Milliarden Dollar Umsatz, 17,9 Milliarden Dollar Gewinn, 350 000 Beschäftigte und eine Marktkapitalisierung (das ist der Wert an der Börse) von über 270 Milliarden Dollar. Damit ist Gazprom das drittwertvollste Unternehmen der Welt. Im globalen Energiegeschäft ist Gazprom eine ganz große Nummer. Gazprom verfügt über 16 Prozent der Weltgasreserven. 2004 förderte Gazprom 86 Prozent des gesamten russischen und 20 Prozent des weltweit gewonnenen Gases.

Wer steckt hinter diesem Moloch? Wer sind die Macher? Alexander Medwedew ist der Vize-Chef des Unternehmens. Er gilt als der Außenminister von Gazprom und ist deshalb häufig auf Reisen. Gerade war er in Algerien, jetzt ist er in Amsterdam. Dort ist er am Rande des Weltgaskongresses zu einem eher seltenen Gespräch bereit.

Es ist ein langsam, bedächtig redender, aber durchaus selbstbewusster Medwedew, der an diesem Morgen am Messestand von Gazprom Rede und Antwort steht. Sein letzter Satz an Ende des rund einstündigen Gesprächs ist der bedeutendste: »Aufgrund unserer riesigen Gasreserven halte ich eine Marktkapitalisierung von 1000 Milliarden Dollar durchaus für realistisch.« Damit wäre Gazprom mit Abstand das teuerste Unternehmen der Welt.

Die Mehrheit an dem Giganten – knapp über 50 Prozent – hält der Staat. Und das wird auch so bleiben. Warum soll der Kreml die Macht über das Wertvollste, was Russland hat, aus der Hand geben, womöglich noch an irgendwelche ausländischen Investoren?

Deshalb hat auch Kreml-Chef Wladimir Putin letztendlich das Sagen bei Gazprom. »Putin kontrolliert das Unternehmen und ist an allen wichtigen strategischen Entscheidungen beteiligt«, sagt Wladimir Milow, früher Vize-Energieminister, heute Chef des regierungskritischen Instituts für Energiepolitik in Moskau.

An der Spitze des Unternehmens hat Putin deshalb relativ schnell nach seinem Amtsantritt im Jahr 2001 folgsame Vertrauensleute platziert. Vorstandssprecher von Gazprom wurde Alexej Miller und Aufsichtsratschef Dmitri Medwedew, der Stellvertreter von Präsident Putin ist und auch als einer seiner potenziellen Nachfolger gehandelt wird, wenn dessen zweite und letzte Amtszeit im Jahr 2008 enden wird.

Gazprom-Chef Miller gilt als zurückhaltend. Wer ihn zum ersten Mal sieht, mag nicht glauben, dass dieser leicht nervöse und leise sprechende Mitvierziger Chef eines der wertvollsten Unternehmen der Welt ist. Die *Financial Times* überschrieb deshalb ein Portrait über Miller mit dem Titel *Russia's Shy Man of Energy.* Miller gehört zu Putins Sankt Petersburger Kamarilla. Er und Putin arbeiteten schon in den 90er Jahren in der Petersburger Administration zusammen. Später holte ihn Putin nach Moskau. 2001 wurde Miller Gazprom-Chef.

Miller hatte und hat den Auftrag, aus dem bürokratischen Konzern ein modernes Unternehmen zu machen. Keine leichte Aufgabe, denn »der Apparat gilt als behäbig, bisweilen schlampig und nach wie vor korruptionsumwittert«, schreibt der Journalist Stephan Scholl. »Vor allem im mittleren Management gelten postsowjetische Regeln: Kontakte sind alles.«

Unter Miller ist einiges besser geworden, sagen Kenner des Unternehmens. Wirtschaftlich allemal: Er hat den Umsatz von 19,5 auf 45 Milliarden Dollar erhöht, und den Gewinn von 361 Millionen auf 17,9 Milliarden Dollar. Der Kreml scheint deshalb mit seinem Statthalter an der Gazprom-Spitze zufrieden zu sein und verlängerte seinen Vertrag bis 2011.

Aber »Gazprom hat noch einen langen Weg vor sich, bis es sich mit westlichen Multis messen kann«, kritisiert Wladimir Milow. Nur: Will das Gazprom überhaupt? Vize Alexander Medwedew sagt: »Wir sind ein gemischtes Unternehmen.« Einerseits will es nach kapitalistischen Effizienzkriterien wirtschaften, andererseits muss es auch eine soziale Funktion erfüllen, nämlich der russischen Bevölkerung günstiges Gas liefern. Das ist noch ein Relikt aus sowjetischen Zeiten. Die Gaspreise in Russland liegen deshalb weiter unter den Marktpreisen. So kosten 1000 Kubikmeter dort nur 18 Dollar, in Westeuropa sind es dagegen 120 Dollar.

Weil Gazprom die Inlandspreise kräftig subventionieren muss, schmälert das den Gewinn enorm. Gazprom will deshalb diversifizieren. Miller über seine Strategie: »Wir wollen die gesamte Wertschöpfungskette kontrollieren und auch im Öl- und Stromsektor zum führenden vertikal integrierten Weltkonzern werden.«

Er kündigte deshalb Käufe von Ölfirmen im In- wie Ausland an. In Russland hat er Ende September 2005 zugeschlagen. Gazprom kaufte den privaten Ölkonzern Sibneft, der dem russischen Multimilliardär Roman Abramowitsch gehörte. Der Verkauf bescherte dem steinreichen Abramowitsch nochmals 13 Milliarden Dollar.

Und neben dem Ölgeschäft will Gazprom auch ins *downstream business* einsteigen, das heißt: Gazprom will selber die Endkunden – vor allem im europäischen Ausland – beliefern. Doch dagegen sperren sich Unternehmen wie Eon-Ruhrgas, die sich das lukrative Geschäft nicht wegschnappen lassen wollen. Man darf gespannt sein, wer letztlich am längeren Hebel sitzt: Die, die das Gas haben (Gazprom), oder die, die es vertreiben (Eon-Ruhrgas).

Rosneft – der neue Ölgigant

Peter O'Brien war ein angesehener Investmentbanker. Er arbeitete für Morgan Stanley, eine der Top-Adressen in der Branche, in Moskau. Dort wurde der knapp 40-Jährige morgens zu Hause von einem Fahrer in einem Opel abgeholt und ins Büro gefahren.

Im April 2006 hat der Amerikaner, der fließend Russisch spricht, die Seiten gewechselt. Von da an chauffierte ihn standesgemäß die Stretchversion eines schwarzen Audi-8 ins Büro. Sein neuer Arbeitgeber heißt Rosneft, dessen Finanzchef er nun ist. Und das ist nicht irgendein Konzern in Russland, sondern der größte staatliche Ölkonzern des Landes.

Der Ölriese

Umsatz	24 Milliarden Dollar
Beschäftigte	54 300
Ölförderung	1,5 Mio. Barrel pro Tag
Ölreserven	18,9 Milliarden Barrel

So war es nicht immer. In den 90er Jahren war Rosneft eine kleine Nummer im russischen Öl-Business, stand sogar 1998 kurz vor dem Bankrott. Die Herrscher waren andere, die so genannten Oligarchen, die sich damals in den undurchschaubaren Privatisierungsspielchen unter Russlands Präsident Boris Jelzin die Ölrechte unter den Nagel gerissen hatten.

Einer dieser Oligarchen war Michail Chodorkowskij. Er baute innerhalb kurzer Zeit den Ölkonzern Yukos auf. Doch er und seine Yukos wurden immer mächtiger. Als Chodorkowskij gar in die Politik wollte, schritten Putin und sein treuester Helfer in schmutzigen Geschäften, Igor Setschin, ein. Setschin – auch ein Sankt Petersburger – gehört zu den Hardlinern im Kreml, den so genannten Siloviki, die enge Kontakte zum Geheimdienst und zum Militär haben.

Wie in einem Gangsterfilm überwältigten die staatlichen Sicherheitsdienste Chodorkowskij Ende Oktober 2003 auf einem Provinzflughafen und verhafteten ihn. Sie warfen ihm Steuerbetrug vor und setzten die Nachzahlungen auf unvorstellbare 20 Milliarden Dollar fest.

Die Gerichte machten ihm den Prozess. Natürlich wurde Chodorkowskij schuldig gesprochen. Zur Strafe landete er für neun Jahre im fernen Sibirien hinter Gittern. Seine Yukos bzw. deren Fördertochter Yuganskneftegaz hingegen landete im Frühjahr 2004 auf etwas undurchsichtige Weise bei Rosneft. Mit einem Schlag war dadurch Rosneft der größte staatliche Ölkonzern des Landes und überholte den Konkurrenten Lukoil, der unter seinem Präsidenten Wagit Alekperow ebenfalls ehrgeizige Pläne hat. Die Rosneft-Führung um Sergeij Bogdantschikow sieht sich dagegen bereits in derselben Liga spielen wie die Weltkonzerne Exxon-Mobil oder BP.

Das Beispiel Yukos zeigt, wie konsequent und rabiat der Kreml vorgeht, um die Energiereserven wieder unter seine Regie zu bekommen. Der Kreml hat beschlossen, dass Rosneft *der* russische Ölkonzern werden soll. Also wurden und werden alle legalen wie illegalen Tricks angewandt, um dieses Ziel zu erreichen. Igor Setschin, den russische Zeitungen als »Putins Schatten« bezeichnen, wurde übrigens zum Aufsichtsratschef von Rosneft bestimmt.

Aus der Yukos-Übernahme hatte Rosneft gleich mehrere Vorteile. Sie vermehrte die Ölreserven von Rosneft quasi über Nacht auf 18,9 Milliarden Barrel, fast genauso viel wie der US-Multi ExxonMobil (21,5 Milliarden Barrel) besitzt. Und ein Großteil des guten Yukos-Managements machte – was blieb ihm auch anderes übrig – unter dem neuen Eigentümer weiter. So kam Rosneft an wichtiges Know-how von erfahrenen Ölbohrern, das es vorher so nicht hatte.

Einziger Nachteil: Rosneft musste für Yukos fast zehn Milliarden Dollar hinblättern und sich dafür verschulden. Vor allem um die Schulden zurückzuzahlen, beschloss Rosneft und/oder der Kreml, einen Teil des Unternehmens an die Börse zu bringen. Aber natürlich nur eine Minderheit, denn der Staat will ja die Mehrheit und damit das Sagen behalten.

Im Juli 2006 ging der IPO an den Börsen in Moskau und London relativ problemlos übers Parkett. Er spülte dem Rosneft-Management über zehn Milliarden Dollar in die Kassen. Ein Teil dürfte in schwarze Kassen geflossen sein, ein Teil ging in die Schuldentilgung, und ein Teil soll in die Exploration neuer Ölfelder fließen.

Zwar sind Rosnefts Ölfelder noch relativ jung. Das heißt, aus ihnen ist noch viel herauszuholen. »Rosnefts Portfolio ist wahrscheinlich das beste in Russland«, schätzt denn auch Kaha Kiknavelidze, Energieanalyst bei der Investmentbank UBS in Moskau, laut *Business Week*.

Doch muss Rosneft weitere Quellen erschließen, will es dem ehrgeizigen Anspruch des Kremls genügen, bald die Nummer eins in der globalen Ölindustrie zu sein. Und zudem wächst die Nachfrage nach dem kostbaren Rohstoff – im Westen, aber auch im Fernen Osten. Um sie zu befriedigen, müssen neue Pipelines gebaut werden.

Die Macht kommt aus den Pipelines

Die Botschafter der 25 EU-Staaten hatten sich in der Moskauer Botschaft Österreichs zu einem Dinner versammelt. Es sollte ein netter informativer Abend werden. Als Gastredner war Gazprom-Chef Alexej Miller eingeladen. Doch der benutzte an diesem Abend im April 2006 das Forum der Botschafter, um ihnen bei Kartoffelsuppe und Wiener Schnitzel ziemlich undiplomatisch eine unbequeme Botschaft zu übermitteln. Gazprom könne sein Gas nicht nur – wie bisher – in Westeuropa verkaufen. Es gäbe noch andere Abnehmer, zum Beispiel das energiehungrige Asien und der weltgrößte Energieverschwender USA.

Eineinhalb Stunden sprach der sonst so ruhige Miller Tacheles. Anschließend ließ er noch zwei Fragen zu, dann verschwand er – und hinterließ eine etwas konsternierte Botschafterrunde, in der gerätselt wurde, ob das eine Rede in Wodka-Laune war oder eine nüchterne Analyse.

Zwei Tage später legte Wladimir Putin nach. Im sibirischen Tomsk sagte er: »Wir müssen uns nach Märkten umschauen, die in den Prozess der globalen Entwicklung passen.« Die asiatisch-pazifische Region entwickle sich mit großer Geschwindigkeit und sei auf die Kooperation mit Russland angewiesen. Damit war klar: Millers Rede war Teil einer Strategie, in der Russland zunehmend die asiatische Karte spielt.

Das ist zum Teil auch Machtgebahren, mit dem Moskau vor allem dem Westen seine Muskeln zeigen will. Es beweist aber endgültig: Die Macht des neuen Russlands kommt nicht mehr wie zu Sowjetzeiten aus den Gewehrläufen der Kalaschnikows, sondern aus den Pipelines der russischen Öl- und Gaswirtschaft. Wer im Besitz der Röhren ist, bestimmt letztendlich, wer wie viel Gas oder Öl bekommt.

Bislang war das russische Leitungssystem einseitig Richtung Westen ausgerichtet. In zwei großen Adern – einer südlichen und einer nördlichen – fließt das Gas über Land nach Westeuropa.

Eine weitere Pipeline, die durch Altkanzler Gerhard Schröder berühmt gewordene Ostsee-Pipeline, wird derzeit mit deutscher Hilfe von Wyborg nach Greifswald gebaut. Sie soll 2010 fertig sein.

Doch bei dieser Westorientierung muss es nicht bleiben. Die Russen sind sehr daran interessiert, ihre Exporte zu diversifizieren. Sie wollen nicht zu stark von einer Abnehmerregion, also Westeuropa, abhängig sein. Sie wollen Optionen haben. Und da bieten sich als neue Käufer von russischem Gas vor allem die asiatischen Energiefresser China und Japan an. Das einzige Manko derzeit: Es fehlen die Pipelines Richtung Fernost. Doch sie sind geplant.

Auf eine Gasleitung von Russland nach China haben sich Gazprom und Chinas staatliche CNPC schon geeinigt. Bis zu 80 Milliarden Kubikmeter Gas sollen durch sie jährlich fließen. Um die Öl-Pipeline nach Fernost wird noch gestritten. Klar ist: Die Russen wollen eine Pipeline nach Ostasien legen. Aber wohin? Nach China oder nach Japan? Es tobt seit Jahren ein heftiger Kampf hinter den Kulissen.

Aktueller Zwischenstand der Debatte: Es wird wohl eine 4100 Kilometer lange Pipeline von Ostsibirien nach Japan geben. Um die Chinesen nicht zu verärgern, soll eine Abzweigung in Chinas Ölmetropole Daqing im Norden des Landes gebaut werden. Diese salomonische Lösung hätte auch für Russland Charme, denn es würde sich nicht von einem der beiden asiatischen Großabnehmer abhängig machen.

Am Streit über eine Direktleitung nach Fernost wird deutlich, dass sich die Welt in einem Wettlauf um die russischen Energie-Rohstoffe befindet. Den Europäern scheint dies noch nicht so recht bewusst zu sein. Sie reden im Gegenteil davon, sich unabhängiger von Russland machen zu wollen. Und das in einer Zeit, wo absehbar ist, dass die Gas- und Ölquellen in der heimischen Nordsee zunehmend versiegen. Die Westeuropäer werden deshalb mehr denn je auf russisches Gas angewiesen sein, ob es ihnen gefällt oder nicht.

Die Frage ist nur: Wie geht Russland mit dieser zunehmenden Macht als Energielieferant um? Wir erinnern uns an die Jahreswende 2005, als Russland der Ukraine den Gashahn zudrehte, weil sie nicht die geforderten höheren Gaspreise zahlen wollte. Der Westen schrie empört auf und witterte Erpressung. »Wir haben jedes Jahr die Ukraine mit drei Milliarden Dollar subventioniert«, erklärt hingegen Gazprom-Vize Alexander Medwedew, und das klingt zunächst verständlich. Denn warum sollte ein russisches Unternehmen die Ukraine weiterhin mit subventioniertem Gas versorgen?

Aber weshalb jetzt erst die Forderung nach höheren Preisen? Es bleibt der Verdacht, dass man die nach Westen abdriftende Ukraine unter Druck setzen wollte. Und es bleibt ein etwas schaler Geschmack: Wer die Quellen und die Pipelines hat, hat die Macht. Und das sind die Russen.

Auf dem Weg zur (Energie-)Weltmacht

Mitte Juli 2006 in Sankt Petersburg: Mit viel Pomp zelebrierte Russland zum ersten Mal ein Gipfeltreffen der G8-Staaten. Für Gastgeber Wladimir Putin war das in seiner Stadt ein großes Erfolgserlebnis. Er konnte der ganzen Welt zeigen, dass Russland wieder im Konzert der Großen mitmischen kann und will.

»Putin will Russland wieder als Großmacht auf der weltpolitischen Bühne sehen«, sagt Alexander Rahr, Russland-Experte der Deutschen Gesellschaft für Auswärtige Politik (DGAP). Doch anders als die untergegangene Großmacht UdSSR, die ihren Aufstieg über Aufrüstung erreichte, will Putin die Rückkehr zum Großmacht-Status über die Energieschiene erreichen.

Seit die Öl- und Gaspreise in nicht vermutete Höhen steigen, steigt auch das Selbstbewusstsein der russischen Machthaber. So fand in den vergangenen Jahren ein Paradigmenwechsel in der Empfindungswelt der russischen politischen Klasse statt. Sie denken und fühlen: Russland ist stark. Russland wird wieder gebraucht. Man solle aufhören, ständig die Schwäche Russlands herauszustellen, erklärt stellvertretend für diese Denkschule der Journalist Vitali Tretjakow.

Die USA seien zwar die einzige Supermacht, aber keinesfalls die einzige Macht, sagt Wjatscheslaw Nikonow, Präsident der Stiftung Politik. Er argumentiert abseits der Energiereserven, dass Russland ein flächenmäßig großes Land sei, wirtschaftlich immer besser dastehe und nach wie vor über ein riesiges militärisches Potenzial verfüge. Außerdem sei die Lösung vieler regionaler Probleme in dieser Welt (siehe Iran!) ohne Russland nicht denkbar. Nikonows Fazit: »Russland ist eine unentbehrliche Macht.«

Mit dem neuen Selbstbewusstsein geht auch eine Enttäuschung der derzeit Herrschenden über den Westen einher. Das Verhältnis zu den USA hat sich merklich abgekühlt. Und auch die Hinwendung zu Europa hat nicht den erwünschten Erfolg gebracht. Die russische Regierung will sich wegen der Demokratiedefizite und einer unfreien Presse nicht kritisieren lassen. Sie beharrt darauf, ihren eigenen Weg zu gehen.

Man regte sich im Kreml mächtig auf, als US-Senator John McCain im Vorfeld des Sankt Petersburger G8-Gipfels für einen Boykott des Treffens plädierte. Man schüttelte verständnislos den Kopf, als US-Vizepräsident Dick Cheney in der litauischen Hauptstadt Vilnius Russland massive Demokratieverstöße vorwarf, um anschließend an den Hof des kasachischen Diktators Nursultan Nasarbajew weiterzureisen.

Cheney repräsentiert den russlandkritischen Teil der US-Administration. Es gibt aber auch eine konziliantere Fraktion. Beide bekämpfen sich. Das *Wall Street Journal* konstatiert »Auseinandersetzungen zwischen Putin-Fans und Demokratie-Anhängern«. Letztere seien allerdings in der Mehrheit, beobachtete Anders Åslund vom Institute for International Economics in Washington.

Im Kreml registriert man diesen inneramerikanischen Konflikt sehr wohl und verfolgt deshalb auch keine dezidiert antiwestliche

Politik. Man geht eben nur auf eine gewisse Distanz, wobei das Ausmaß der Entfremdung zu Amerika größer ist als die zu Westeuropa. Russland betreibt inzwischen eine unabhängige, selbstbewusstere Außenpolitik. Man will sich Optionen offen halten und den Amerikanern und Europäern signalisieren: Wir sind nicht auf euch angewiesen.

»Russland sieht sich als eigenständiges Machtzentrum und lehnt deswegen eine sehr enge Integration in die euroatlantischen Strukturen ab«, sagt Roland Götz, Russland-Experte der Stiftung Wissenschaft und Politik (SWP). Russland – so Götz – verfolge eine klassische Politik der Gegenmachtbildung gegen die USA.

Dazu gehört auch, dass Russland demonstrativ ein gutes Verhältnis zur Volksrepublik China pflegt. Das stößt auf viel Gegenliebe in Beijing. Die offenbart sich besonders bei den Rüstungsexporten und natürlich in der Energiefrage. In beiden Bereichen bietet sich Russland dem großen Nachfrager im Osten als Lieferant an. Russisches Gas und Öl werden im energiehungrigen China dringend benötigt. Außerdem hilft Russland beim massiven Ausbau der Kernenergie in China, das 40 neue Atomkraftwerke bauen will.

Noch enger ist die Rüstungskooperation – zum Vorteil beider Staaten. So wird ein Großteil des russischen militärisch-industriellen Komplexes nur noch durch die Rüstungskäufe der Chinesen am Leben gehalten. Die Chinesen, die weder von den Amerikanern noch von den Westeuropäern Waffen bekommen, sind auf russische Militärgüter angewiesen, vor allem auf Kampfflugzeuge der Serien MiG und Sukhoi sowie auf Kriegsschiffe.

Seit der chinesisch-sowjetischen Freundschaft in den 50er Jahren hat es zwischen Moskau und Beijing nicht mehr eine solche Gemeinsamkeit der Interessen und eine solch gute Beziehung ihrer politischen Führer gegeben. Diese neue, alte Zuneigung dokumentiert sich auch in der engen politischen Zusammenarbeit in der *Shanghai Cooperation Organization (SCO)*, einer im Westen unterschätzten Form der Zusammenarbeit.

Die neue Opec – oder welche Rolle spielt die SCO?

Fast jeder kennt die Nato und die Opec. Die Nato ist das westliche Verteidigungsbündnis, die Opec das Kartell wichtiger Ölförderländer. Doch wer hat jemals von der SCO gehört? Hinter dem Kürzel verbirgt sich ein Zusammenschluss, der möglicherweise bald so einflussreich sein kann wie die Nato und die Opec zusammen.

SCO steht für Shanghai Cooperation Organization. Ein harmloser Name. Doch dahinter stecken potente Mächte – allen voran China und Russland. Sie gründeten 1996 in Shanghai zusammen mit den zentralasiatischen Staaten Kasachstan, Kirgisistan und Tadschikistan die »Shanghai Fünf«. Die Fünfer-Bande war zunächst eine eher lockere Organisation.

Beim Treffen zum fünften Jahrestag am 15. Juni 2001 in Shanghai wurde es förmlich: Die fünf, zu denen sich nun auch Usbekistan gesellte, unterschrieben eine Erklärung zur Bildung der SCO. Von nun an trafen sich die Regierungschefs regelmäßig zu jährlichen Gipfeltreffen in Almaty, Sankt Petersburg, Moskau und Bejing.

Und nach 2001 entwickelte sich die SCO sukzessive zu einer »richtigen« multinationalen Organisation. Auf dem Treffen im Mai 2003 wurde der Chinese Zhang Deguang als Generalsekretär eingesetzt. Im September 2003 wurde der erste Haushalt der SCO verabschiedet. Und im Januar 2004 wurde das Sekretariat in Bejing eingeweiht.

Äußerst interessant ist, wer in jüngster Zeit informell an den Treffen teilnahm. Es waren die Regierungschefs oder Außenminister aus Indien, Pakistan und dem Iran. Dessen Präsident Mahmud Ahmadinedschad tauchte höchstpersönlich auf dem Gipfel Mitte Juni 2006 in Shanghai auf.

Die Spekulationen im Westen blühen: Was passiert da? Betrachten China und Russland die SCO als ein nützliches Instrument, um das regionale Sicherheitsvakuum in Zentralasien auszufüllen? Ist es eine Gegenmacht zu den USA in Zentralasien? Wird aus der SCO gar eine Gegen-Nato? Oder bildet sich da angesichts der gigantischen Gasreserven in dieser Region eine Gas-Opec?

Die westlichen Beobachter schwanken in der Einschätzung dieses noch so jungen supranationalen Gebildes.

Für Kirill Nourzhanow, Zentralasien-Experte an der Australian National University, sind die Gipfeltreffen nur Fototermine, bei denen sich die Regierungschefs gegenseitig bekunden, dass sie alle die USA nicht mögen. »Das Bild einer mächtigen antiwestlichen Militärallianz ist völlig falsch«, sagt deshalb Nourzhanow.

Dagegen ist Ariel Cohen, Eurasia-Spezialist bei der konservativen Heritage Foundation laut *Financial Times* der Meinung: »Die SCO hat das Zeug, um zu einer konkurrierenden Macht der USA zu werden.«

Auch Alexander Rahr von der DGAP glaubt, dass die SCO »ein wichtiges Vehikel für die Entstehung der neuen Opec« werden könnte. Sein Beitrag in der Zeitschrift *Internationale Politik* hat deshalb den provokativen Titel *Die neue Opec*.

Rahr geht davon aus, dass die SCO bald zu einem neuen globalen Akteur auf der weltpolitischen Bühne aufsteigen könne. Er sieht die stärker werdende SCO »als Resultat der Verschlechterung der Beziehungen zwischen Russland und dem Westen«. Mit den USA überwarf sich Russland, weil es deren Irak-Krieg verdammte. Mit der EU gibt es Konflikte, weil diese sich immer weiter Richtung Osten ausdehnt und dabei Länder in der russischen Sphäre aufstachelt – siehe die orangene Revolution in der Ukraine.

Der Westen trieb also Russland Richtung Osten, wo es auf ein aufnahmebereites China stieß. Und auch die zentralasiatischen Staaten, ungehalten angesichts der westlichen Demokratieforderungen, fühlen sich im Kreis der mehr oder weniger autoritären Staaten wohl. Sollte der Iran noch zu der Potentatenrunde stoßen, wären die SCO im Besitz von rund 70 Prozent der Weltgasreserven. Selbst die alte Opec hatte in ihren besten und einflussreichsten Zeiten nie einen so hohen Anteil an der weltweiten Ölförderung.

Kommt also eine Gas-Opec? frage ich Alexander Medwedew. Er antwortet ausweichend: »Ich sehe keine Notwendigkeit für eine

Gas-Opec. Denn auch ohne formale Kooperation werden drei Länder langfristig den Markt beherrschen: Katar, Iran und Russland.« Zwischen den Zeilen lesend, kann man das auch so verstehen: Wir brauchen keine institutionalisierte Zusammenarbeit. Bei drei Staaten reicht auch ein kurzer Griff zum Telefon, um sich zu verständigen, über Mengen, Preise oder was auch immer.

Wirtschaftliche Gesundung oder holländische Krankheit?

Die Twerskaya ist die zentrale Einkaufs- und Flanierstraße in Moskau. Läuft man sie vom Kreml kommend hoch, kann man links und rechts studieren, wie sich Moskau in den vergangenen Jahren verändert hat. Keine bröckelnden Fassaden mehr, Banken mit ATMs, die unvermeidlichen McDonald's-Restaurants, Zara für die Jungen, Boss für die Älteren, erstaunlich viele Kosmetikshops und noch mehr japanische Restaurants.

So viele Sushi-Läden außerhalb Japans habe ich noch nie gesehen. Ich gehe in eines, zahle 10 Euro für eine Miso-Suppe und unverschämte 40 Euro für eine Sashimi-Platte und verziehe mich ganz schnell wieder in mein Hotel, das 310 Dollar (ohne Steuer und Frühstück, versteht sich) die Nacht kostet.

Es ist bei weitem nicht das teuerste am Platz. Die richtig teuren Hotels stehen rund um den Kreml: das Ararat Hyatt, das Baltschug Kempinski, das Metropol oder das National. Dort kann man eine Nacht für 500 und noch viel mehr Dollar genießen.

Am Roten Platz steht auch wunderschön herausgeputzt das legendäre Kaufhaus *Gum*. Alle Nobelmarken dieser Welt haben dort auf zwei Etagen ihre edlen Shops. Die westlichen Touristen schauen und staunen, die Russen dagegen kaufen.

Moskau boomt, weil Gas und Öl die russische Wirtschaft boomen lassen. Vorbei sind die Zeiten, in denen Russland ein kranker, schrumpfender Riese war. Alle wichtigen Wirtschaftsindikatoren weisen nach oben: Die Staatseinnahmen sind deutlich gestiegen, der Staatshaushalt ist in den schwarzen Zahlen, die Handelsbilanz ist positiv, und die Währungsreserven stehen mit rund 280 Milliarden Dollar auf Rekordniveau.

Ende August 2006 hat Russland vorzeitig seine Schulden an den Pariser Klub, in dem sich die wichtigsten Schuldnerstaaten zusammengeschlossen haben, zurückgezahlt. Immerhin knapp 22 Milliarden Dollar. Das war auch politisch-psychologisch ein enorm wichtiger Akt. Russland schuldet nun dem Westen nichts mehr.

Seit 1999 wächst die Wirtschaft jedes Jahr um durchschnittlich fünf Prozent. Und so soll es weitergehen. »Bei weiterhin hohem Ölpreis bestehen gute Aussichten für ein anhaltend hohes Wirtschaftswachstum«, prophezeit Roland Götz. Im neuen Energiekonzept der russischen Regierung wird bis zum Jahr 2020 von einer jährlichen Wachsrumsrate von 6,2 Prozent ausgegangen. Sollte dies eintreten, würde sich bis dahin das Bruttoinlandsprodukt des Landes verdreifachen.

Die große Unbekannte in diesen Rechnungen und Prognosen ist freilich der Ölpreis. Bleibt er hoch – und vieles spricht dafür –, wird Russlands Wirtschaft enorm profitieren. Peter Lavelle, in Moskau lebender Analyst und Journalist, hat ausgerechnet, dass bei einem Ölpreis von 50 Dollar pro Barrel sich das russische Bruttosozialprodukt bis 2012 verdoppeln werde. Das monatliche Durchschnittseinkommen werde in diesem Szenario von 300 auf 1386 Dollar steigen, bei einem Ölpreis von 100 Dollar sogar auf 2270 Dollar.

Doch egal, welches Szenario eintreten wird, die zentrale Frage lautet: Kann Russland die holländische Krankheit vermeiden?

Diese »Krankheit« trat in den 60er Jahren in Holland auf. In den Niederlanden wurde damals Erdgas entdeckt, was zu einem gewaltigen Boom führte. Nur die übrige Wirtschaft profitierte nicht davon. Im Gegenteil: Sie schrumpfte. Seitdem diagnostiziert man den Zustand eines rohstoffreichen Landes, das es nicht schafft, seinen Reichtum auf andere Wirtschaftszweige zu übertragen, als *Dutch disease*. An ihr leiden einige reiche Ölstaaten wie zum Beispiel Nigeria oder Venezuela, aber auch mit Abstrichen Norwegen.

Russland ist ein klassischer Ressourcenstaat. Öl und Gas machen über 20 Prozent des Bruttosozialprodukts aus, der Anteil der Rohstoffe beträgt fast zwei Drittel an den Gesamtexporten. Trotzdem versucht Russland, sich nicht von der holländischen Krankheit anstecken zu lassen.

2004 wurde ein Stabilisierungsfonds eingerichtet, der sich aus den Steuerzahlungen der Energiewirtschaft speist. Dieser Fonds wird immer größer. Über 75 Milliarden Dollar lagern in ihm. Eine solche Summe weckt natürlich Begehrlichkeiten. Es wird heftig diskutiert, für welche Zwecke man die Milliarden verwenden soll. Die einen wollen sie den Bedürftigen geben, die anderen in Infrastruktur-Projekte stecken, Ewiggestrige wollen das Militär stärken, Zukunftsorientierte wollen Prämien fürs Kinderkriegen verteilen, und, und …

Der Kreml nutzt einen Teil zur Tilgung der Auslandsschulden, aber auch, um die Wirtschaft auf Trab zu bringen. Ähnlich wie in der Energiewirtschaft will der Kreml in einigen Schlüsselbereichen Giganten kreieren, so genannte Nationale Champions. Zum Beispiel in der Auto- und Luftfahrtindustrie. So sollen 19 Flugzeugfirmen – darunter auch Iljuschin und Tupolew sowie Suchoi und MiG – in dem Unternehmen *Unified Aircraft Corporation* zusammengeführt werden. Geschätzter Umsatz: Sieben bis acht Milliarden Dollar. In der Autoindustrie soll ein Konglomerat um Avtovaz aufgebaut werden.

Vielversprechender als diese staatlich verordnete Konzernbildung sind die privaten Unternehmensgründungen auf dem IT-Sektor. Denn dort hat sich Russland in den vergangenen Jahren relativ unbemerkt als ein Hightech-Standort entwickelt und empfohlen. Der amerikanische Luftfahrtkonzern Boeing hat sein größtes Entwicklungszentrum außerhalb der USA – in Russland. Westliche Firmen wie Dell, Intel, Motorola, Siemens und Sun Microsystems haben bereits Forschungs- und Entwicklungsaktivitäten nach Russland ausgelagert. Chip-Hersteller Intel hat schon 1100 Entwickler in Russland. Chef Steve Chase zieht gegenüber der *Financial Times*

Deutschland einen interessanten Vergleich: »Gib dringende Projekte den Amerikanern, große den Indern und unmögliche den Russen. Russen können alles.«

Mehr als 250 russische Unternehmen bieten inzwischen an, Software-Entwicklungen für westliche Firmen kostengünstig zu erledigen. Eines dieser Unternehmen heißt EPAM. Dessen Chef Arkadij Dobkin sagt gegenüber *Business Week*: »Unsere Ingenieure sind mit denen Indiens vergleichbar. Denn unsere Bildungsmaschine arbeitet immer noch.«

Russland ist – keine Frage – eine Nation kluger Köpfe. Wer Raketen ins All schießen kann, wer als einzige Nation neben den Amerikanern und Westeuropäern eine eigene Luftfahrtindustrie aufbauen konnte, kann technologisch so schlecht nicht aufgestellt sein. Zudem hat Russland traditionell eine hohe Zahl von Ingenieuren und Wissenschaftlern.

Trotzdem glauben Experten, dass Russland in der Informationstechnologie bei allen guten Ansätzen der vergangenen Jahre zehn Jahre hinter einem anderen großen BRIC-Land hinterherhinkt – Indien.

6 Indien – die Software-Bude der Welt

»Indien ist das neue Mekka für Investitionen in Hightech. Das Land ist unbestritten der Weltmarktführer in IT-Dienstleistungen.«

Bill Gates, Gründer und Mitinhaber von Microsoft

Jedes Jahr pilgern Ende Januar viele Mächtige aus Wirtschaft und Politik in das schweizerische Davos zum *World Economic Forum*. So war es auch Anfang 2006. Wer auf dem Zürcher Flughafen Kloten landete und mit der Bahn ins winterliche Davos hochfuhr, konnte sehr schnell sehen, welches Land diesmal im Fokus des Interesses stand: Indien. Auf riesigen Plakaten am Straßenrand, auf vielen Bussen und Taxis prangte der Werbeslogan *India Everywhere*. Und auf den Plakaten stand: »15 Years, 6 Governments, 5 Prime Ministers, One Direction, 6 Per Cent Average Annual GDP Growth«.

Oben im tiefverschneiten Davos empfing die Besucher aus aller Welt eine illustre 115-köpfige indische Delegation: Mehrere Minister, die bekanntesten Wirtschaftsführer des Landes sowie Filmstars und Schlagersternchen. Jeden Abend gab es in den großen Tagungshotels *India Happy Hours* mit indischem Essen, Wein (!) und Gesang. Damit stahlen die Inder selbst den Chinesen, die sonst gewöhnlich im Mittelpunkt der internationalen *Business Community* stehen, die Show.

Indien war beim Davoser Weltwirtschaftsforum in der Tat everywhere. Bis auf die Skipisten. Indien wollte dokumentieren:

Wir sind wieder wer, wir melden uns zurück als ernst zu nehmende Macht – vor allem wirtschaftlich. Die stolze Nation strotzt wieder vor Selbstvertrauen. Sie tritt aus dem Schatten des nachbarlichen Riesen China, zu dem es in den vergangenen Jahren in einer Mischung aus Neid und Ehrfurcht aufgeschaut hatte.

Indien begann 1991 mit den Wirtschaftsreformen, also dreizehn Jahre nach den Chinesen, die 1978 mit ihrer äußerst erfolgreichen Modernisierungspolitik starteten.

In China war es ein weitsichtiger Mann – Deng Xiaoping – , der die Reformen einleitete, in Indien war es anno 1991 die nackte Not. Damals war Indien wirtschaftlich fast am Ende. Die Währungsreserven waren fast verbraucht. Das Land musste auf seine Goldbestände zurückgreifen.

Die katastrophale Lage brachte damals einen Mann an die Macht: Manmohan Singh, einen in Oxford und Cambridge ausgebildeten Ökonomen. Er war zu jener Zeit Finanzminister, heute ist er Regierungschef. Singh verordnete dem Land einen Reformkurs. Er liberalisierte und deregulierte die stark reglementierte indische Wirtschaft.

Die Folge der Singh'schen Reformpolitik: Seit 1991 boomt auch Indien. Es verzeichnet ein hohes Wachstum, das aber nicht so hoch ist wie das chinesische. Und es gibt auch – anders als in China – von Jahr zu Jahr Schwankungen. Mal sind es 6,5 Prozent, mal gar 9,3 Prozent. Trotzdem: der Wachstumspfad verläuft eindeutig nach oben.

Indien – heute und morgen

	2005	2050
BIP	766 Mrd. $	27 803 Mrd. $
BIP pro Kopf	3 300 $	17 366 $

Quelle: Goldman Sachs

Während der Phase des stetigen Wachstums profitierte Indien vor allem vom Outsourcing-Boom – doch anders als China. Während nach China, der Fabrik der Welt, große Teile der Produktion verlagert werden, sind es nach Indien vor allem Dienstleistungen.

Es fing mit einfachem Service an. Call-Center zum Beispiel. Danach folgten immer anspruchsvollere Dienstleistungen, die Inder für westliche Unternehmen erledigten. Ja, sogar ganze Unternehmensbereiche wie Buchhaltung oder Personalverwaltung sind inzwischen in Indien gelandet. Das Internet half enorm dabei. Denn alles, was online versendet werden kann, kann auch in Indien bearbeitet werden.

Neben dieser Outsourcing-Branche entwickelte sich eine riesige Software-Industrie in Indien. Indien ist die Software-Bude der Welt. Fast alle westlichen Konzerne lassen dort inzwischen ihre Software entwickeln.

Natürlich tun sie das auch wegen der günstigen Löhne. Eine Stunde Software-Entwicklung kostet in den USA und Europa zwischen 55 und 65 Dollar, in Indien dagegen nur 18 bis 26 Dollar. Doch die indischen Programmierer sind zwar billiger, aber nicht schlechter. SAP-Chef Henning Kagermann sagte gegenüber der *Frankfurter Allgemeinen Sonntagszeitung*: »Ich sehe da keinen Unterschied. Vor einigen Jahren gab es noch ein deutliches Gefälle. Heute sind die Deutschen nicht schlechter, wie man oft vermutet; vielmehr haben die anderen aufgeholt.«

Nirgendwo kann man diese Aufholjagd besser beobachten als in Bangalore, dem Silicon Valley Indiens.

Welcome to Bangalore

»Sorry, we are fully booked.« Wer in Bangalore auf Zimmersuche ist, hört immer wieder diesen Satz. Ein Hotel in Bangalore zu finden ist extrem schwierig. Ich lande schließlich im Royal Orchid

Hotel, zahle 220 Dollar die Nacht für ein durchschnittliches Hotel. »Das ist eben das Ergebnis von Angebot und Nachfrage«, sagt der mäßig freundliche Mann an der Rezeption, zuckt dabei nur mit den Schultern und fordert für den Internet-Zugang noch zusätzlich zehn Dollar pro Tag.

Bangalore ist gefragt. Die Flieger, die auf dem völlig überforderten Flughafen landen, spucken jede Menge *Business People* aus aller Welt aus. Bangalore boomt wie keine andere Stadt in Indien. Bangalore ist die indische Metropole, die das neue Indien verkörpert – auch in all seinen Widersprüchen. In der lauten, staubigen Innenstadt zeigt sich das Indien von gestern, draußen in den Randbezirken mit seinen glitzernden Hightech-Palästen das Indien von heute und morgen.

»Ich finde Bangalore einen der aufregendsten Orte der Welt, hier es ist wie im Silicon Valley Ende der 90er Jahre«, vergleicht Dan Scheinman, Vice President des amerikanischen IT-Unternehmens Cisco, gegenüber *Business Week*.

Ja, in Bangalore herrscht Aufbruchstimmung. Es wird viel gearbeitet, aber auch viel gefeiert. Bars, Cafés und Discos sind in den vergangenen Jahren aus dem Boden geschossen. Dort wurde oft bis drei Uhr nachts getanzt. Manchem aus der orthodox-religiösen Szene war das zu lang. Daraufhin verlegten die städtischen Behörden die Polizeistunde auf 23.30 Uhr.

So schön wie das Original südlich von San Francisco ist das indische Silikon Valley freilich nicht. Zwar hat die Fünf-Millionen-Metropole Bangalore den schmucken Beinamen *Garden City*. Aber die Zeiten eines grünen Bangalore liegen lange zurück. Heute prägen Staus die Stadt, vor allem auf der Hauptverkehrsader Mahatma Gandhi Road, kurz MG Road genannt.

An den Lichtmasten der MG Road hängen kleine Reklametafeln. Slogans wie *City of Champions* oder *City of Opportunities* sind darauf zu lesen. Viele Unternehmen aus aller Welt haben die *opportunities* ergriffen und Filialen, F+E-Zentren oder Ähnliches in Bangalore aufgemacht. Denn hier gibt es inzwischen mehr IT-Ingenieure als im

Silicon Valley, nämlich über 150 000. Und zudem sind sie wesentlich billiger.

Die Unternehmen residieren draußen vor der Stadt – entweder in der *Electronic City* oder in *Whitefield*. Hier – eine Autostau-Stunde vom Zentrum entfernt – haben ausländische wie indische Firmen ihre zum Teil sehr schön angelegten Gelände. Alles, was in der IT-Welt Rang und Namen hat, ist dort vertreten: Dell, General Electric, SAP. »Eine solche Konzentration von Hightech-Unternehmen in einer Stadt gibt es sonst nirgendwo auf der Welt«, urteilt die US-Zeitschrift *New Scientist*.

Doch inzwischen droht Bangalore an seinem Erfolg zu ersticken. Es gibt immer mal wieder kurze Blackouts in der Stromversorgung, deshalb stehen Kerzen in den Hotelzimmern. Überfüllte Straßen und ein aus allen Nähten platzender Flughafen bereiten Unternehmen vor Ort zunehmend Sorgen. Manche schauen sich schon nach Alternativen um. Und davon gibt es im großen Indien viele.

Inzwischen wachsen viele Bangalores heran. Hyderabad bietet seine *Hitech City* schon seit längerer Zeit als alternativen Standort an, die Hauptstadt Neu-Delhi lockt in ihren Techno-Vorort Gurgaon, Chennai – das ehemalige Madras – rührt kräftig die Werbetrommel, und selbst das als Armenhaus apostrophierte Kolkata (Kalkutta) putzt sich für ausländische IT-Investoren heraus.

Live aus dem Call-Center

Der irische oder schottische Slang ist schwer zu verstehen, selbst für Engländer. Aber erst recht für Inder. Deshalb gibt es – welch paradoxe Situation – in Bangalore Kurse für junge Inder, um diese Dialekte des Englischen verstehen zu lernen. »Nach 14 Tagen Unterricht sollen sie Iren, Schotten und Waliser verstehen können«, sagt Ashok im feinsten Oxford-Englisch. Er ist Gruppenleiter bei der Firma 24/7 Customer, mit 7000 Beschäftigten eines der größten Call-Center-Unternehmen Indiens.

Der Name ist Programm. 24 Stunden täglich und 7 Tage in der Woche sitzen hier Tausende junger Inder in den Großraumbüros und stehen geduldig Kunden aus aller Welt Frage und Antwort:

»Wo ist mein Gepäck?«, fragen frustrierte Passagiere amerikanischer Fluglinien die Hotlines von American, Delta oder United Airlines.

»Ich würde gerne einen Esstisch kaufen. Können Sie mich beraten?«, bitten Kunden des amerikanischen Online-Versenders Overstock.com.

»Können Sie mir sagen, wann meine FedEx-Sendung ankommt?«, wollen Kunden des amerikanischen Paketservice auf der britischen Insel wissen.

Diese Fragen landen entweder per Telefon oder E-Mail in dem Bürogebäude an der Infantry Road Nummer 3 mitten in Bangalore. Es ist 14 Uhr Ortszeit. Die Großraumbüros, in denen die vielen Arbeitsplätze durch dünne Wände abgetrennt sind, sind um diese Zeit relativ spärlich besetzt. Warum? frage ich Rekha, die mich durch das Call-Center führt. Ihre Antwort: »Um diese Zeit kommunizieren wir wegen des Zeitunterschiedes nur mit den Europäern. Nachts ist hier alles voll. Da bedienen wir den amerikanischen Markt.«

Abends um 20 Uhr ist Schichtwechsel. Dann rücken Tausende junge Inder mit Wasserflaschen und Sandwiches an. Die meisten sind zwischen 25 und 30 Jahre alt, haben gerade ihr Studium beendet. Hier verdienen sie im Schnitt 3000 Dollar im Jahr. Zum Vergleich: In den USA bekommt nach Angaben der Personalberatung Hewitt ein Call-Center-Mitarbeiter mehr als 27 000 Dollar.

Nach dem Rundgang treffe ich den Chef und Gründer von 24/7 Customer in seinem kleinen Büro. S. Nagarajan gibt mir seine Visitenkarte. Vorne stehen eine indische und eine amerikanische Telefonnummer. Auf der Rückseite ist das *Mission Statement* des Unternehmens in etwas eigenwilligem Englisch abgedruckt: »We are a highly motivated, performance driven organization. Where we promise consistently outperform our customers' best center by 10% or more.«

Nagarajan ist in der Tat hoch motiviert. Er redet über sein wachstumsstarkes Unternehmen, das permanent neue Mitarbeiter brauche und neue Gebäude bauen müsse. Und er sagt, dass Indien beim Outsourcen eigentlich erst am Anfang stehe. Vieles, was die westlichen Unternehmen derzeit noch selber machten, könnten die Inder genauso gut, nur eben kostengünstiger.

Was man alles outsourcen kann

Outsourcing bedeutet inzwischen freilich mehr als nur ein Call-Center nach Indien verlegen. Im Prinzip können Unternehmen alle Dienstleistungen verlagern, die keine physische Nähe zum Kunden erfordern. Klar, ein Friseursalon kann nicht nach Indien auswandern. Ein Warenhaus auch nicht. Und auch kein Restaurant.

Aber sonst sind der Outsourcing-Phantasie nicht allzu viele Grenzen gesetzt. Es reichen Computer, ein paar kluge Köpfe und eine Telefonleitung. In Sekundenschnelle können kreative Ideen wie riesige Dateien um die Welt geschickt werden. Das Internet macht es möglich.

Indien nutzt diese Möglichkeiten der modernen Kommunikationstechnologie und bietet immer mehr Branchen seine Dienste an. Und immer mehr Unternehmen im Westen nehmen diese an. Sie überlegen sich, was sollen wir *in-house* machen, was outsourcen? Und wenn wir outsourcen, wohin? Immer mehr Dienstleister im Westen entscheiden sich, Teile ihrer Arbeit nach Indien auszulagern. Ein paar Beispiele:

Anwaltskanzleien

Die Firma heißt Pangea3 und sitzt in Mumbai. Sie startete im Februar 2005 mit 15 Anwälten. Jeden Monat kamen und kommen zehn neue hinzu. Die indischen Anwälte arbeiten Verträge aus, ob für amerikanische Kanzleien oder Rechtsabteilungen von Konzernen, zum Beispiel von Yahoo. Nur wenige Firmen geben freilich zu, dass sie indische Anwälte beschäftigen. Der Chemiekonzern DuPont tut das. Er lässt etwa Patentanträge in Indien formulieren.

Der Vorteil der indischen Juristen: Sie beherrschen die englische Sprache und kennen das angelsächsisches Rechtssystem. Und sie haben ganz andere Stundensätze. Während US-Anwälte 300 bis 400 Dollar verlangen, begnügen sich ihre indischen Kollegen mit 100 Dollar.

Die Marktforscher von Forrester schätzen, dass bis 2010 rund 35 000 Jobs in Kanzleien und Rechtsabteilungen Richtung Indien »verloren«gehen könnten. Das Reservoir an Anwälten ist riesig: 200 000 Juristen verlassen jedes Jahr indische Hochschulen, fünfmal so viel wie in den USA.

Ärzte und klinische Tests

Röntgenbilder oder EKGs in Indien auswerten? Kein Problem. Nachmittags nach der Sprechstunde werden sie von amerikanischen Ärzten online nach Indien geschickt. Dort werden sie (während der amerikanischen Nacht) bearbeitet, am nächsten Morgen liegen sie ausgewertet vor.

Klinische Tests in Indien? Auch kein Problem. Immer mehr Pharmakonzerne schicken ihre zu testenden Arzneimittel dorthin. Zum Beispiel lässt die deutsche Pharmafirma Boehringer Ingelheim ihr Mittel gegen Schlaganfälle, Aggrenox, an 1620 indischen Versuchspersonen testen. Die Pharma-Riesen GlaxoSmithKline und AstraZeneca haben gleich mehrere Tests in Indien laufen. Die Forscher dieser Firmen rechnen vor, dass dadurch die immensen Kosten für die klinischen Tests um 50 bis 60 Prozent gesenkt werden können. Für viele Inder, die noch nie etwas von einer Krankenversicherung gehört haben, ist das die einzige Möglichkeit, in den Genuss einer Behandlung zu kommen. Manche – aber das sind, so heißt es, die Ausnahmen – wissen gar nicht, dass sie an einem Test teilnehmen.

Banken und Versicherungen

Die Banken gehörten zu den Ersten, die das Outsourcing entdeckten. »Denn die Finanzdienstleister können dadurch am meisten sparen«, schreibt Antje Stobbe (Deutsche Bank Research) in ihrer Analyse *E-Banking snapsho*t. Banken und Versicherungen haben täglich viele simple Transaktionen abzuwickeln: Ein- und Auszahlungen, Kredittilgungen, Aktienkäufe und -verkäufe, Kreditkarten-Abrechnungen – um nur die wichtigsten zu nennen. Diese werden längst von Computern gesteuert und abgewickelt. Und dabei ist es völlig egal, von wo aus die IT-Systeme der Banken gesteuert und gewartet werden.

Viele große internationale Kreditinstitute tun dies bereits seit zwei, drei Jahren in Indien. Citigroup, Standard Chartered, HSBC, American Express, die Deutsche Bank und JP Morgan Chase sind die Banken, die am meisten Beschäftigte in Indien haben.

Die großen Investmentbanken lassen zunehmend auch ihre Analysten-Berichte in Indien fertigen. Einer der Pioniere hierbei war die amerikanische Investmentbank JP Morgan Chase. Sie begann schon vor Jahren, ihre *Research Reports* nicht mehr an der Wall Street, sondern in Mumbai anfertigen zu lassen. Dort sitzen nun indische Analysten, beobachten börsennotierte Unternehmen in aller Welt und schreiben anschließend ihre Berichte für JP Morgan, die diese an ihre Kunden, die ihr Geld in Aktien anlegen, verteilt. Inzwischen beschäftigt das Institut 9000 Mitarbeiter in Indien.

Und sie schreiben längst nicht mehr nur Analysten-Berichte. Nein, sie machen aus Indien heraus die schwierigsten Deals in der Finanzwelt, nämlich den Handel mit Derivaten.

Designstudios

Ein neuer Mercedes, der in Indien designt wurde? Unvorstellbar, würden viele Leute in Europa sagen. Warum nicht?, fragen viele Inder rhetorisch. Das Land entwickelt sich fast unbemerkt zu einem Standort mit Design-Kompetenz. Wer weiß denn schon, dass die

Flügel des Airbus-Riesen A 380 von der indischen Firma Infosys designt wurden?

Und auch beim Entwerfen von Autoteilen mischen die Inder schon mit. Bei TCS in Bangalore führen 850 Industriedesigner die ersten kleineren Aufträge aus. Eine andere Firma half beim Innendesign von Mercedes-Bussen, eine weitere entwarf bereits Komponenten für General Motors.

Das sei erst der Anfang, sagen Experten. »Wir werden sehen, dass Unternehmen verschiedener Branchen mehr und mehr Designarbeit an Partner in Indien vergeben werden«, prophezeit IDC-Analyst Joe Barkai gegenüber *Business Week*.

Filmproduzenten

Vor zwei Jahren war Hollywood-Produzent Barrie Osborne (*Herr der Ringe* und *Matrix*) zum ersten Mal in Indien und kam gleich ins Schwärmen: »Ich glaube, dass Indien großes Potenzial hat, um Weltklassefilme zu produzieren.« Prompt ließ er seinen nächsten Film, *Der Alchemist*, zumindest teilweise in Indien fertigen.

Je mehr Filmemacher mit Animationen und visuellen Effekten arbeiten, desto leichter ist es, die Streifen im Ausland herzustellen. Indien als traditionsreiches Filmland ist geradezu prädestiniert dafür. Neben den etablierten Produktionsfirmen in Bollywood – eine Wortschöpfung aus Bombay und Hollywood – sprießen Animationsfirmen aus dem Boden, ob in Mumbai, Hyderabad oder Bangalore.

Sie produzierten bereits Teile der Hollywood-Hits *Shrek 2* und *Spiderman 2*. Und das war erst der Anfang. »Es wird nicht mehr lange dauern, bis ein Großteil der Arbeit in Hollywood nach Indien verlagert wird«, sagt N. Madhusudhanan, Indiens Experte bei visuellen Effekten, gegenüber *Asia Times*.

Medien

Reuters ist eine der größten Wirtschaftsnachrichten-Agenturen der Welt. Im gnadenlosen Wettbewerb um die News sind sie oft ganz vorne dran. Und Vorreiter ist Reuters auch in einem ganz anderen Bereich – im Auslagern von Jobs. 1200 bis 1800 Journalisten in Indien sollen künftig die Analysen und Berichte von Unternehmen aus aller Welt schreiben. Die Basisinformationen (zum Beispiel Pressemitteilungen und Vierteljahresberichte der Unternehmen) holen sich die Inder aus dem Internet und verarbeiten sie dann im Reuters-Büro in Bangalore zu einem Report, den die Reuters-Zentrale an ihre Kunden in aller Welt verschickt.

Mit den Medien trifft die Outsourcing-Welle zum ersten Mal eine Branche, die dachte, sie sei immun gegen solche Attacken aus dem Ausland. Doch dem ist nicht so. Englischsprachige Print-Medien werden zunehmend journalistische Arbeiten, die nicht an einen Ort gebunden sind, nach Indien verlagern, prophezeit die Beratungsfirma Forrester.

Und auch den elektronischen Medien, vor allem dem Fernsehen, droht Gefahr. New Delhi Television (NDT) bietet bereits Studios und TV-Stationen aus aller Welt an, digitale Programme herzustellen. 70 Prozent aller Sendungen könnten outgesourct werden, behaupten die indischen Programmmacher.

Weil in so vielen Branchen eine große Nachfrage westlicher Firmen besteht, hat sich in Indien eine gigantische Outsourcing-Industrie entwickelt. Sie beschäftigt Millionen Menschen und setzt mehrere Milliarden Dollar um. Es sind viele kleine indische Firmen, die ihren Dienst anbieten. Aber auch ein paar große, die immer größer werden.

Die großen Outsourcing-Fabriken

Gerade noch rumpelte mein – im Hotel engagierter – Fahrer Rayappa in seinem weißen Honda über die holprige Straße, wich irdischen Schlaglöchern und heiligen Kühen aus. Und nun biegt er nach rechts ab, und wir landen in einer völlig anderen Welt. Sie begrüßt uns mit einem Banner *Welcome to Electronic City*. Wir fahren vorbei an dem riesigen Firmenpark von Hewlett-Packard, passieren den nicht minder beeindruckenden Campus von Siemens und halten vor einem Tor, hinter dem sich sicher eines der schönsten Firmengelände Indiens befindet.

Welcome to Infosys!

Wir werden in einen dunklen – übrigens von Tony Blair eingeweihten – Ausstellungsraum gebeten, wo ein fünfminütiges Einführungsfilmchen über Infosys gezeigt wird. »Darf er auch auf Deutsch sein?«, fragt die bildhübsche PR-Dame Kaavya Kasturivangan. Bizarr: Da stehe ich im fernen Bangalore, und eine deutsche Stimme aus dem Off erzählt im Schnelldurchlauf die kurze, aber ungemein beeindruckende Erfolgsgeschichte von Infosys.

Am Anfang im Jahr 1981 waren 300 Dollar Startkapital, sieben Software-Ingenieure, ein Büroraum, ein Kunde. Heute ist Infosys ein Konzern mit über zwei Milliarden Dollar Umsatz, 555 Millionen Dollar Gewinn, über 70 000 Beschäftigten und 50 Büros in über 18 Ländern.

Der Spot endet mit der Frage »Wie geht es weiter?« und der prompt folgenden Antwort: »Eines steht fest: Intelligenz und Zuversicht werden Infosys die Zukunft sichern.« Es herrscht hier ein nahezu grenzenloser Optimismus, aber keine Überheblichkeit. Man weiß aufgrund der Erfolge der vergangenen Jahre, was man kann.

Nach Ende des Infosys-Werbefilmchens steigen wir auf einen kleinen Elektrowagen und fahren über das auto- wie alkoholfreie Firmengelände. Aber nein, Firmengelände sagt man hier nicht. Viel schöner und vornehmer klingt Campus. Und in der Tat ist der Infosys-Campus einer vom allerfeinsten, mit dem keine US-Elite-Universität mithalten kann, weder Harvard noch Stanford.

Zur Zerstreuung der rund 16 000 Beschäftigten wurde an fast alles gedacht: Ein Gym, Tischtennisplatten, Billardtische, Basket- und Volleyballfelder und ein kleiner künstlicher See mit Booten. Fürs leibliche Wohl sorgen das französische Restaurant *Jean Michel* (so heißt der Koch) und fünf Food Courts, einer davon im Stile der

Sydney Opera gebaut. Nicht minder eindrucksvoll sind die große Bibliothek und der Nachbau der Glaspyramide des Pariser Louvre, in dem die *Creative Design Groups* ihre Arbeit verrichten.

Staunend und überwältigt steige ich vom Elektrowagen und überlege, ob ich etwas Vergleichbares schon einmal gesehen habe. Mir fällt nichts ein.

Infosys gehört zu den drei großen Outsourcing-Fabriken Indiens. Wipro – auch mit Sitz in Bangalore – und Tata Consultancy Services (TCS) in Mumbai sind die beiden anderen. Sie haben in etwa die gleiche Größenordnung wie Infosys. Wipro: 53 000 Beschäftigte und 1,4 Milliarden Dollar Umsatz; TCS: 78 000 Beschäftigte und 1,3 Milliarden Dollar Umsatz. Wenn Sie diese Zeilen lesen, werden diese Zahlen sicher überholt sein. Diese Unternehmen wachsen und wachsen, sie sind inzwischen riesige Rekrutierungsmaschinen. Jeden Monat stellen sie jeweils rund 1000 neue Leute ein.

Diese drei Giganten beherrschen den internationalen Outsourcing-Markt. Und sie entwickeln sich dabei ständig weiter. Sie sind permanent auf der Suche, welche Arbeit sie den westlichen Konzernen abnehmen können. In den vergangenen Jahren entdeckten sie das Business Process Outsourcing (BPO). Dabei wird ein kompletter Unternehmensteil ausgelagert, zum Beispiel die Personalverwaltung, die Gehaltsabrechnung, die Finanzbuchhaltung oder das Dokumenten-Management.

Als Nächstes kommt das Knowledge Process Outsourcing (KPO), bei dem nicht nur Routinetätigkeiten wie die Buchhaltung verlagert werden, sondern wissensbasierte Dienstleistungen, also zum Beispiel medizinische Diagnostik.

Fazit: Nichts ist mehr vor dem Zugriff der Inder sicher. Infosys-Chef Nandan Nilekani sagt laut *The Economist*: »Nahezu alles können wir schneller, billiger und besser machen.«

Nilekani ist einer der Vorzeigeunternehmer in Indien. Er wird dort fast vergöttert wie ein Popstar. Er ist einer, der den Indern Selbstvertrauen (zurück)gegeben hat. Einer, der bewiesen hat: Wir können es schaffen.

Nilekani ist einer aus der immer größer werdenden Schar indischer globaler Manager.

Indiens globale Manager-Elite

Mitten in der Nacht herrscht auf dem Flughafen von Mumbai viel Verkehr. Zwischen zwei und vier Uhr morgens verlassen viele Jumbos ausländischer Fluglinien die Stadt und düsen Richtung Europa. Der Lufthansa-Jet mit der Flugnummer LH 757 hebt um 3.25 Uhr nach Frankfurt ab. Warum denn um diese nachtschlafene Zeit?, fragen sich viele Neulinge in der überfüllten und stickigen Wartehalle, die nicht genügend Sitzplätze für die wartenden Passagiere bietet. Ein Vielreisender auf dieser Strecke gibt mir die Antwort: »Damit die Inder morgens in Frankfurt rechtzeitig landen, um ihre Anschlussflüge in die USA zu bekommen.«

Hier findet zu nächtlicher Stunde eine moderne Völkerwanderung durch die Lüfte statt. Die Business-Class der Lufthansa, aber auch der anderen europäischen Airlines ist voll von indischen Managern, die Geschäfte in den USA und Indien machen und zwischen beiden Welten hin- und herpendeln.

Einer dieser indischen Business-Nomaden ist Kanwal Rekhi. Ich treffe ihn zum Mittagessen im indischen Restaurant *Sarovar* in Sunnyvale im Silicon Valley. An den Nebentischen tuscheln die indischen Gäste. Rekhi ist hier in der indischen Community fast eine Kultfigur. Das Technologie-Magazin *Business 2.0* bezeichnete Rekhi als »The Godfather of Silicon Valley's Indian Mafia«. Der knapp 60-Jährige hat es vom Tellerwäscher in Chicago zum Multimillionär im Silicon Valley gebracht. Er hat dort mehrere Firmen gegründet und sie anschließend höchst erfolgreich verkauft. Serien-Entrepreneur nennt man solche unternehmerischen Wiederholungstäter.

Rekhi gibt freilich sein Wissen weiter. Er ist Mitbegründer von *The IndUS Entrepreneur (TiE)*, einem effizienten Netzwerk indischer Geschäftsleute, die ihre Erfahrung an Landsleute in den USA und Indien weiterreichen. Mit großem Erfolg: Die Inder gehören – neben den Chinesen – zu den erfolgreichsten Unternehmensgründern im Silicon Valley.

Und weil Indien inzwischen genauso viele, wenn nicht sogar noch mehr Chancen bietet als die USA, gründen immer mehr Inder aus den USA Unternehmen in ihrer Heimat. Rund 25 000 Inder in der IT-Industrie verließen in den vergangenen vier Jahren die USA und kehrten nach Indien zurück.

In der Diaspora haben die Inder längst bewiesen, dass sie erfolgreiche Unternehmer und Manager sind. Wer führt Vodafone, den größten Mobilfunkbetreiber der Welt? Wer ist der heimliche Herrscher der Deutschen Bank? Wer war Chef der Unternehmensberatung McKinsey? Wer lenkte United Airlines? Wer ist die neue Chefin von Pepsi Cola? Die Antworten lauten: Arun Sarin (Vodafone), Anju Jain (Deutsche Bank), Rajat Gupta (McKinsey), Rono Dutta (United Airlines), Indra Nooyi (Pepsi). Die Dame und die Herren sind alle Inder.

Die Inder sind derzeit sicher – noch – die besseren Manager als die Chinesen. K. Ramachandran, Indien-Chef von Philips, sagt: »Das Manager-Talent ist hier höher als in China.« Viele haben in Großbritannien oder den USA studiert. Sie sprechen ein exzellentes Englisch. Sie kennen die westlichen Spielregeln und sind mit einem funktionierenden Rechtssystem vertraut.

Und die Allerbesten von ihnen haben eine Ausbildung genossen, die fast einmalig auf der Welt ist. Sie haben an einem der Indian Institutes of Technology studiert, Indiens elitären Universitäten, die einen legendären Ruf genießen. Bill Gates, Gründer von Microsoft, nennt die IITs »eine unglaubliche Institution, die die Welt verändert hat«. Für Amazon-Gründer Jeff Bezos ist das IIT schlicht »ein Schatz der Welt«.

Warum diese Lobeshymnen?

Die Kaderschmieden

Diese Ruhe, diese Idylle! Die Slums, das Dickicht des lärmenden städtischen Straßenverkehrs scheinen Welten entfernt zu sein. Die grüne Oase, in der ich mich befinde, ist in Powai am nordwestlichen Rand Mumbais, dort wo der städtische Moloch langsam zerfasert, wo sich zwischen den Häusern und Hütten immer mehr grüne Flächen auftun.

Hier am Powaisee hat das Indian Institute of Technology Bombay sein Domizil. Auf dem weitläufigen Gelände stehen großzügig verstreut zwei-, dreistöckige Gebäude. Es gibt einen Swimmingpool, Tennis- und Basketballplätze. Nur wenige junge Menschen streifen an diesem Nachmittag über den Campus. Es scheint so, als ob alle Studenten in Seminaren am Lernen sind.

In einem schlichten Raum des Verwaltungsgebäudes treffe ich Aruna Thosa-Dixit. Die PR-Managerin ist seit 18 Jahren am IIT Bombay. Sie erklärt stolz, dass hier 5000 junge Inder von 400 Lehrenden unterrichtet werden.

Das IIT Bombay ist eines der sieben Indian Institutes of Technology (IIT), deren Geschichte in der zweiten Hälfte der 40er Jahre begann. Viele nennen Jawaharlal Nehru, den ersten indischen Premier, als deren geistigen Vater. Doch es war Sir Ardeshir Dalal, der vor der Unabhängigkeit Indiens im *Executive Council,* einem Vorläufer des Regierungskabinetts, saß. Dalal hatte damals die weise Vorausahnung, dass Technologie eine wichtige Rolle im Aufbau eines freien Indiens spielen würde.

Es dauerte allerdings ein paar Jahre, bis das erste IIT im August 1951 in einem ehemaligen Gefängnis, 120 Kilometer von Kalkutta entfernt, startete. Nach der nahe gelegenen Eisenbahnstation bekam es den Namen IIT Kharagpur. Im Laufe der Jahre folgten sechs weitere IITs: Bombay (1958), Madras (1959), Kanpur (1960), Delhi (1961), Guwahati (1994) und Roorkee (2001). Von Anfang an war klar: kein staatlicher Einfluss. Einmal im Jahr kommt ein Beamter aus dem Bildungsministerium im IIT vorbei und verkündet die Höhe des Etats. Das war's. Aruna vom IIT Bombay sagt: »Wir sind völlig unabhängig. Allein unser Senat entscheidet, was wir mit dem Geld machen.« Als Beispiel ihrer Unabhängigkeit nennt sie die Entscheidung der Professoren am ITT Bombay, ein Institut für Biotechnologie zu gründen. Diese Autonomie in dem traditionell bürokratischen Land sehen viele als einen wichtigen Grund für den Erfolg der IITs.

Von Anfang an waren die Plätze an diesen Elite-Unis heiß begehrt. Auf 2500 Plätze kommen über 200 000 Bewerber. Einer von achtzig schafft also nur den Sprung. Zum Vergleich: An der amerikanischen Harvard University ist die Erfolgsquote 1:8. Die entscheidende Hürde ist die *Joint Entrance Examination*, kurz JEE, die schwerste Aufnahmeprüfung der Welt. Es ist völlig normal, dass sich die Bewerber drei, vier Jahre auf diese Prüfung vorbereiten und so genannte *JEE coaching classes*, die es inzwischen in jeder indischen Stadt gibt, besuchen.

Wer an einem der IITs letztendlich einen Studienplatz ergattert, hat es geschafft. Er braucht sich keine Gedanken mehr um seine berufliche Zukunft zu machen. Er gehört zur indischen Elite – und zeigt es auch. Die IITler sind eine eingeschworene Gemeinschaft, zusammengeschweißt in vier Jahren harten Studiums. Man kann sie auch eine Sekte der klügsten Köpfe nennen.

Sandipan Deb ist einer dieser Köpfe. Der angesehene Journalist und Herausgeber des Wochenmagazins *Outlook* gibt in seinem Buch *The IITians* interessante Einblicke in die relativ verschlossenen indischen Kaderschmieden. Er bezeichnet das IIT als »die schwierigste und einflussreichste Ingenieur-Universität der Welt«.

Das zweijährige Grundstudium ist für alle gleich, es ist eher ein Studium Generale. Danach spezialisiert man sich. Es gibt kaum Vorlesungen, dafür umso mehr Seminare. Man kann es betreutes Studieren nennen. Das Verhältnis Lehrende zu Lernenden ist extrem hoch.

Man paukt in kleinen – vier, fünf Leute umfassenden – Gruppen. Tagsüber acht Stunden an der Uni, um dann abends auf dem Zimmer stundenlang das Erlernte nachzuarbeiten. Alle Studenten und viele Professoren wohnen auf dem Campus. Am IIT Bombay gibt es 13 Wohnblocks. Die Zimmer sind ausgestattet mit dem neuesten Schrei der Technologie, alle sind mit Glasfasern verkabelt. Es ist ein permanenter Stress. Freilich: »Wer diesen Stress übersteht, kann sein Leben lang mit *Deadline*-Situationen umgehen«, schreibt Sandipan Deb.

Viele, die das Examen geschafft haben, blieben früher meist nicht im Lande. Ihr gelobtes Land hieß USA. Dort promovierten sie und blieben hängen, an Unis und in Unternehmen. Schätzungen gehen davon aus, dass 35 000 IITians in den USA leben. Professor S. P. Sukhatme vom IIT Bombay fragte viele, warum sie das Land, das ihnen diese elitäre Ausbildung ermöglichte, verlassen. Laut Sukhatme beklagten sich die akademischen Fahnenflüchtlinge vor allem über »Apathie, Arroganz, Korruption und Nepotismus in Indien«.

Doch obwohl sie ihrem Heimatland den Rücken kehrten, bleiben sie ihm doch verbunden. 82 Prozent der von Professor Sukhatme Befragten erklärten sich bereit, Indien – in welcher Form auch immer – zu helfen. 45 Prozent konnten sich gar vorstellen, nach Indien zurückzukehren – und zwar für immer.

Ausländer rein!

Clas Neumann ist seit 1998 in Bangalore. Er hat damals das Entwicklungszentrum für den deutschen Software-Konzern SAP mit aufgebaut. Angefangen haben sie mit 100 Leuten. Heute forschen und entwickeln dort rund 2000 Inder. SAP-Chef Henning Kagermann schaut fast jedes Jahr in Bangalore vorbei. »Er ist jedes Mal beeindruckt, was die Inder hier leisten«, sagt Neumann. Sie seien genauso produktiv wie Entwickler an anderen SAP-Standorten, ob in Deutschland oder in den USA. Nur kosten sie viel weniger als dort.

Deshalb haben fast alle großen Technologie-Konzerne längst F+E-Zentren in Indien aufgebaut. Der US-Konzern General Electric (GE) eröffnete bereits 2000 das Jack F. Welch Technology Centre in Bangalore. Dort forschen inzwischen rund 2500 Beschäftigte in allen Bereichen, in denen der breit aufgestellte GE-Konzern tätig ist – vom einfachen Kühlschrank bis zu hochkomplizierten Flugzeugmotoren. Über 240 US-Patente haben die indischen GE-Forscher bereits beantragt.

Die Firmen, die bereits da sind, werden ihre Forschungsaktivitäten in den nächsten Jahren kräftig ausbauen. Denn nirgendwo auf der Welt bekommen sie diese unschlagbare Kombination aus gutausgebildeten und gleichzeitig billigen Hightech-Arbeitskräften.

Ein paar Beispiele, wie viele Milliarden Investitionen in den nächsten Jahren aus aller Welt ins Land fließen werden:

- Chip-Produzent Intel will für 800 Millionen Dollar seine bestehende F+E-Abteilung in Bangalore ausbauen. Derzeit hat Intel dort rund 2800 Beschäftigte. In den vergangenen zehn Jahren hatte Intel bereits 700 Millionen Dollar in Indien investiert.
- Der schwedische Telekom-Ausrüster Ericsson wird einige hundert Millionen Dollar in Indien investieren, einschließlich des Baus eines Forschungscenters in Chennai (Madras).
- Cisco plant nach Auskunft von Chef John Chambers in den nächsten drei Jahren ein Investment von 1,1 Milliarden Dollar und will die Zahl seiner Beschäftigten in Indien verdreifachen.
- Microsoft hat ein 1,7 Milliarden Dollar teures Expansionsprogramm für die nächsten vier Jahre aufgelegt. Als Bill Gates dies verkündete, sagte er: »Indien ist das neue Mekka für Investitionen in Hightech.«

Spitzenreiter ist jedoch IBM. Sechs Milliarden Dollar will der US-Konzern in den nächsten drei Jahren in Indien investieren. Anlässlich der Bekanntgabe dieser stolzen Zahl feierte IBM Anfang Juni 2006 eine große Party in Bangalore. Vorstandschef Sam Palmisano flog ein und verkündete in einem Riesenfestzelt vor 11 000 überwiegend indischen Zuhörern die frohe Botschaft.

Per Webcast konnten weltweit alle 330 000 IBM-Mitarbeiter das Event mitverfolgen. Es dürfte nicht allen gefallen haben. Denn

Monate vorher wurden von der IBM-Führung massive Stellenstreichungen sowohl in den USA als auch in Europa, darunter auch Deutschland, angekündigt. Insgesamt 14500 Arbeitsplätze sollen wegfallen.

Das Beispiel IBM macht deutlich: Die Milliarden-Investitionen in Indien werden nicht in den USA oder Europa getätigt, weil man Geld nicht zweimal ausgeben kann. Dennoch wollen uns allzu oft die westlichen Unternehmenschefs weismachen, dass solche Investitionen im fernen Indien hierzulande keine Arbeitsplätze kosten, sondern diese sichern würden.

Natürlich vernichten solche Verlagerungen Jobs im Westen. Und nicht nur das: Solche Investitionen in F+E bedeuten auch einen gewaltigen Know-how-Transfer aus dem Westen nach Indien. Die logische Folge: Die lernbegierigen Inder saugen dieses Wissen bereitwillig auf, setzen es um, gründen eigene Firmen und werden mit diesen zu Konkurrenten des Westens. Nicht nur bei Dienstleistungen, sondern möglicherweise auch in der Industrie.

Nicht nur Software-Buden

Pune (Puna)? Die Älteren erinnern sich: Hier versammelte vor ein paar Jahrzehnten Baghwan seine Jünger um sich. Viele aus dem Westen pilgerten damals zum Heil versprechenden Guru in diese Stadt.

Heute zieht Pune andere, etwas rationalere und weltlichere Menschen an: Geschäftsleute. Denn Pune ist eine der aufstrebenden Industriestädte Indiens. Nach einem kurzen Halbstunden-Flug aus Mumbai mit der äußerst angenehmen Fluglinie Jet Airways lande ich auf dem kleinen Flughafen der Zwei-Millionen-Stadt. Ein weißer Mercedes steht dort bereit und bringt mich in etwa einer halben Stunde durch das übliche Gewühle an den Rand der Stadt.

Dort hat Daimler eine kleine saubere Montagefabrik. Doch viel imposanter ist das unmittelbar danebenliegende riesige Firmengelände, das von hohen Mauern umsäumt ist. Dahinter stehen die Fabrikhallen von Tata Motors, dem größten Autohersteller Indiens. In diesen Hallen wird ein kleines Auto zusammengebaut, das gerade einmal 2000 Dollar kosten soll. Damit hofft Tata Motors bei der anstehenden Motorisierung des Landes dick ins Geschäft zu kommen.

Pune ist neben Chennai (Madras) das Autozentrum Indiens. Die Autoindustrie, die heute schon über zehn Millionen Beschäftigte hat, wird zu einer immer wichtigeren Stütze der indischen Wirtschaft. In den nächsten zehn Jahren will die indische Autoindustrie ihren Umsatz auf 145 Milliarden Dollar vervierfachen.

So strömen fast alle ausländischen Konzerne nach Indien, um dort Autos zu bauen. BMW, Volkswagen, General Motors, Ford und alle Japaner planen es, Hyundai tut es schon. Die Südkoreaner machen ihre Fabrik im Bundesstaat Tamil Nadu sogar zum globalen Produktionszentrum für ihr Modell Santro. Produktionsziel: Jedes Jahr 300 000 Stück. Hyundai-Indien-Chef Heung So Lheem nennt mehrere Gründe für diese Standortwahl: »Hier gibt es sehr gut ausgebildete Leute, eine gute Zulieferstruktur, und die Löhne sind niedriger als in China.«

Das Auto-Beispiel zeigt: Indien besteht nicht nur aus Software-Buden, Call-Centern oder Outsourcing-Fabriken. Indien ist auch auf dem Weg zu einem bedeutenden Industriestandort. Besonders drei Branchen sind im Kommen: Neben der Auto- sind das die Maschinen- und Pharmaindustrie, wo Unternehmen wie Ranbaxy oder Dr. Reddy's auf dem Sprung zu großen Konzernen sind. »Hier entstehen viele neue Weltfirmen«, sagt Mukesh Ambani, Chef der Reliance Group, des größten indischen Privatunternehmens.

»Nach China ist Indien die nächste große Industrie-Story«, glaubt B. G. Menon, Chef der Mahindra World City, einer großen Wirtschaftszone außerhalb von Chennai, in der sich auch BMW ansiedeln wird. Keine Frage: Indien wird industriell stärker werden, aber sicher nicht die Dimension Chinas erreichen. China hat einfach einen zu großen Vorsprung an industriellem Know-how.

Aber Indien, das Software- und Dienstleistungsmekka der Welt, und China, die Fabrik der Welt, werden sich ergänzen. Manche Beobachter sagen gar: Der Drache (China) und der Elefant (Indien) seien wirtschaftlich ein nahezu ideales Paar, zumal sich auch die politischen Dissonanzen der vergangenen Jahrzehnte nahezu aufgelöst haben.

Indien und China – das neue Traumpaar?

Zwischen den beiden bevölkerungsreichsten Ländern der Welt China und Indien liegt das Hochgebirge des Himalaya. Es war lange Zeit auch eine symbolische Barriere zwischen China und Indien. Der Drache und der Elefant mochten sich nicht, sie bekriegten sich sogar 1962 im Kaschmir-Konflikt. Die gegenseitige Abneigung war auch ein Produkt des Kalten Krieges. Indien war mit Russland verbandelt, und weil Russland damals Chinas Feind war, war auch Indien Chinas Feind.

»Vielleicht war die entscheidende Bedingung für das schlechte Verhältnis die Unfähigkeit Beijings, Indien als überregionale Macht ernst zu nehmen«, urteilt der Frankfurter Politik-Professor Harald Müller in seinem Buch *Weltmacht Indien*. China fühlte sich Indien überlegen, während Indien sich gegenüber China als gleichwertig betrachtete.

Mehrere Faktoren änderten in den vergangenen 15 Jahren diese asymmetrische Wahrnehmung: Das Ende des Kalten Krieges, der wirtschaftliche Aufstieg Indiens, der Einzug Indiens in den Kreis der Atommächte und das Buhlen der USA um Indien. All diese Entwicklungen brachten China und Indien einander näher.

Zwar werben die USA kräftig um Indien und haben sogar ein umstrittenes Atomabkommen mit Indien abgeschlossen, wodurch es in den USA endlich zivile Nukleartechnik kaufen kann. Doch wird dies Indien nicht – wie von den USA erhofft – zum engen Partner der USA machen. »Im Dreiecksverhältnis zwischen Indien, den USA und

China spricht wenig dafür, dass sich Indien auf eine Politik des *Bandwagoning* mit den USA einlassen wird. Vielmehr werden sich indische Regierungen wohl auch zukünftig um eine Politik des *Balancing* gegenüber beiden Staaten bemühen«, meint Christian Wagner, Indien-Experte der Stiftung Wissenschaft und Politik.

Im Dreieck USA – Indien – China wird vor allem an der Achse China – Indien kräftig gearbeitet. Zwischen beiden Ländern gab es in den vergangenen Jahren einige symbolische Staatsbesuche, jede Menge bilaterale Abkommen und sogar gemeinsame Militärmanöver. 2005 lösten beide die strittige Frage der Grenzziehung im Kaschmir-Gebiet. Im Juli 2006 wurde als ein symbolischer Akt der 4545 Meter hohe Nathu-La-Pass nach 44 Jahren wieder geöffnet – die einzige Landverbindung zwischen China und Indien.

Doch am wichtigsten unter all diesen Annäherungen war die Vereinbarung der beiden Mächte, in der Energiesicherung zu kooperieren. »Dieses Abkommen könnte größte weltpolitische Bedeutung haben«, meint Harald Müller. Bis vor kurzem traten Chinas und Indiens staatliche Ölgesellschaften noch als Konkurrenten beim Kauf von ausländischen Öl- und Gasfeldern auf und schaukelten so gegenseitig die Preise nach oben. Jetzt ist Schluss mit dieser Preistreiberei. Die beiden wollen sich vorher absprechen.

Auch wirtschaftlich rücken die beiden asiatischen Giganten näher zusammen. Bislang war der bilaterale Handel sehr gering. Das wird sich ändern, zumal die Warenstruktur der beiden Volkswirtschaften komplementär ist: Hier Software, dort Hardware.

Angesichts der entspannten politischen und hoffnungsvollen wirtschaftlichen Beziehungen wird heute in gewissen indischen Kreisen euphorisch von *Chindia* gesprochen und geschrieben. Wie zum Beispiel vom indischen Politiker Jairam Ramesh, der für die regierende Congress-Partei im Parlament sitzt. Er hat das Buch *Making Sense of Chindia* geschrieben.

Ramesh glaubt, dass die beiden großen Nachbarn, wenn sie ihre Animositäten weiter ablegen und stattdessen zusammenarbeiten, eine große Zukunft haben werden. »Das 21. Jahrhundert könnte die Wiedergeburt von China und Indien als wirtschaftliche *Powerhouses* erleben«, schreibt Ramesh.

Als Vorteil sieht er, dass die beiden Volkswirtschaften sich auf ideale Weise ergänzen: »Während Indien der Dreh- und Angelpunkt für wissensbasierte Industrien, Forschung und Entwicklung, Software und IT-Dienstleistungen ist, wird China das Produktionszentrum der Welt.«

Letzteres ist schon heute der Fall.

7 China – die Fabrik der Welt

»Das Besondere an China ist, dass es plötzlich ein riesiges, armes Land gibt, das sowohl mit niedrigen Löhnen als auch im Hightech-Bereich konkurrieren kann.«

Richard Freeman, Ökonom an der Harvard University

Yiwu ist für chinesische Verhältnisse eine relativ kleine Stadt. Knapp 550 000 Einwohner zählt sie. Sie liegt rund zwei Autostunden von der Metropole Shanghai entfernt. Touristen verirren sich kaum hierher. Doch in Händlerkreisen überall auf der Welt ist das Städtchen bekannt. Denn es ist ein einziger Basar. Überall gibt es Malls. Yiwu ist sozusagen das größte Kaufhaus der Welt.

Rund 5000 Einkäufer aus aller Welt leben hier permanent, Zehntausende fliegen jährlich ein. Darunter auch aus Deutschland. Ob deutsche Verbraucher bei C&A Socken kaufen, bei Tchibo ein Küchenmesser oder im Kaufhof einen Schirm – die Wahrscheinlichkeit ist sehr groß, dass die Ware in Yiwu eingekauft wurde.

Yiwu ist das Schaufenster zur Welt. Hier kann man viele Waren besichtigen, die China produziert und verkauft – und das zu nahezu unschlagbaren Preisen.

Doch ist das, was in Yiwu angeboten wird, nur ein kleiner Teil der Waren aus dem Riesenreich. Die Chinesen produzieren längst nicht mehr nur billige Ramschware. Stetig klettert China die Produktleiter nach oben, stellt immer hochwertigere und teurere Waren her. Erst waren es Schuhe, Textilien und Spielzeuge, dann kamen kleine und später große Elektrogeräte dazu, anschließend Handys, Computer und Chips. Bald werden es Autos sein. Und dann Flugzeuge und Satelliten.

Die Industrien, die der Westen nach und nach verliert, werden hier wieder aufgebaut, Branche für Branche. Seit 2004 ist China bereits die drittgrößte Exportnation. Japan hat es schon überholt, jetzt sind nur noch Deutschland und die USA vor den Chinesen.

China – heute und morgen

	2005	2050
BIP	2 225 Mrd. $	44 453 Mrd. $
BIP pro Kopf	6 800 $	31 357 $

Quelle: Goldman Sachs

Und das ist das revolutionär Neue: Während andere Nationen (Japan und Südkorea zum Beispiel), die den Weg der Industrialisierung gegangen sind, immer wieder mal die eine oder andere Industrie in billigere Länder auslagern mussten, weil zu Hause die Löhne stiegen und die Produktion dadurch zu teuer wurde, muss China das nicht.

China ist bei seiner Textilindustrie nicht auf das kostengünstigere Bangladesh oder auf Kambodscha angewiesen. Denn China hat viele Bangladeshs im eigenen Land. In Chinas Hinterland, westlich vom prosperierenden Küstenstreifen, gibt es Provinzen, die größer sind als viele europäische Länder und sehnsüchtig auf die Industrialisierung warten. Diese Provinzen, die hierzulande kaum jemand kennt, heißen Anhui (64 Millionen Einwohner), Guizhou (39), Hebei (68), Henan (97), Hubei (60), Hunan (67), Jiangsu (74) und Sichuan (87), um die größten zu nennen.

In diese Provinzen im Landesinneren zieht die industrielle Karawane, wenn es den Firmen im Osten und Süden zu teuer wird. Erste Abwanderungstendenzen in diese Richtung sind schon erkennbar.

Das ist politisch erwünscht und ökonomisch sinnvoll, denn so wird das riesige regionale und soziale Gefälle zwischen Ost und West zumindest etwas eingeebnet.

China kann mit seinem riesigen Arbeitskräftepotenzial gleichzeitig vieles produzieren – die ganze Produktpalette vom billigen T-Shirt über Handys und Autos bis demnächst zum modernen Düsenjet. Das hat bislang noch kein Land geschafft. Das ist ein Novum in der Weltwirtschaftsgeschichte.

Der Aufstieg Chinas zur Fabrik der Welt revolutioniert deshalb die globale Arbeitsteilung. Früher war alles so einfach: Die reichen Länder produzierten hochwertige, innovative Produkte, die armen Länder dagegen spezialisierten sich auf billige Massenware. Heute ist diese Zweiteilung aufgehoben. China kann alles herstellen – vom Ramsch bis zum Chip, und das auf Jahrzehnte hinaus.

Kleidung: Wie alles anfing

Mit der Textilindustrie fing in China alles an – wie in so vielen Entwicklungsländern. Ökonomen nennen die Textilbranche deshalb *Infant Industry,* weil sie die erste Stufe zum industriellen Erwachsensein ist. Sie ist einfach, braucht nicht viel Kapital, aber viele fleißige Hände. Für China war es deshalb nach dem Beginn der Wirtschaftsreformen 1978 die Branche, auf die sich viele der Chinesen, die endlich wieder unternehmerisch tätig sein wollten, stürzten. Heute gibt es in China rund 40 0000 Textilfirmen – kleine und ganz große.

Viele schneidern für Bekleidungsunternehmen aus aller Welt. Inzwischen lassen längst alle westlichen Hersteller in China fertigen – ob die deutsche Traditionskette C&A oder der schwedische Filialist Hennes & Mauritz, ob der deutsche Edelschneider Boss oder der amerikanische Designer Ralph Lauren.

Wie stark die Chinesen sind, zeigte sich in den ersten Monaten des Jahres 2005. Ende 2004 war das Welttextilabkommen ausgelaufen. Dieses bürokratische Monster hat exakt vorgeschrieben, welches Land wie viele Textilien in ein anderes Land liefern darf. Ein fiktives Beispiel: Deutsche Händler durften pro Jahr 15 Millionen Hemden in China einkaufen.

Nach Ende dieses restriktiven Abkommens waren die Grenzen plötzlich offen. Die Chinesen konnten nun so viele Hemden nach Deutschland und in die EU liefern, wie sie wollten. Und die Chinesen taten das auch. Kaum waren die Grenzen nach dem 1. Januar 2005 offen, schwappte eine chinesische Textil-Schwemme über die europäischen und amerikanischen Märkte.

Sofort kam ein kollektiver Aufschrei aus Amerika und Europa. Die heimische Textilindustrie – in der EU gibt es sie noch in Südeuropa – fürchtete angesichts der chinesischen Flut unterzugehen. EU-Handelskommissar Peter Mandelson schlug Alarm: »Die Entwicklung der Einfuhren aus China ist in einigen Kategorien besorgniserregend. Wir können nicht ruhig zusehen, wie unsere Industrie verschwindet.« Chinas Handelsminister Bo Xilai konterte jedoch selbstbewusst: »Die EU (und die USA) sollten mehr Energie auf die Entwicklung neuer Hochtechnologien verwenden, statt mit uns über Socken und Hosen zu streiten.«

Verhandelt haben sie dann trotzdem. Die EU-Kommission konnte dabei mit Beijing bis zum Jahresende 2007 eine Zurückhaltung der Chinesen herausschlagen. Danach dürfen Chinas Textil-Exporte nach Europa »nur« um zehn Prozent jährlich wachsen. Das ist eine Verschnaufpause – mehr nicht.

Die Welthandelsorganisation WTO schätzt, dass der Marktanteil Chinas bei Textilien in den nächsten Jahren trotzdem drastisch steigen wird, und zwar in der EU von 18 auf 29 Prozent, in den USA gar von 16 auf 50 Prozent. Dies auch deshalb, weil die Chinesen längst nicht mehr nur einfache Produkte wie T-Shirts, Hemden oder Röcke schneidern, sondern höherwertige und komplizierte wie Anzüge, Kostüme und Mäntel.

Günter J. Leibold, Vorstandschef beim deutschen Herrenkonfektionär Bäumler AG, sagt gegenüber den *Textil-Mitteilungen*: »Man kann davon ausgehen, dass in absehbarer Zeit China nicht mehr nur das Billiglohnland ist, sondern auch über das Know-how-Potenzial verfügt, um den Weltmarkt in der gesamten Wertschöpfung zu dominieren.«

Denn aufgrund ihrer jahrelangen Erfahrung haben die Chinesen inzwischen so viel Wissen in der Textilfertigung erworben, dass sie den Konkurrenten hoch überlegen sind. Und sie beherrschen – was fast genauso wichtig ist – die logistische Kette. Das heißt: Sie schaffen es, dass die Anzüge, Hosen und Kleider trotz langer Schiffsreise in Containern rechtzeitig zur Saison in den Geschäften hängen.

Dies beeindruckt auch die europäischen Nobelschneider, die nun ebenfalls in China fertigen lassen. Als Boss-Chef Bruno Sälzer in einem *Stern*-Interview gefragt wurde, wie die ersten Boss-Anzüge made in China ausgefallen seien, antwortete Sälzer geradezu enthusiastisch: »Ehrlich, wir waren begeistert! Wir haben den Chinesen nur ein knappes Briefing gegeben. Aber sie haben vieles von Hand genäht und einen hervorragenden Anzug geliefert.« Sälzer will deshalb nicht ausschließen, dass Boss-Klamotten häufiger das Label Made in China zieren wird.

Selbst die noch edleren italienischen Hersteller schauen sich nach Fabriken in China um. Valentino ist schon dort. Und auch Giorgio Armani wurde schon fündig. In Hangzhou nahe Shanghai lässt der Maestro Teile seiner Kollektionen Armani Jeans und Armani Exchange schneidern.

Schuhe: Die nächsten Schritte

Glenn Bennett ist Amerikaner, wohnt in Hongkong und arbeitet für den deutschen Sportschuh-Konzern Adidas. Er ist Vorstand für Global Sourcing. Auf Deutsch: Er und sein Team suchen in der ganzen Welt die Fabriken aus, wo Adidas seine Schuhe produzieren lässt. Adidas hat seit rund 15 Jahren keine eigenen Fabriken mehr, sondern hat seine Produktion an Fabriken anderer Firmen outgesourct. Die meisten dieser Fabriken stehen in China, im Süden des Landes.

Deswegen residiert Adidas-Vorstand Bennett in Hongkong. Von dort fahre ich mit ihm auf Inspektionstour in die benachbarte Guangdong-Provinz. Nach einer Stunde Fahrt kommen die Yue-Yuen-Fabriken in Sicht. Ein sechsstöckiger Komplex reiht sich an den anderen, umrahmt von gepflegtem Rasen, umrankt von exotischem Gewächs. Hier arbeiten und wohnen rund 100 000 Menschen. Rund 30 000 für Adidas, 40 000 für den Konkurrenten Nike, 30 000 für andere, kleinere Sportschuhfirmen.

Adidas lässt hier über 20 Millionen Paar Schuhe zusammenschustern, sagt Bennett. Er führt mich zusammen mit dem Management der Firma, die übrigens Taiwanesen gehört, durch die gigantische Fabrik. Beim Schuhemachen ist nach wie vor noch vieles Handarbeit. In rund 50 Arbeitsschritten entsteht ein normaler Sportschuh. Deshalb wimmelt es in den Hallen von Menschen. Dicht an dicht stehen oder sitzen sie und schneiden, kleben, stanzen, nähen. Sie sind meist zwischen 18 und 25 Jahre alt, mehr Frauen als Männer.

Die Arbeitszeit in den Yue-Yuen-Fabriken dauert von 7 bis 17 Uhr. Sechs Tage die Woche. Mittags gibt es eine Stunde Pause. Ab 11.30 Uhr marschieren Arbeiterkolonnen schichtweise zum Essenfassen. Danach gönnen sich die meisten ein geduldetes kurzes Nickerchen am Arbeitsplatz.

Rund 150 Dollar bekommen die Chinesen als Monatslohn. Einmal im Jahr gibt es Heimaturlaub. Die Arbeiter hausen zu sechst oder noch mehr in einem Zimmer. Das sei ja schlimme Ausbeutung, ereifern sich viele hier im Westen, wenn sie das hören. Sie ziehen einen Vergleich zum Manchester-Kapitalismus, jenem Zeitraum am Ende des 19. Jahrhunderts, als Fabrikarbeiter unter menschenunwürdigen Zuständen ihre Arbeitskraft zur Verfügung stellen mussten.

Doch Vorsicht bei solchen Vergleichen. Die Frauen in diesen chinesischen Fabriken kommen aus den armen westlichen Provinzen, wo sie keine Arbeit finden, wo sie und ihre Familie gerade das Nötigste zum (Über-)Leben haben. Ein Job an der prosperierenden Ostküste oder im Süden des Landes ist für sie eine lukrative Alternative.

Von den 150 Dollar Monatsverdienst sparen sie noch einen großen Teil und überweisen das Geld nach Hause, um ihre Verwandten zu unterstützen und ihren Kindern eine bessere Ausbildung zu ermöglichen.

Adidas ist natürlich kein Einzelfall. Die gesamte Sportartikelbranche lässt längst im Ausland produzieren – ob Nike, Reebok oder Puma. Branchenführer Nike hat sogar noch nie eine eigene Produktion besessen. Er war einer der Pioniere im Outsourcing. Denn seit Gründung des Unternehmens 1962 – damals noch unter dem Namen Blue Ribbon Sports – ließ Nike in Asien fertigen und legte damit den Grundstein für seinen großen Erfolg.

Die Clusterstädte: Mäuse für die ganze Welt

Hong Dongyang war einmal Lehrerin. Doch in den 70er Jahren begann sie, nebenbei auf ihrer Maschine zu Hause Socken zu produzieren. Diese verkaufte sie auf der Straße, danach eröffnete sie einen Stand und eine Firma: die *Zhejiang Stocking Company*. Das war die erste Sockenfirma in der Provinz Zhejiang, die südlich von Shanghai liegt und deren Bewohner als besonders geschäftstüchtig gelten.

Als ihre Nachbarn sahen, welchen Erfolg Frau Hong mit ihren Socken hatte, machten sie es ihr einfach nach. So entstand eine Sockenfabrik nach der anderen. Heute produzieren in dieser Provinz über 8000 Sockenfabriken rund 8 Milliarden Paar Socken jedes Jahr. Ein Drittel der Weltproduktion an Socken kommt damit bereits aus Zhejiang.

Auf dieses Phänomen – eine Stadt oder eine Provinz dominiert bei der Herstellung eines Produktes – trifft man häufiger in China. Die Ökonomen nennen das Cluster-Bildung. Ein Cluster ist, wenn sich mehrere Unternehmen derselben Branche in einer Stadt oder Region befinden. Das kann durchaus Vorteile haben, denn durch den unmittelbaren knallharten Wettbewerb untereinander pushen sich die Firmen gegenseitig zu mehr Innovationen und Produktivität. Jeder versucht besser zu sein als der Nachbar.

Die chinesischen Clusterstädte entstanden stets nach demselben Strickmuster wie bei den Socken: Einer macht es dem anderen nach. Wie tröstlich: Chinesen kupfern also nicht nur von den Ausländern ab, sondern auch von ihren Landsleuten.

So war es auch im Städtchen Anji im Yangtsedelta. Dort begann 1982 eine staatliche Stuhlfabrik mit der Produktion. Bauern, die bis dato von Bambus lebten, kratzten ihr Erspartes zusammen und gründeten Stuhlfirmen – eine nach der anderen. Heute befinden sich in Anji sage und schreibe 460 Stuhlfabriken mit 210 000 Arbeitern. Klar, dass Anji den Titel *Die Stadt der Stühle* hat.

Die größte Konzentration von Clusterstädten und -städtchen befindet sich jedoch im Süden des Landes unmittelbar hinter der Grenze – ja, die gibt es noch – zu Hongkong. Dort ist das riesige Perlflussdelta. Hier zwischen Hongkong und Guangzhou (dem früheren Kanton) herrscht die höchste Fabrikdichte der Welt.

Was hier in den vergangenen zehn bis zwanzig Jahren entstanden ist, ist einmalig auf der Welt. Aus Fischerdörfern wurden Millionenstädte. Und fast alle haben sich auf ein Produkt oder eine Branche fixiert.

Qingxi, ein Stadtteil der Sechs-Millionen-Stadt Dongguan, hat sich auf Computerzubehör spezialisiert. Mäuse, Monitoren, Motherboards, Tastaturen werden hier in solch gigantischer Stückzahl produziert, dass ein IBM-Manager den inzwischen legendären Satz sagte: »Wenn es zwischen Dongguan und Hongkong einen Verkehrsstau gibt, liegt 70 Prozent der weltweiten Computerproduktion lahm« – mangels Nachschub aus Qingxi.

Neben Qingxi gibt es im Perlflussdelta Dutzende, ja Hunderte von Clusterstädten. In Jun'an sind rund 1000 Jeanshersteller zu Hause, in Foshan 2300 Kinderbekleidungsproduzenten, Yanbu ist das Zentrum für Unterwäsche, Shunde das für weiße Waren, Nanhai für Aluminium-Produkte, und, und ...

Und das kleine Dorf Dafen ist stark im Fälschen von Meistern wie Monet und van Gogh. 60 Werkstätten haben sich in dem 300-Seelen-Dorf niedergelassen.

Hier im Perlflussdelta bekommt man wirklich alles, was der globale Kunde braucht. Deshalb kaufen alle großen Handelskonzerne dieser Welt dort ein. Allen voran: Wal-Mart.

Der Wal-Mart-Effekt: Günstige Preise, volle Regale

Es ist ein relativ bescheidenes Gebäude. Niemand würde auf die Idee kommen, dass hier in Bentonville, einem kleinen Städtchen in der Nordwestecke des US-Bundesstaates Arkansas, das größte Unternehmen der Welt sitzt: Wal-Mart. Der Handelsriese macht rund 300 Milliarden Dollar Umsatz und hat 1,5 Milliarden Beschäftigte.

Auf der unteren Etage der schmucklosen Hauptverwaltung sind viele kleine Besprechungszimmer, die nur unwesentlich größer als Telefonkabinen sind und auch so ähnlich aussehen. Zum Flur hin haben sie eine Glastür. Jeder soll sehen können, dass hier alles mit rechten Dingen zugeht.

Hier, in diesen kleinen Kabuffs, werden Millionen-Deals gemacht. Hier treffen die Einkäufer von Wal-Mart die Verkäufer der Industrie. Und darunter sind seit Jahren viele Chinesen.

Ohne Wal-Mart, ohne die anderen Handelsunternehmen aus aller Welt wäre China sicher nicht das geworden, was es heute ist: Sie haben schon frühzeitig in China gesourct, wie es neudeutsch heißt, also schlicht eingekauft.

Ob Otto oder Metro, ob Quelle oder Karstadt – schon in den 80er Jahren hatten die großen Waren- und Versandhäuser ihre Einkaufsbüros in Hongkong. Von dort aus steuerten sie ihre Einkäufe in der Volksrepublik. Erst waren es Billigprodukte wie Schuhe, Textilien, Spielzeuge und Weihnachtsschmuck, die sie in China bestellten. Doch nach und nach erweiterte sich der Einkaufszettel um höherwertige Waren wie Elektrokleingeräte, braune und weiße Waren und Computer.

Die westlichen Händler und die chinesischen Hersteller schaukelten sich dabei gegenseitig hoch. Die Händler bestellten immer größere Mengen, ermöglichten den Chinesen damit große Stückzahlen, was die Produktion kostengünstiger gestaltete. Dadurch konnten sie ihre Waren noch günstiger anbieten, was wiederum zu neuen Bestellungen führte.

Heute kauft der US-Handelskonzern Wal-Mart jährlich für über 15 Milliarden Dollar Waren in China ein. Das sind wohlgemerkt Einkaufspreise. Die Endverbrauchspreise liegen um einiges höher. Man kann also davon ausgehen, dass ein großer Teil des Wal-Mart-Umsatzes mit Waren Made in China gemacht wird. Gäbe es China nicht, wären die Wal-Mart-Regale leerer und die Preise höher.

Mittlerweile haben die Chinesen eine solche Liefermacht, dass kaum eine andere Herstellernation mitbieten kann. Ted Fishman berichtet in seinem Buch *China Inc.* von einem Beispiel. Wal-Mart wollte anlässlich des traditionell umsatzstarken *Thanksgiving Day* eine große Fernsehgeräte-Verkaufsaktion machen. Sie suchten einen Hersteller, der in großen Stückzahlen und zu günstigen Preisen liefern konnte. Sie fanden ihn in China. Er unterbot die Konkurrenten um bis zu 100 Dollar pro Gerät.

Der Hersteller, der den Zuschlag erhielt, heißt Sichuan Changhong Electric, eine der größten Fernsehgeräte-Fabriken der Welt. Die Firma kennt im Westen kaum jemand, genauso wenig wie die vielen anderen gigantischen Produzenten von brauner und weißer Ware.

Braune und weiße Waren: Unbekannte Giganten

Qingdao ist eine schöne Stadt, direkt am Meer gelegen. Sie hat einen Sandstrand und ein paar Relikte aus der kurzen deutschen Kolonialzeit: Zwei Kirchen und mehrere Fachwerkhäuser. Derzeit wird Qingdao noch schmucker gemacht und für die Olympischen Spiele 2008 herausgeputzt, denn hier werden die Segelwettbewerbe stattfinden.

Weltberühmt ist Qingdao freilich durch sein Bier, das man in fast jedem China-Restaurant ausgeschenkt bekommt. Doch wirtschaftlich bedeutender ist in Qingdao etwas anderes: die Firma Haier. Wenn man vom Flughafen Qingdaos in die Innenstadt fährt, durchquert man das Firmengelände, fast eine kleine Stadt für sich.

Haier – erst vor knapp 20 Jahren gegründet – ist mit einem Umsatz von 13 Milliarden Euro inzwischen Chinas größter Hersteller von weißer Ware, also Geschirrspülern, Kühlschränken und Waschmaschinen. Hier arbeiten 50 000 Menschen. Haier ist eine der bekanntesten Marken Chinas.

Viele der Haier-Geräte stehen bereits auch in westlichen Küchen, ohne dass wir es wissen. Denn auf den Geräten kleben die Logos von Waren- und Versandhäusern, die die bei Haier gekauften Waren unter ihrem Namen anbieten.

Weil sich Haier so kein Markenimage aufbauen kann, will das Management nun im Ausland verstärkt Kühlschränke und Waschmaschinen unter eigenem Label verkaufen. In den USA ist Haier schon recht erfolgreich. In Deutschland steht die Offensive noch bevor, aber ein Vetriebsbüro wurde schon eingerichtet.

Haier und chinesische Konkurrenten wie Kelon beherrschen jetzt schon nahezu den Weltmarkt. Insgesamt liefern chinesische Firmen ein Viertel aller weltweit gekauften Waschmaschinen. Jeder fünfte Kühlschrank kommt bereits aus China.

Weltweit noch dominanter ist China bei den braunen Waren, also den Geräten der Unterhaltungselektronik. Bei TV-Geräten, CD- und DVD-Playern ist China das Produktionsland Nummer eins auf der Welt. Die führenden Firmen heißen Changhong und Konka, alles uns unbekannte Namen.

Weltgrößter Hersteller von TV-Geräten ist – schon mal gehört? – TCL. Im Jahr 2006 baute TCL sage und schreibe rund 23 Millionen Fernsehgeräte. Chef des Unternehmens ist Li Dongsheng oder – wenn es westlich sein soll – Tomson Li. Herr Li stieg kurz nach

Gründung anno 1981 bei dem Unternehmen ein. Damals hatte TCL 40 Beschäftigte. Heute sind es über 55 000, die einen Umsatz von rund fünf Milliarden Euro erwirtschaften.

Chips und Computer: Eine schnelle Verbindung

Wer ist der größte Laptop-Hersteller? Einer der amerikanischen Konzerne Apple, Dell oder Hewlett-Packard (HP)? Samsung aus Südkorea? Sony oder Toshiba aus Japan? Oder Acer aus Taiwan?

Die richtige, gleichwohl nur Brancheninsidern geläufige Antwort lautet: Quanta Computer. Quanta ist taiwanesisch. Aber seine Fabrik steht in Shanghai. Hier produziert Quanta rund ein Viertel der rund 50 Millionen weltweit verkauften Laptops.

Asien dominiert
Marktanteile an der weltweiten Laptop-Produktion

Land	Anteile in Prozent
China	68
Taiwan	17
Japan	8

Quelle: IDC

Das Quanta-Label klebt freilich auf keinem dieser Geräte. Sie landen als Dell- oder HP-Geräte in den Verkaufsregalen.

Apple, Dell und Acer machen keinen einzigen Laptop mehr selbst. HP hat 95 Prozent seiner Produktion outgesourct. Sony 50 und Toshiba 35 Prozent.

China ist inzwischen *der* Standort für Laptops. Über zwei Drittel aller Geräte werden inzwischen in chinesischen Fabriken zusammengebaut. Vor zehn Jahren war das noch die Domäne der Taiwanesen. Die großen amerikanischen Computerbauer ließen in Taiwan fertigen. »Doch inzwischen sind alle Taiwanesen in China«, sagt Tony Tang, Manager von Aopen, einem taiwanesischen Hersteller von Computerteilen, gegenüber der *New York Times*. Auch die koreanische Samsung hat ihre letzte Notebook-Fabrik im eigenen Land 2005 geschlossen. Die gesamte Computerproduktion des Unternehmens ist nun in China.

China ist inzwischen der Standort Nummer eins für Produkte der Informationstechnologie – ob bei Laptops, Computern und Handys. All diese Geräte brauchen Chips. Deshalb ist die Chip-Produktion inzwischen auch in China, das rund 20 Prozent des globalen Chip-Markts kontrolliert. Die einst führenden Taiwanesen produzieren fast nur noch in der Volksrepublik. Und auch die wichtigen amerikanischen Chip-Hersteller wie National Semiconductor, Texas Instruments und Agilent Technologies lassen längst in China produzieren. Natürlich wegen der Kosten, aber auch wegen der Nähe des Marktes – vor allem des Handy-Marktes, denn viele der Chips landen in den Handys.

China ist das größte Handy-Land der Welt. Über 400 Millionen Chinesen haben bereits ein mobiles Telefon. Und es werden täglich Zehntausende mehr. Verständlich, dass alle ausländischen Hersteller – ob Nokia, Motorola, Samsung oder SonyEricsson – hier große Werke haben. Ihnen machen freilich die starken einheimischen Hersteller wie Ningbo Bird, Konka oder TCL heftige Konkurrenz.

Inzwischen wird ungefähr die Hälfte der globalen Handy-Produktion in China getätigt. Dort wird aber nicht nur für den gigantischen Heimatmarkt produziert, sondern auch für die Weltmärkte. Rund 150 Millionen Handys wurden exportiert. Und die Exporte steigen jährlich um rund 50 Prozent.

Zu den Kunden in Europa und den USA kommen sie in Containern made in China, die zunehmend auf Schiffen made in China über die Weltmeere transportiert werden.

Schiffe und Container: Herrscher der Weltmeere

2,59 Meter hoch, 2,44 Meter breit, 12,19 Meter lang und ein Fassungsvermögen von 26,5 Tonnen – das sind die Standardmaße eines Containers, wie er täglich millionenfach über die Meere geschippert und über Straßen transportiert wird.

Im April 2006 feierte der Container seinen 50. Geburtstag. Ohne den Container gäbe es keine Globalisierung in dem Ausmaße, wie wir sie kennen, ohne Container hätte der Aufstieg Chinas zur Fabrik der Welt nicht stattgefunden. Erst der Container ermöglichte den massenhaften und zügigen Transport von Gütern aller Art über die Weltmeere.

Der Amerikaner Malcom McLean hat ihn 1956 erfunden. Doch produziert wird der Container inzwischen in China. Zwei chinesische Hersteller beherrschen den Weltmarkt. Es ist fast ein Duopol. Der kleinere heißt Singamas und hat einen Marktanteil von 30 Prozent. Der größere ist die China International Marine Containers Group (CIMC) mit Sitz in Shenzhen. Sie hat einen Marktanteil von 50 Prozent im internationalen Container-Geschäft.

CIMC ist wieder eine dieser vielen unternehmerischen Erfolgsgeschichten, deren Wiederholung fast langweilt. Deshalb in Steno: 1980 gegründet, 20 Fabriken, 34 000 Mitarbeiter, Mehrheit an der Börse, mit Mai Boliang einen charismatischen Chef. »CIMC ist das Modell einer effizienten Firma. Die Fabriken sind unglaublich sauber. Es ist wie in einem japanischen Unternehmen«, sagt der amerikanische Wharton-Professor Marshall Meyer, der eine *Case Study* über CIMC anfertigte.

Und wer produziert die riesigen Schiffe, mit denen die Container von Shanghai nach Rotterdam oder von Hongkong nach Hamburg transportiert werden? Südkorea, Japan und China. So lautet derzeit die Reihenfolge der großen Schiffbaunationen. Im Jahr 2015 wird sie wohl anders aussehen: China vor Südkorea und Japan. Denn die Chinesen holen gewaltig auf.

Da kommt selbst die liebe Konkurrenz ins Staunen: »Wenn Sie

mich vor fünf Jahren gefragt hätten, hätte ich das (den Aufstieg Chinas) nicht für möglich gehalten«, sagt Lee Kwang-ho, Manager bei Hyundai Heavy gegenüber *Bloomberg News*.

Heute hat China rund 600 Werften. (Zum Vergleich: In Deutschland dümpelt eine Handvoll mehr schlecht als recht vor sich hin.) Der größte Schiffbau-Konzern ist die *China Shipbuilding Industry Corporation* mit 170 000 Beschäftigten. Die größte Werft im Konzern ist *Shanghai Waigaoqiao Shipbuilding*. Hier arbeiten 4500 Chinesen sieben Tage die Woche. Sie schweißen Containerschiffe zusammen, aber auch anspruchsvollere Konstruktionen wie zum Beispiel Flüssiggas-Tanker. Chen Xiaojin, Vorstand des Konzerns, kündigt laut *China Daily* an: »2015 werden wir dem Volumen nach die größten Schiffbauer der Welt sein.«

Sie werden dann viele Schiffe für den Transport von Autos bauen müssen.

Autos auf der Überholspur

Plötzlich waren sie da – die chinesischen Autos auf der Internationalen Automobil-Ausstellung (IAA) in Frankfurt im September 2005. Die Kleinwagen von Geely und die Geländewagen von Landwind waren das Gesprächsthema auf der IAA. Doch so richtig ernst nahm sie keiner. Sie wurden eher mitleidig als Exoten belächelt. Genüsslich nahmen die so genannten Experten die ersten chinesischen Exportautos auseinander, um dann ein vernichtendes Urteil zu fällen: Nicht tauglich für die deutschen Autobahnen! Damit war das Thema erledigt.

Mit dieser arroganten Haltung machen wir im Westen den gleichen Fehler, den wir schon zweimal begangen haben. Haben wir nicht gelacht, als damals, Anfang der 60er Jahre, die ersten Toyotas über die deutschen Straßen rollten. Und haben wir uns nicht Mitte der 80er Jahre über die ersten südkoreanischen Autos mit den unaussprechlichen Namen Hyundai oder Daewoo amüsiert? Längst sind die japanischen und südkoreanischen Autos auf deutschen Straßen etabliert. Sie haben bei den Pannenstatistiken häufig die besten Werte.

Und nun also nach den Japanern und Südkoreanern auch noch die Chinesen. Autos aus China? »Ja, es ist unvermeidlich«, sagt Mark LaNeve, Marketing-Chef von GM, gegenüber *Business Week*, »sie werden dem Beispiel der Koreaner und Japaner folgen.« Chrysler-Chef Tom LaSorda traut laut *International Herald Tribune* den Chinesen alles zu: »Das wird eine Bedrohung sein, spätestens zum Ende des Jahrzehnts.«

Die Vorboten dieser Bedrohung schwirren in diesen Tagen aus. Geely und Chery sind zwei chinesische Automarken, die nach Europa und den USA kommen – mit Kampfpreisen. Der Geely soll nur rund 10 000 Dollar kosten. Der amerikanische Chery-Importeur Malcolm Bricklin kündigt an, dass der etwas noblere Chery rund 55 Prozent billiger sei als ein vergleichbares Auto der Konkurrenz, also 20 000 statt 35 000 Dollar kosten würde.

Aber der große Angreifer wird SAIC sein – das Kürzel steht für *Shanghai Automotive Industrial Corporation*. Chinas größter Autokonzern ist das Hätschelkind der Regierung. SAIC hat in den vergangenen Jahren viel Know-how durch seine beiden Joint-Venture-Partner General Motors (GM) und Volkswagen erworben. Und nun wollen sie endlich ein eigenes Auto bauen, eines mit eigenem Label. Dafür investieren sie viel, knapp eine halbe Milliarde Euro. Mit dem neuen Auto, dessen Namen noch keiner kennt, wollen sie die Exportmärkte erobern. Dafür haben sie im Juni 2006 den erfahrenen Auto-Manager Phil Murtaugh, der lange Zeit Chef von GM China war, engagiert. Ein cleverer Schachzug.

China ist zwar jetzt schon eine große Auto-, aber noch keine bedeutende Export-Nation. Mit knapp sechs Millionen Stück ist China bereits das viertgrößte Autoproduktionsland der Welt. Italien und Frankreich hat es kürzlich schon überholt. Deutschland kommt als Nächstes dran. Dann haben die Chinesen nur noch die Japaner und Amerikaner vor sich. An den Japanern werden sie wohl 2010 vorbeiziehen, prognostiziert der *Japan Center for Economic Research*.

Alle deutschen Hersteller (außer Porsche), alle Europäer, alle Amerikaner, alle Japaner und alle Südkoreaner haben inzwischen ihre Fabriken in China und dort zum Teil Riesenkapazitäten aufgebaut. Noch produzieren sie nur für den unterentwickelten und vielversprechenden chinesischen Markt. Damit sind sie im Moment gut ausgelastet. Doch das muss nicht so bleiben.

Es stellt sich die Frage: Wann exportieren die Ausländer aus ihren chinesischen Fabriken? Wann kommen die VWs nicht mehr aus Wolfsburg, sondern aus Shanghai? Wann die Mercedes-Modelle nicht mehr aus Sindelfingen, sondern aus Beijing? Und die BMWs nicht mehr aus München, sondern aus Shenyang?

Es ist nur eine Frage der Zeit, bis die ausländischen Hersteller aus China exportieren werden. Bislang dachten die westlichen Auto-Manager nur daran, redeten aber nicht darüber, um ihre ohnehin schon verunsicherte Belegschaft zu Hause nicht noch weiter zu provozieren. Doch Mitte September 2006 kündigte Daimler Chrysler-Chef Dieter Zetsche bei der Einweihung der neuen Fabrik in Beijing an, zusammen mit einem chinesischen Partner künftig aus China heraus den amerikanischen Markt beliefern zu wollen.

Nur einer exportiert bereits: Honda. 2004 eröffneten die Japaner ihr Exportwerk in Guangzhou. Dort wird das Modell Jazz für den europäischen Markt produziert.

Ist das der Beginn einer chinesischen Exportwelle, in der Europas Autoindustrie untergehen wird?

Flugzeuge: Vor dem Take-off

Bis vor wenigen Jahren war Fliegen in China eher ein Horror-Trip. Alte russische Tupolew-Maschinen düsten mit ohrenbetäubendem Lärm durch die Lüfte. Der Service war schlecht bis nicht-existent. Die Flughäfen entsprachen deutschen Provinzbahnhöfen. Heute dagegen: In den großen Städten gibt es moderne, manchmal supermoderne Flughäfen. Und die chinesischen Airlines unterhalten Flotten von modernen Jets aus dem Westen – den europäischen Airbus oder die amerikanische Boeing.

Beide Hersteller liefern sich einen erbitterten Kampf um den größten Flugzeugmarkt der Welt. Die Chinesen schauen sich den Bieter-Wettstreit amüsiert an und spielen die beiden globalen Duopolisten gegeneinander aus. Mal bekommt Boeing einen Großauftrag, mal Airbus.

Am Montag, dem 5. Dezember 2005 war wieder einmal Airbus dran. In Paris verkündete das Unternehmen stolz, dass Air China 150 Flugzeuge kaufen werde. Gesamtwert des Auftrags knapp zehn Milliarden Dollar. Es knallten die Korken. In der Champagner-Laune bemerkte keiner den Wermutstropfen, den ihnen die Chinesen verabreicht hatten. Airbus verpflichtete sich nämlich quasi im Kleingedruckten, einen Teil der Flugzeuge in China zu bauen.

Das ist das Dilemma, in dem sich viele westliche Firmen befinden: Sie wollen alle in den größten Wachstumsmarkt der Welt liefern, sind aber dadurch – um es drastisch auszudrücken – erpressbar geworden. Denn die Chinesen wissen, wie begehrt ihr Land als Absatzmarkt ist. Deshalb fordern sie: Wenn ihr auf unseren Markt wollt, müsst ihr auch eure Technologie mitbringen. Dieses Junktim gab es auch im Falle Airbus, selbst wenn das keiner der Beteiligten zugibt.

Deutlicher wurde dagegen gleich nach Bekanntgabe des Airbus-Deals der Direktor der Pariser Ecole de Guerre Economique, Christian Harbulot. In der Zeitung *Le Parisien* wetterte der Wirtschaftskrieg-Forscher, dass Airbus »über den Tisch gezogen worden« sei. Airbus laufe Gefahr, dass China in einigen Jahren »die gleichen Flugzeuge baut und dann keine Airbusse mehr kauft«.

Das könnte durchaus sein. Thomas Enders, Co-Chef des Airbus-Mutterkonzerns EADS, glaubt das auch – aber für die ferne Zukunft, wenn er längst in Pension ist. Spätestens in 30 Jahren – so seine Einschätzung – werden China (und übrigens auch Indien) selbst große Flugzeuge fertigen. Airbus wird seinen Teil dazu unfreiwillig beitragen. Ab Ende 2008 will – oder besser: muss – Airbus den Mittelstreckenjet A 320 in China produzieren. Im Sommer 2006 wurde der Standort dafür ausgewählt. Es ist die Hafenstadt Tianjin, rund 100 Kilometer von Beijing entfernt. Zunächst sollen dort bis zu vier Maschinen für den chinesischen Markt endmontiert werden.

Die Montage soll für China »ein Sprungbrett werden, um unabhängig einen Jumbo-Jet zu bauen«, sagt der Luftfahrtexperte Xue Dexin ganz offen gegenüber dem *Spiegel*. Großflugzeuge zu bauen ist das große Ziel der Regierung. Denn das wäre der sichtbare Beweis, dass China endgültig zu den Hightech-Nationen gehört.

Und was kommt noch?

Irgendwann wird auch der Standort China zu teuer, weil dort die Löhne steigen, werden einige Kritiker einwenden. Und das stimmt: Im boomenden Küstenstreifen – von Beijing über Shanghai hinunter nach Guangzhou (Kanton) – steigen die Löhne.

Aber das ist kein Grund zum vorzeitigen Jubeln im Westen. Denn: »China bleibt trotz der Lohnzuwächse extrem wettbewerbsfähig«, sagt Dong Tao, renommierter China-Analyst bei der Credit Suisse in Hongkong in der *Financial Times Deutschland*. China hat ein riesiges Hinterland. Dort wohnt und lebt mehr schlecht als recht eine unvorstellbar große Zahl von Menschen, die derzeit dem chinesischen Arbeitsmarkt noch gar nicht zur Verfügung stehen. Dort wartet eine industrielle Reservearmee von – genau weiß das niemand – 700 oder 800 Millionen Chinesen, die bereit zum Einsatz in der Fabrik der Welt sind.

Viele von ihnen waren bis vor kurzem auf der Suche nach Arbeit Richtung Osten in die prosperierenden Küstenstädte gezogen. Jetzt könnte es bald umgekehrt sein: Die Fabriken kommen zu ihnen. »Während die Produktionskosten in Chinas Küstenstädten steigen, bewegen sich mehr und mehr Unternehmen Richtung Landesinneres«, konstatieren die beiden singapurischen Wirtschaftsforscher Sarah Chan und Gu Qingyang in der *Far Eastern Economic Review.* Dort sind die Löhne niedriger, das Land ist preiswert, und die Stromkosten sind geringer, abgesehen davon, dass es – anders als in Shanghai – fast keine Blackouts bei der Stromversorgung gibt.

Exemplarisch zu studieren sind die Wanderungsbewegungen der industriellen Karawane im Großraum Shanghai. Viele Produktionsfirmen verlassen die Stadt, weil sie zu teuer geworden ist. Fährt man ein, zwei Autostunden aus Shanghai hinaus, trifft man auf Dutzende von Millionenstädten, deren Namen hierzulande die meisten noch nie gehört haben. Zum Beispiel Suzhou, Wuxi, Ningbo oder Wenzhou. Dort betragen die Monatslöhne 180 bis 230 Dollar.

Fährt man noch einige hundert Kilometer weiter ins Landesinnere nach Hefei, Wuhan oder Weihai, fallen die Lohnkosten noch weiter. Sie betragen dann nur noch zwischen 120 und 160 Dollar.

Billiger Westen
Monatslöhne in verschiedenen chinesischen Städten (in Dollar)

Job	**Chengdu**	**Shanghai**	**Beijing**
Arbeiter	126	210	211
Techniker	213	493	298
Manager	376	1264	1370
Vorstand	678	2034	2512

Quelle: Business Week

Und noch weiter im Westen, im tiefen Westen befinden sich Städte wie Chengdu und Chongqing. Letztere gilt mit ihren rund 30 Millionen Einwohnern als größte Stadt der Welt und ist von der Regierung in Beijing bereits 1997 als regierungsunmittelbare Stadt auserkoren worden, was vermehrtes Investment seitens der Zentralregierung zur Folge hat.

Doch insbesondere die Zehn-Millionen-Stadt Chengdu, Hauptstadt der Provinz Sichuan, gewinnt an Attraktivität. Motorola ist dort. Intel baut eine Chip-Fabrik in Chengdu. Die Lohnkosten seien dort 30 Prozent niedriger als im Osten, argumentiert Intel. Obendrein gebe es Anreize der Städte, zum Beispiel in Form geringerer Steuern oder subventionierter Grundstücke.

Der Staat unterstützt das Engagement westlicher Firmen. Er investiert – anders als in Indien – massiv in Infrastruktur-Investitionen wie Straßen und Flughäfen. Seit 2000 verfolgt die Regierung eine Go-West-Politik. Dies geschieht auch aus innenpolitischen Gründen, denn die Unzufriedenheit in den zurückgebliebenen Regionen des Westens wächst. Die Regierung muss da gegensteuern.

Weil die Erschließung des chinesischen Westens erst am Anfang steht, weil dort noch Hunderte von Millionen Menschen leben, die bereit sind, für ein paar Dollar am Tage zu arbeiten, kann das Lohnniveau auf Jahre, sogar Jahrzehnte niedrig gehalten werden.

8 Roboter und Raketen – Asien auf dem Weg zur technologischen Führerschaft

»China und Indien verändern die Welt durch ihren zunehmenden wissenschaftlichen und technologischen Fortschritt.«

Lee Hsien Loong, Premierminister von Singapur

Im kalifornischen Silicon Valley gibt es noch den ungebrochenen amerikanischen Optimismus zu bewundern. Er geht davon aus, dass nur die Amerikaner technologisch etwas revolutionär Neues entdecken können. John Chambers, der Chef des Netzwerk-Produzenten Cisco, ist einer dieser unverbesserlichen Optimisten. Er sagt – und das Zitat klingt in Englisch einfach am besten: »The next big thing is always coming from the U.S.« Sinngemäß übersetzt: Wenn jemand etwas Neues entdecken wird, dann sind es immer noch wir Amerikaner. Wir Amerikaner und sonst niemand, you know?

Ja, die Amerikaner waren in der Vergangenheit ein innovatives Volk. Als letzte bahnbrechende Innovation brachten sie das Internet über die Welt. Aber wer hat es weiterentwickelt? Wer schafft es, das Internet mit den anderen Informationstechnologien wie Mobilfunk zu verknüpfen? Nicht die Amerikaner, sondern die Asiaten, und da an vorderster Front Japaner und Südkoreaner.

Wer bewundern oder erschaudern will – je nach dem persönlichen Standpunkt zu der krakenhaften Ausdehnung der modernen Kommunikationstechnologien –, der muss nicht nach New York oder San Francisco und erst recht nicht nach Berlin oder London fahren, sondern nach Tokio oder Seoul. In diesen asiatischen Metropolen kann man sehen und staunen, wie die Informationsgesellschaften rund ums Handy und ums Internet der Zukunft aussehen werden. Sowohl Südkorea als auch Japan sind dem Westen – egal ob Europa oder den USA – um einiges voraus.

Aber Asien ist nicht nur – wie viele im Westen annehmen – in der Welt der Informations- und Kommunikationstechnologie führend. Die Region holt auch in anderen Bereichen auf, zum Beispiel in der Pharmaindustrie sowie der Bio- und Gentechnologie. »Die Zeiten, in denen Arzneimittel nur in Europa und Amerika entwickelt wurden, sind vorbei«, schreibt *The Economist*. Wir werden uns daran gewöhnen müssen, dass die ein oder andere revolutionäre Entdeckung im Pharmabereich in Asien passiert – vor allem in Indien, der kommenden Supermacht des Wissens. Ein Krebsmittel aus Indien? Durchaus möglich.

Auch in der Bio- und Gentechnologie holen die Asiaten gewaltig auf. »Die Herausforderung der westlichen Vorherrschaft in der Stammzellen-Forschung durch China, Singapur und Südkorea ist durchaus real«, resümierten britische Wissenschaftler nach einer Forschungsreise durch Asien.

Damit sind und werden die Asiaten gerade in den Bereichen stark, die gemeinhin als Zukunftstechnologien gelten: Die Informations-, die Bio- und die Nanotechnologie. Viele Experten gehen davon aus, dass diese Technologien zusammenwachsen. Wer also in diesen Feldern führend ist, dem gehört die Zukunft. Es scheint so, dass dies einige asiatische Nationen sein werden, allen voran Japan, Südkorea, China, Singapur und Indien. »Wenn ich sehe, wie die loslegen, versetzt mich das manchmal in Angst und Schrecken«, sagt Jürgen Mlynek, Präsident der Helmholtz-Gemeinschaft Deutscher Forschungszentren, gegenüber der *Wirtschaftswoche*.

Die Vorherrschaft in vielen Technologien wird sich wohl vom Westen nach Osten bewegen. Einen Grund für diesen gravierenden Wandel schickt das Blatt gleich hinterher: China und Indien bilden jedes Jahr zusammen eine halbe Million Ingenieure und Wissenschaftler aus, während es in den USA nur noch 60 000 seien.

Während im Westen viele Studenten BWL und Jura bevorzugen, weil sie sich dadurch einen gutbezahlten Job in der Glitzerwelt der Investmentbanker und Unternehmensberater erhoffen, bevorzugen die Abiturienten im Fernen Osten das wenig glamouröse Leben eines Ingenieurs.

Diese diametral unterschiedliche Entwicklung ist durchaus symptomatisch für die divergierenden Empfindungswelten der Nachwuchsgenerationen: Während die jungen Westler häufig die bequeme Tour wählen, quälen sich die jungen Asiaten – angetrieben von ihren aufstiegsorientierten Eltern – mit einem unbändigen Lerneifer durch ihre Bildungssysteme. Mittelfristig wird dies zu einem gravierenden Wettbewerbsnachteil des Westens führen.

Und es gibt noch einen anderen, entscheidenden Unterschied zwischen West und Ost: Während der so liberale Westen keine innovationsfördernde Industriepolitik betreiben will, mischt sich der Staat in Asien ganz massiv in die Technologieförderung ein – und das meist mit Erfolg.

Der Staat denkt und lenkt mit

In Südkorea hat Chin Daeje den Titel *Mr Technology.* Offiziell ist er Minister für Information und Kommunikation. Für den Ministerposten gab er seinen lukrativen Job als Nummer zwei von Samsung Electronic auf. Man stelle sich das in Deutschland vor: Ein Siemens-Vorstand wird Forschungsminister. Weder der Manager noch Politikverantwortliche in Berlin kämen freilich hierzulande auf eine solche Idee. Und man stelle sich auch vor, dass ein deutscher Wirtschafts- oder Finanzminister Sätze wie Chin sagen würde: »Mein Job ist es, Korea zu einem Technologieführer zu machen, anstatt nur Trends aus den USA und Japan zu folgen.« Oder: »Die Regierung kann eine wichtige Rolle als Beschleuniger von neuen Technologien spielen.«

Das ist doch Industriepolitik!, würde ihm unsere Schar freier Marktwirtschaftler entgegenschmettern. Während hierzulande seit

Jahrzehnten unter dem Rubrum Industriepolitik eine fruchtlose Diskussion darüber geführt wird, ob der Staat sich einmischen soll oder nicht (die Antwort ist meist nein), handeln die asiatischen Regierungen. Sie finden nichts dabei, wenn sie gewisse Technologien als besonders förderungswürdig herauspicken und dabei eng mit der heimischen Wirtschaft zusammenarbeiten.

Jeder asiatische Staat, ob demokratisch oder autoritär regiert, ist dabei der nationalen Industrie behilflich. Die diversen Ministerien mischen sich massiv ein – ideell wie finanziell.

Besonders Japan hat dabei eine durchaus erfolgreiche Tradition. Das legendäre Handelsministerium MITI, aus dem inzwischen das METI hervorgegangen ist, hat sich immer als Partner der Industrie und als Trendsetter bei Technologien verstanden. Vor allem in der Grundlagenforschung spielt der japanische Staat eine sehr aktive und steuernde Rolle. Er gibt mehr als doppelt so viel aus wie Unternehmen, nämlich knapp 15 Milliarden Dollar. Derzeit gelten unter Nippons Bürokraten die Branchen Informationstechnologie, Telekommunikation, Umwelt- sowie Nanotechnologie, Neue Materialien und Life Science als besonders förderungswürdig.

Die asiatische Konkurrenz hat das japanische Erfolgsmodell sehr genau studiert und kupfert es mehr oder weniger ab. So wurden in fast jedem Land ambitiöse Forschungsprogramme aufgelegt und mächtige Institutionen zur Förderung und Überwachung des Innovationsprozesses installiert.

Besonders eifrig sind die Südkoreaner. Dort werden seit Jahren immer neue Projekte initiiert, um insbesondere die IT- und Kommunikationstechnologien zu fördern. Derzeit läuft zum Beispiel das Programm *E-Korea*. Seine Zielvorgabe: Mehr als 90 Prozent aller Südkoreaner sollen online gehen.

Aber auch in Malaysia, Singapur und erst recht in China blasen ambitionierte Regierungen zur technologischen Aufholjagd. Malaysias großer alter Mann, Ex-Premier Mahathir Mohamad, hat schon frühzeitig die Vision von *Malaysia 2020* ausgegeben. Spätestens dann soll das Land zum Kreis der Industriestaaten gehören. Welche

Branchen gefördert werden, definiert der Staat: Auto, Elektronik und natürlich Hightech.

Dasselbe macht Malaysias südlicher Nachbar Singapur etwas konsequenter und professioneller. Singapur setzt ganz auf *knowledge-based industries*. Labors statt Fabriken heißt die Devise. Singapur lockt mit geringen Steuern (20 Prozent!) und anderen Anreizen ausländische Forscher und Manager ins kleine Land. Dafür hat der staatliche *Economic Development Board* ein *International Manpower Program* mit Büros in aller Welt installiert. Umgekehrt schickt der Staat die 500 besten Abiturienten Singapurs an die allerbesten Unis der Welt. Pro klugen Kopf lässt Singapur sich das rund 300 000 Euro kosten.

Die Volksrepublik China, an deren derzeitiger Partei- und Staatsspitze überwiegend Ingenieure stehen, legt extrem hohen Wert auf Innovationen und entsprechende staatliche Förderung. China will weg vom Image des Billigproduzenten, der in seinen Fabriken nur das macht, was ihm westliche Firmen vorschreiben.

Deshalb legte im Februar 2006 der Staatsrat, der unserem Regierungskabinett entspricht, einen ambitiösen Plan auf, mit dem China auch technologisch den Anschluss an den Westen schaffen will. Pathetisch heißt es darin: »Unsere heilige historische Mission ist der Aufbau einer innovativen Nation.« Nicht weniger als 16 förderungswürdige Schlüsseltechnologien listet der Plan auf, darunter Software, Telekommunikation, aber auch Atomenergie und Raumfahrt.

Wie viel Geld die Regierung dafür lockermachen will, verrät sie nicht. Sie sagt nur, dass sich bis zum Jahr 2020 der Anteil der Forschungsausgaben am Bruttosozialprodukt auf 2,5 Prozent erhöhen muss. »China wird in den nächsten 15 Jahren zum Kreis der innovativen Länder gehören«, kündigte Anfang 2006 ein selbstbewusster Staatspräsident Hu Jintao in einer Rede an.

Zu dieser technologischen Aufholjagd – sei es in China oder in den anderen asiatischen Ländern – gehört auch die Gründung und Unterstützung von vielen Silicon Valleys.

Die asiatischen Silicon Valleys

Fährt man nach der Landung auf dem Chiang-Kai-shek-Flughafen ausnahmsweise nicht Richtung Norden in die taiwanesische Hauptstadt Taipeh, sondern Richtung Süden, kommt man nach rund 40 Kilometern in eine Stadt, die eigentlich ein Industriepark ist: Hsinchu Park. Neben Universitäten, Instituten und Technologiefirmen gibt es hier Schulen, Parks, Wohnhäuser und Freizeitstätten.

Hsinchu Park ist der älteste, der größte und wohl auch erfolgreichste Silicon-Valley-Abklatsch Asiens. Ende der 70er Jahre schwärmte der damalige taiwanesische Minister ohne Portfolio, Kuo-Ting Li, vom Silicon Valley, jenem Stück Land südlich von San Francisco, das sich bis San José erstreckt. Links und rechts der Route 101 tummelten sich damals kleine und große Hightech-Unternehmen und die berühmte Stanford University. Dort herrschte ein höchst innovatives Klima. Und die ersten Venture-Capitalisten gaben den jungen Unternehmern Geld.

Li setzte sich in den Kopf, dies auf Taiwan zu duplizieren. Er holte Stanford-Professor Frederick Terman nach Taipeh, um mit ihm den Hsinchu Science Park zu entwickeln. Das Erste, was die beiden machten, war die Ansiedlung der wichtigsten Unis und Forschungsinstitute in der Nähe von Hsinchu, darunter das Industrial Technology Research Institute (ITRI), das größte und wichtigste der Insel. Nach und nach folgten kleine Unternehmen, die im Laufe der Jahre immer größer wurden.

Heute ist Hsinchu mit seinen über 500 Unternehmen und rund 100 000 Beschäftigten das Zentrum der globalen Elektronik- und Halbleiterindustrie, das die Welt mit allem rund um den Computer versorgt. Ohne Hsinchu hätte das kleine Taiwan (22 Millionen Einwohner!) diese überragende Position nicht erreicht.

Doch inzwischen gibt es in fast jedem asiatischen Land eine Kopie der taiwanesischen Kopie. Überall gedeihen Technologieparks, Hightech-Zentren und wie sie sich auch immer nennen. Häufig geben sie sich das Label *Silicon Valley*. Doch das ist meist Etikettenschwindel.

Nur wenige verdienen diesen Namen wirklich. Doch diese können sich zu Recht mit ihm schmücken. Im Hinblick auf Ausstattung und Unterstützung sucht man hierzulande vergeblich Vergleichbares. Martinsried vor den Toren Münchens, das gern gepriesene deutsche Silicon Valley für die Biotech-Industrie, ist da eher eine Miniaturausgabe.

Nein, die asiatischen Silicon Valleys haben da ganz andere Dimensionen. Zum Beispiel *The Multimedia Super Corridor*, der sich vom Flughafen bis ins Zentrum der malaysischen Hauptstadt Kuala Lumpur erstreckt. Der Korridor ist 50 km lang und 15 km breit. 40 Milliarden Dollar hat das Prestigeprojekt des ehemaligen Premiers Mahathir Mohamad gekostet.

Eine ähnliche Dimension hat Zhongguancun im Nordwesten Beijings. Das ist keine Neugründung auf der grünen Wiese. Hier hat sich um die beiden berühmten Beijinger Universitäten Beida und Qinghua – natürlich mit staatlicher Unterstützung – eine gigantische Wissenschaftslandschaft entwickelt. Auf rund 100 Quadratkilometern werkeln dort rund 400 000 Forscher in über 200 Forschungsinstituten und an rund 50 Universitäten. Dazwischen befinden sich viele Hightech-Unternehmen und Start-ups. Lenovo, das berühmteste IT-Unternehmen Chinas, entstand zum Beispiel in Zhongguancun.

Neben diesen gigantischen Parks gibt es in fast jedem asiatischen Land etwas kleinere Ansammlungen von Wissenschaftlern und Unternehmen. Der Stadtstaat Singapur hat den *Singapore Science Park* und seit kurzem *Biopolis*. Hongkong baute einen *Cyberport*. In Südkorea gibt es mehrere kleine Technologiestätten – vom *Ansan Technopark* bis zur *Taiduk Science Town*.

Und da ist natürlich das schon beschriebene Silicon Valley of India, die Gegend um Bangalore, wo sich Indiens IT-Elite versammelt hat.

Indien: IT und Pharma

In Bangalore, dem indischen Silicon Valley, ballt sich das Know-how vor allem in einem Bereich: Software. In und um Bangalore sind rund 150 000 IT-Ingenieure beschäftigt. Das sind inzwischen mehr als im Original, dem amerikanischen Silicon Valley.

Software und IT sind die Branchen, in denen Indien jetzt schon zu den führenden Nationen der Welt gehört. Jedes Jahr verlassen rund 80 000 Software-Ingenieure die indischen Universitäten, und weitere 50 000 kommen von privaten Instituten hinzu. Aber es ist nicht nur die Masse, die's macht, sondern auch die Qualität.

»Indien hatte immer brillante Leute. Aber nun übernehmen sie die Führung bei der Eroberung des Cyberspace«, sagt Paul Saffo, Leiter des Institute for the Future in Menlo Park, gegenüber *Business Week*.

Für nahezu alle großen IT-Firmen dieser Welt – ob es Handy-Hersteller Motorola, Computer-Gigant Hewlett-Packard oder Netzwerk-Produzent Cisco ist – spielt das Know-how aus Indien inzwischen eine ganz wichtige Rolle.

Dass Inder in der IT-Technologie und Software stark sind, hat sich inzwischen herumgesprochen. Doch dass es noch einen anderen Technologiebereich gibt, in dem sie gewaltig aufholen, ist nur wenigen bekannt: die Biotech- und Pharmaindustrie. »Diese Branche ist im Stillen gewachsen«, sagt der Chef der Deutsch-Indischen Handelskammer, Bernhard Steinrücke, »aber sie ist auch eine der großen Industrien, wo die Inder international mitreden können.«

Lange Zeit haben sie nur westliche Arzneimittel kopiert, jetzt entwickeln sie selbst welche. »Indien hat die größte Anzahl von FDA-anerkannten Pharma-Fabriken außerhalb der USA«, sagt der Pharma-Unternehmer K. Anji Reddy. FDA ist das Kürzel der amerikanischen *Food and Drug Administration*. Eine penible Organisation, deren Anerkennung als wertvolles Gütesiegel gilt.

Die drei größten Pharma-Unternehmen Ranbaxy, Dr. Reddy's Laboratories und Nicholas Piramal, aber auch der Biotech-Star Biocon haben alle vielversprechende Produkte in der Forschungspipeline. Nicholas Piramal will sogar ein Antikrebsmittel auf den Markt bringen, Biocon-Chefin Kiran Mazumdar-Shaw träumt von einem Insulin, das geschluckt statt gespritzt wird.

Wie die IT-Industrie hat auch die Pharma-Branche zwei große Vorteile: Vergleichsweise geringe Kosten und viel intellektuelles Know-how. Indische Wissenschaftler, Ärzte und Laboranten verdienen nur ein Fünftel bis ein Achtel dessen, was ihre amerikanischen Kollegen bzw. Konkurrenten bekommen.

Dabei ist das Niveau der Ausbildung fast gleich. Gerade im medizinischen Bereich profitiert Indien von den kolonialistischen Spätfolgen des britischen Systems. Der verstorbene Management-Guru Peter Drucker sagte in einem *Fortune*-Interview: »Die medizinische Hochschule in New Delhi ist wahrscheinlich die beste der Welt.«

Indiens Ärzte haben einen exzellenten Ruf, der langsam in der Welt auf ein Echo stößt. Es entwickelt sich ein regelrechter Gesundheitstourismus, vor allem aus den USA und Großbritannien. 150 000 Ausländer kamen bereits 2005 zu Behandlungen nach Indien. Als in der populären amerikanischen TV-Sendung *60 Minutes* über Indiens günstige Heiler berichtet wurde, stieg die Zahl der Interessenten stark an.

Es sind nicht nur die Reichen und Superreichen, die nach Indien einfliegen, um sich gewisse Körperteile größer, kleiner oder schöner machen zu lassen. Es sind eher die Unter- oder gar nicht Versicherten sowie Kranke, die in den maroden Gesundheitssystemen des Westens oft monatelang auf eine Behandlung oder Operation warten müssen. Für sie ist Indien inzwischen eine kostengünstige Alternative.

Heile indische Welt
Vergleich der Behandlungskosten in Indien und USA (in Dollar)

Behandlung	Indien	USA
Bypass-Operation	6600	60 000
Neues Knie	6500	22 000
Nasenverschönerung	2000	10 000
Knochenmarktransplantation	26 000	250 000
Zahnwurzelbehandlung	100	1000

Quelle: Outlook

Für Indien ist der Gesundheitstourismus bereits zum Milliardengeschäft geworden. Es gibt erfolgreiche Krankenhaus-Ketten wie zum Beispiel Apollo, Wockhardt, Fortis oder Max. Sie bieten inzwischen ganze Pakete für Westler an, erst die Operation, dann zur Rekonvaleszenz oder zur Ayurveda-Kur an den Strand von Goa.

Die meisten Hospitäler haben West-Standard und das Gütesiegel der amerikanischen *Joint Commission International (JCI).* Im Wockhardt in Mumbai erwarten den Patienten auf seinem Zimmer ein Computer, Internet, ein DVD-Spieler, eine Mini-Bar, eine Kaffeemaschine und ein Handy. Der Service so gut wie in einem Vier-Sterne-Hotel.

China: Gentechnologie und Raumfahrt

Eigentlich war Maria Corina Roman ein hoffnungsloser Fall. Sie hatte Brustkrebs. Und die Metastasen wucherten auch in anderen Organen. Chemo- und Radiotherapien schlugen nicht an. Die Ärzte gaben der dänischen Ärztin nur noch ein Jahr. Die knapp 40-jährige Mutter zweier Kinder bereitete sich langsam auf das

Schlimmste vor. Dann las sie 2001 in einer medizinischen Fachzeitschrift, dass in China weltweit die erste Gentherapie genehmigt wurde. Sie fuhr nach Beijing, unterzog sich dieser 20 000 Dollar teuren Therapie und kam geheilt zurück. Heute arbeitet sie wieder als Ärztin im heimischen Århus, berichtet die *Financial Times*.

Diese »Wunder«-Heilung haben Maria Roman und zahlreiche andere Krebspatienten aus aller Welt einem Produkt namens Gendicine zu verdanken. Ganz simpel ausgedrückt ist Gendicine ein Produkt aus einem Gen namens p53, das Tumore angreift, und einem Virus. Wird Gendicine in den Körper des Patienten gespritzt, befördert das Virus das Gen p53 zum Tumor, dessen Zellen sich durch die Attacke selbst auflösen.

Entdecker von Gendicine ist Peng Zhaohui. Er studierte in China und Japan Medizin, arbeitete anschließend einige Jahre an der University of California in Los Angeles. 1998 kam er zurück und gründete in Shenzhen mit 300 000 Dollar Startkapital von der städtischen Regierung die Firma SiBiono GeneTech Co.

Seit dieser Zeit arbeitete Peng auch mit Li Dinggang zusammen. Li leitet das Gentherapie-Zentrum am Haidian Hospital im Nordwesten Beijings. Er wendet als einziger Arzt Gendicine an. Zu ihm kommen deshalb Krebspatienten aus aller Welt. Im Westen beobachten die Medizinerkollegen sein Wirken freilich argwöhnisch – oder gar neidisch? Sie zweifeln die Erfolgszahlen an.

Peng kontert: Sechs Jahre habe man Gendicine getestet. Es sei sicher und effektiv. Im Vergleich zu der herkömmlichen Chemo- und Strahlentherapie sei seine Gentherapie dreimal erfolgreicher.

China ist auf dem Weg, in der Bio- und Gentechnologie zu einer der führenden Nationen, wenn nicht sogar zu *der* führenden Nation zu werden. Dabei hat das Land einen großen Vorteil: Während wir hier im Westen aus ethischen Gründen in der Genforschung zurückhaltend sind, handelt China relativ skrupelfrei. Während wir noch streiten, ob man genveränderte Lebensmittel verkaufen und verbrauchen darf, hat China schon längst entschieden: Man darf.

Als Erstes haben Chinas Forscher genveränderte Baumwolle gezüchtet, die gegen gewisse Insekten resistent ist. Die Baumwollbauern, denen durch die Insekten oft ganze Ernten vernichtet wurden, griffen bereitwillig zu. Heute bestehen zwei Drittel der chinesischen Ernte bereits aus genmanipulierter Baumwolle. Als Nächstes könnte genmanipulierter Reis folgen. Drei vorgeschriebene Testläufe wurden bereits gemacht.

Schon ein Stück weiter als in der Bio- und Gentechnologie ist China in einem anderen zukunftsträchtigen Bereich: der Raumfahrt. Ihren vorläufigen Höhepunkt erlebte die ganze Nation am 13. Oktober 2005. Diesmal war es – anders als beim ersten Raumflug – keine geheime Mission. Der Start wurde live im chinesischen Staatsfernsehen und sogar öffentlich auf Großbildleinwänden übertragen. So konnten Hunderte von Millionen sehen, wie um 11 Uhr jenes Tages das Raumschiff Shenzhou VI in der Wüste Gobi abhob.

Zwei Jahre nach dem ersten Raumflug eines Chinesen wurden damit erneut zwei Astronauten ins All geschossen: die Taikonauten Fei Jun Long und Nie Haisheng. Doch im Gegensatz zum ersten Taikonauten Yang Liwei, der knapp 22 Stunden im All war, verbrachten die beiden dort vier Tage. Außerdem war es an Bord etwas komfortabler: Sie konnten ihr Essen warm machen, und es gab sogar Geschirr.

Die Chinesen sind damit nach den Russen und den Amerikanern die dritte große bemannte Raumfahrtnation. China hat große Pläne: Bei den nächsten Flügen sollen Andockmanöver und Außeneinsätze geprobt weden. Später soll ein Raumlabor folgen.

»Innerhalb eines Jahrzehnts könnten Chinas Aktivitäten durchaus die Russlands und die der europäischen Raumfahrtagentur übersteigen«, kommentiert der US-Experte James Oberg laut *Financial Times Deutschland* die Aktivitäten Chinas. »Und wenn China die wichtigste Raumfahrtnation nach den USA geworden ist, könnte ein völlig neuer Wettlauf im All beginnen.«

Zum Beispiel Richtung Mond. Seit 2004 arbeitet China an einem Mondprogramm. Luan Enjie, der Kommandant des Projekts, sagt, eine erste Mondrakete soll bereits 2007 gezündet werden. Und noch vor dem Jahr 2020 sollen die ersten chinesischen Raumfahrer auf dem Mond landen.

Da wollen die Amerikaner nicht zurückbleiben. Sie wollen auch wieder zum Mond. Spätestens 2018, also fast 50 Jahre nach den ersten Menschen auf dem Mond, sollen dort erneut US-Astronauten ihre Spuren hinterlassen.

Südkorea: Breitband und Internet

Wer erleben will, wie Internet-verrückt die Südkoreaner sind, muss in ein *Baang* gehen. *Baang* heißt schlicht Raum und ist halb Internet-Café, halb Spielhölle. Rund 30 000 *Baangs* mit 1,2 Millionen Computer-Schirmen gibt es im Lande. In den *Baangs* wird geflirtet, gesurft und gespielt – manchmal bis zum Umfallen, was durchaus wörtlich zu verstehen ist. Der eine oder andere Südkoreaner wurde schon mal erschöpft aus einem *Baang* herausgetragen.

Die Südkoreaner sind Weltmeister im *Online Gambling*, sie sind das kaufwütigste Volk im Internet, und sie erledigen inzwischen fast alle ihre Bankgeschäfte und Aktiendeals im Netz. Im Schnitt surft der Südkoreaner 20 Stunden pro Woche im Netz. Er sitzt mehr vor dem Computer als vor dem Fernseher.

Technologisch sind die Südkoreaner dazu bestens ausgerüstet. Fast drei Viertel aller Haushalte surfen bereits über schnelle und billige Breitband-Anschlüsse im Internet. Keine Nation hat pro Kopf mehr davon als Südkorea. Die EU-Staaten und die USA liegen da weit zurück.

Mindestens ein genauso wichtiges Spielzeug ist für die Südkoreaner das Handy. Fast jeder Südkoreaner über zwölf Jahren besitzt ein Handy, mancher sogar mehrere. Samsung, der südkoreanische Elektro-Gigant, gilt als einer der innovativsten Handy-Hersteller der Welt. Und die Betreiber bieten – in enger Zusammenarbeit mit Samsung – Dienste an, die bei uns undenkbar wären, aber die zeigen, in welch anderer digitalen Welt die Südkoreaner bereits leben.

Zum Beispiel *find friends* von SK Telecom. Für 11 US-Cent kam man erfahren, wo sich ein Handybesitzer gerade herumtreibt. Für drei Dollar im Monat bekommen ausgewählte Freunde automatisch eine Botschaft auf ihre Handys, wenn man in ihrer Nähe ist. Für 10 Dollar werden besorgte Eltern per Handy alarmiert, wenn ihre Kinder vom Schulweg abweichen. Gimmicks? Nicht in Südkorea. Vier Millionen Kunden benutzen *find friends*.

Weil Internet und Handy so weit verbreitet sind, lag es in Südkorea nahe, Internet- und Mobiltelefonie miteinander zu verbinden. Das Stichwort heißt mobiles Internet. Samsung entwickelte hierfür neue handliche Geräte, mit denen man gleichzeitig fernsehen, digital fotografieren und telefonieren kann. SK Telecom hat seit August 2005 DMB – *Digital Multimedia Broadcasting* – im Angebot. Dabei bieten TV-Sender Programme über Handys an – vom Baseball-Spiel über Soap Operas bis zu den Abendnachrichten. Auch bei diesem Service ist Südkorea weltweit vorn.

»Kaum eine andere Industrienation knüpft seine wirtschaftliche Zukunft so eng an neue Informationstechnologien wie Korea«, analysiert der Spiegel-Korrespondent Wieland Wagner. Es gibt viele staatliche Programme, die die Regierung in den letzten Jahren aufgelegt hat.

»Das langfristige Ziel ist es, Südkorea zum Zentrum der digitalen Wirtschaft zu machen, das Produkte und Dienstleistungen anbietet, die fortgeschrittener sind als alle anderen auf der Welt«, schreibt Clyde Prestowitz vom Economic Strategy Institute in seiner Studie *America's Technology Future at Risk*.

Mit welcher Energie und Konsequenz Südkorea dieses Ziel verfolgt, ist nirgendwo besser zu besichtigen als in *New Songdo City*, einer völlig neuen Hightech-Stadt, 65 Kilometer von der Hauptstadt Seoul entfernt. Neben viel avantgardistisch technologischem Schnickschnack entstehen dort ein Central Park (wie in New York) und ein Kanalsystem (wie in Venedig). Das weltweit einmalige Projekt kostet 25 Milliarden Dollar, soll 2014 fertig sein und Platz für 65 000 Menschen bieten.

Hausschlüssel gibt es für sie dann nicht mehr. Es reicht eine *Smart Card.* Der US-Koreaner John Kim, der das Projekt leitet, sagt: »Mit dieser Karte kann man auch Metro fahren, seine Parkgebühren zahlen, einen Film anschauen, ein öffentliches Fahrrad benutzen und so weiter.« Natürlich gibt es überall in der Stadt drahtlosen Zugang ins Internet, Nachbarn können sich per Videokonferenz treffen. Und in jedem Heim gibt es *video-on-demand,* es ist also kein lästiger Gang in den Videoshop mehr nötig.

Sicher werden dann in den Wohnungen auch Roboter ihre Dienste tun. Denn schon viel früher, nämlich 2007, wird der Roboter Einzug ins südkoreanische Heim halten. Er wird den Kindern zu Hause Englisch beibringen, er wird mit ihnen singen und tanzen. Außer Haus wird er Kunden zu Postämtern und durch Behördenflure begleiten, und er wird durch öffentliche Gebäude und Flächen patroullieren und jederzeit Bilder in die Überwachungszentralen senden.

Wenn alles nach Plan geht, soll zwischen 2015 und 2020 jeder südkoreanische Haushalt einen Roboter haben. Das prophezeit das Ministerium für Information und Kommunikation. Doch Oh Sang Rok ist das nicht ehrgeizig genug. »Mein persönliches Ziel ist es, 2010 in jedem Haushalt einen Roboter zu sehen«, sagt der Direktor des Center for Intelligente Robotics gegenüber der *New York Times.* Er glaubt, dass Roboter unser Leben in einer Art und Weise verändern werden, wie wir es uns heute noch gar nicht vorstellen können.

Derzeit sind in Südkorea schon 51 000 Roboter im Einsatz. Ein anderes Land hat freilich noch mehr dieser metallener Geschöpfe: Japan.

Japan: Mobilfunk und Roboter

Expo 2005 in Nagoya. Große Menschenschlangen bilden sich vor einer Halle, die wie eine Sportarena aussieht. Geduldig warten die vielen Japaner und wenigen Ausländer auf den Einlass, der im Zwei-Stunden-Rhythmus gewährt wird. Dann werden sie von Hostessen in grauen Kostümen in die Halle auf die Plätze geführt. Das Spektakel kann beginnen: Eine Band betritt die Bühne und schmettert westliche Weisen. Einer aus der Truppe legt ein veritables Trompetensolo hin. Beifall braust auf. Die Band-Mitglieder verneigen sich dankbar und winken etwas ungelenk ins Publikum, ehe sie sich gemächlichen Schrittes von der Bühne bewegen.

Die Musiker sind keine Menschen. Sie sind Roboter. Keine Nation hat so viele Roboter im Einsatz wie die Japaner. Über 350 000 sollen es sein. Japaner setzen ihre künstlichen Wesen schon vielfältig ein. Sie arbeiten – das ist längst bekannt – in fast menschenleeren Fabriken.

Alte Menschen lassen sich vom Roboter Paro betreuen und trösten. Und als neuester Gag gehen Roboter auf der Straße Streife. Wenn man in der Aqua City Odaiba spazieren geht, kann es passieren, dass einem Robo D1 – entwickelt von Sohgo Security Services – begegnet.

Mitsubishi Heavy Industries hat einen einmetergroßen gelben Roboter namens *Wakamaru* für zu Hause entwickelt. Er kann bis zu zehn Personen erkennen und sie beim Namen nennen, er weckt morgens seine Mitbewohner, betet dann – wahlweise mit männlicher oder weiblicher Stimme – das Tagesprogramm herunter und sagt dem Hausherrn und der Hausfrau, ob sie heute einen Schirm brauchen oder nicht. Der Roboter als Freund – so sieht es Ken Onishi, der bei Mitsubishi das Roboter-Team leitet. Gegenüber der *Financial Times* sagt er: »Wir haben einen Roboter entwickelt, mit dem Sie befreundet sein können – wie mit einem Menschen.«

Die Japaner haben keine Berührungsängste mit den nichtmenschlichen Wesen. Roboter-Professor Takeo Kanade erklärt die Zuneigung damit, dass die Japaner schon seit über fünfzig Jahren durch Comics und Spielzeuge mit Robotern vertraut sind. Zudem sind die Japaner allem Neuen gegenüber sehr aufgeschlossen, mag es manchmal in unseren westlichen Augen noch so verrückt sein.

Diese Haltung zeigt sich auch bei der Nutzung ihres Handys. Längst ist das Handy, das dort *Keitai* (wörtlich: Mitbringsel) heißt, zu einem unentbehrlichen Begleiter geworden, mit dem man auch telefonieren kann.

NTT DoCoMo ist der größte Mobilfunkbetreiber Japans. Er hat über 50 Millionen Kunden. »Einer der innovativsten Player im globalen Mobilfunk-Geschäft«, urteilt *Business Week*. Die Japaner führten i-mode (Internet via Handy) ein und schon 2001 das Mobilfunk-System der 3. Generation, das so genannte 3G.

Ich habe ein Gespräch mit DoCoMo-Vorstandschef Masao Nakamura. Bevor es dazu kommt, drängen mich die PR-Hostessen in einen Ausstellungsraum des Unternehmens. Stolz demonstrieren sie dort, wo man Handys im Alltag schon überall einsetzen kann. Das Handy als Geldbörse, als Kreditkarte oder als Fahrkarte für die Metro in Tokio. Sie nennen es *Wallet Phone*, elektronische Geldbörse. Das Handy als Comic-Heft und Übermittler von Liebesgeschichten. Das Handy als Fernsehgerät.

Wer sich das alles ausdenkt? Ein Mann namens Takeshi Natsuno, Chef von Multimedia Service bei DoCoMo. Er nennt sich selbst »DoCoMos verrückter Hund«. Im technikverliebten Japan ist der Autor zweier Bücher eine Berühmtheit. DoCoMo-Chef Nakamura sagt: »Sie können kaum überleben, wenn Sie nur Voice anbieten. Die Übermittlung von Daten spielt die entscheidende Rolle. Deshalb müssen wir permanent neue Features entwickeln und anbieten.«

Das *Wallet Phone* ist derzeit eines der wichtigsten bei DoCoMo. Maximal 450 Dollar können die Japaner auf ihr Handy laden. Aufladestationen gibt es im ganzen Land. Das elektronische Geld ausgeben kann man in Kaufhäusern, Cafés und Restaurants, sogar an Getränkeautomaten.

E-cash wird angenommen. 16 Millionen Transaktionen gibt es jeden Monat, Tendenz stark steigend. »Japan wird zu einer bargeldlosen Gesellschaft«, prophezeit Makoto Yamada, Manager bei bit-Wallet gegenüber dem *Wall Street Journal*.

Allerdings schläft auch DoCoMo-Konkurrent KDDI nicht. Er bietet einen *Download Service* für Musik an, wodurch der MP3-

Spieler bald überflüssig werden könnte. Und KDDI zaubert auf seine Handys ein satellitengesteuertes Positionierungssystem, das orientierungslose Personen sicher an ihr Ziel führt.

Alle Handy-Betreiber der Welt schauen, was DoCoMo und KDDI machen, um es dann mehr schlecht als recht nachzuahmen. Die Japaner, die Kopierer – das war einmal. Jetzt ist es andersherum.

Während die Europäer und Amerikaner noch an der Einführung ihres 3G-Systems basteln, entwickeln die Japaner (und die Südkoreaner) schon längst die nächste Generation, nämlich 4G.

Singapur: Biotech und Pharma

Philip Yeo ist ein Mensch voller Energie. Das kleine Energiebündel kann nicht still sitzen. Dauernd springt er in seinem Büro auf, kramt mal diese Studie hervor, holt mal jenes Buch aus dem Regal. Und dabei redet und redet er. Die Botschaft, die er mit seinem Wortschwall übermitteln will, lautet schlicht: »Singapur kann nur durch hervorragende Kopfarbeit überleben.«

Der umtriebige Yeo – heute Chef der staatlichen Agency for Science, Technology and Research (A*Star) – ist einer der Architekten des singapurianischen Modells. Vor wenigen Jahren hat er erkannt, dass Singapur auf Zukunftstechnologien setzen muss, will der kleine Stadtstaat überleben. Denn als Produktionsstandort hat Singapur ausgedient. Da sind andere Länder besser und billiger – vor allem China.

Es entstand die Idee von Biopolis, einem Zentrum für Biotechnologie. Das war im Jahr 2000. Typisch für Singapur, wurde nicht lange diskutiert. Es wurde kurz geplant und schnurstracks gebaut. 300 Millionen Dollar kostete das den Staat, der übrigens seit Jahren Haushaltsüberschüsse hat. 2003 waren die ersten Gebäude in Biopolis fertig.

Norbert Walter, Chef-Volkswirt der Deutschen Bank und häufiger Singapur-Besucher, lobt: »Singapurs Entschlossenheit zur Umstrukturierung und seine Leistungsfähigkeit sind Eigenschaften, die einem preußischen Charakter imponieren.«

Rund zwanzig Autominuten liegt Biopolis von der Innenstadt entfernt. Ich streife an diesem schwülheißen Tag über das Biopolis-Gelände. Sieben Türme für Büros und Labors stehen dort. Dazwischen viel Grün, Restaurants, Shops, ein Kino. Durch das Gelände kurven kostenlose Shuttle-Busse.

In Biopolis arbeiten »reine« Wissenschaftler und Forscher aus Unternehmen Tür an Tür zusammen. Die Pharmakonzerne Novartis, GlaxoSmithKline und Eli Lilly haben dort Forschungslabors. Daneben wurden Wissenschaftler aus aller Welt geködert. Und zwar die besten, die allerbesten. Geld spielt keine Rolle. Yeo sagt: »Andere sammeln Briefmarken, wir sammeln Wissenschaftler.«

Zwei der herausragendsten amerikanischen Stammzellen-Forscher, Neal Copeland und Nancy Jenkins, lehnten ein Angebot von Stanford ab und gingen stattdessen nach Singapur. Copeland erklärt gegenüber der *Herald Tribune,* warum: »Wir wollten an einem Ort sein, wo die Leute sich für die Wissenschaft begeistern und sich Dinge nach vorne bewegen.«

Auch David Lane, einer der umstrittenen Dolly-Schafzüchter der University of Dundee, folgte dem Ruf nach Singapur. Und Axel Ullrich, eine der Koryphäen unter den deutschen Krebsforschern, arbeitete für ein paar Jahre zusammen mit einer vierköpfigen deutschen Forschergruppe in dem Stadtstaat.

Das Ziel dieser Anstrengungen ist klar: In ein paar Jahren wollen die singapurianischen Behörden Ergebnisse sehen. In den Biopolis-Labors soll und muss ein »Blockbuster« entstehen. So werden in der Pharmaindustrie Medikamente genannt, die den Durchbruch zu einem weltweit anerkannten Heilmittel gegen eine bestimmte Krankheit schaffen.

Am liebsten wäre den Singapuris natürlich ein »Blockbuster« in der Krebsforschung. Ein Medikament gegen Krebs made in Singapore – davon träumen sie.

Wenn nicht, werden sie weiter arbeiten, forschen und lernen.

Denn – so schrieb Singapurs Premierminister Lee Hsien Loong in einem *Newsweek*-Beitrag: »Asiatische Länder haben einige natürliche Vorteile. Ihre Kulturen legen hohen Wert aufs Lernen.«

Pauken, Pauken, Pauken

Es ist ein gewöhnlicher Donnerstag im Leben des siebenjährigen japanischen Jungen Yataro. Seine Mutter Kumiko holt ihn nach der Schule an der Bushaltestelle ab. Schnell laufen sie nach Hause, wo er die Sporttasche packt – und ab geht es mit dem Fahrrad zum Fußballtraining. Anschließend eine Stunde Mathe-Nachhilfe, Hausaufgaben und Klavierunterricht. Am Freitag stehen Schwimmen und erneut Mathe auf dem nachschulischen Stundenplan, am Samstag Englisch und Judo. Verplant sind auch die anderen Tage. Nur am Sonntag hat Yataro frei.

Mutter Kumiko Makihara ist eine japanische Journalistin. In einem Beitrag für den britischen Sender BBC hat sie den stressigen Alltag ihres Sohnes beschrieben. Sie plagen durchaus elterliche Skrupel angesichts des strammen Programms ihres Sohnes und des möglichen Verlusts einer unbeschwerten Kindheit. Doch sie sagt auch: »Wir wollen das Beste für unser Kind. Wir wollen, dass er mit seinen Klassenkameraden mithält.«

Dies ist beileibe kein Einzelfall. So denken viele Eltern in Japan – und in anderen asiatischen Ländern. Egal ob in satten Gesellschaften wie Japan, aufholenden wie in Korea oder hungrigen in China – Bildung ist für viele das wichtigste Gut. Die Eltern investieren viel Geld und Zeit in die Ausbildung ihrer Kinder. Und die meisten Zöglinge fügen sich dem Druck. In Südkorea gehen Kinder, die noch keine zehn Jahre alt sind, bereits auf Nachhilfeschulen, so genannte *hagwon*. Dort pauken sie wochentags bis 23 Uhr, samstags bis 20 Uhr. In ganz Korea entstehen private *English Villages*, wohin Eltern ihre Kinder – neben der Schule – zum Englischlernen schicken und wo Koreanischsprechen außer beim Essen verboten ist.

Wir im Westen können diesen Bildungswahn mit seinen negativen Folgen für die Kinder kritisieren und ablehnen, aber wir sollten ihn zur Kenntnis nehmen und uns mit den gravierenden Konsequenzen auseinandersetzen. Diese hohe Priorität für Bildung wird in gar nicht allzu ferner Zukunft zu einem großen Vorteil der asiatischen Länder werden. Denn Bildung ist die Basis für Innovationen. Investitionen in die – private wie öffentliche – Bildung sind Investitionen in die Zukunft eines Landes. Bei uns hört man diesen richtigen Satz in den Sonntagsreden der Politiker. Die Asiaten dagegen handeln danach und setzen ihn Tag für Tag um.

Diese Lerngier ist freilich nicht nur ein Phänomen der Gesellschaften im konfuzianischen Einzugsbereich, also in China, Japan, Südkorea und großen Teilen Südostasiens. Nein, dieser Wille ist auch auf dem indischen Subkontinent zu finden. Er ist dort fast genauso ausgeprägt wie im Osten Asiens, denn auch bei den Hindus hat Bildung seit ewigen Zeiten einen hohen Stellenwert.

Der *New York Times*-Reporter Nicholas Kristof, der lange Zeit für das Blatt Chef des Pekinger Büros war, berichtet von einer Reise nach Indien, wo er einen Kindergarten und eine Grundschule in einer armen Gegend des ohnehin schon armen Kalkutta besuchte. Selbst der Kindergarten bot schon Englisch-, Bengali-, Mathematik- und Musikunterricht an. Die Eltern der Schulkinder dort sind meist Straßenverkäufer, Rikscha-Fahrer oder sehr einfache Arbeiter. Deren Monatseinkommen beträgt rund 23 Dollar. Trotzdem sind sie bereit, eine einmalige Aufnahmegebühr von 13 Dollar zu zahlen und monatlich 2,30 Dollar an die Schule zu überweisen. »Was sie nicht bekommen haben, sollen ihre Kinder bekommen«, sagt der Schulleiter Sampa Sankar.

Diese Unser-Kind-soll-es-besser-haben-Mentalität geistert durch alle asiatischen Eltern-Köpfe. Wer es sich irgendwie leisten kann, schickt seine Kinder später auf die Universität. Doch davor stehen gnadenlose Aufnahmeprüfungen, auf die die Schüler oft jahrelang hinarbeiten – ob in China, Japan oder Südkorea.

Dort gibt es das Sprichwort *four in, five out*. Will heißen: Wer vier Stunden schläft, schafft den Sprung an die Elite-Uni, wer dagegen fünf Stunden ruht, schafft ihn nicht.

Hohe Priorität für Hochschulen

Dicke Wolken hingen über dem Zentrum Singapurs. Es sah nach einem der üblichen Spätnachmittagsgewitter aus. Doch es blieb trocken an diesem Freitagabend. Es verhagelte den Veranstaltern nicht die Show.

Die Feier zur Gründung der Singapore Management University (SMU) konnte wie geplant im Freien stattfinden. Ein Orchester spielte auf, es gab den obligatorischen Drachentanz, ein Feuerwerk und jede Menge Reden. Natürlich sprach auch Premierminister Lee Hsien Loong.

Ich lausche den Reden und denke: Welch ein Kontrast zu Deutschland! Bei uns wird die öffentliche Hochschullandschaft kaputt gespart, hier wird aufgebaut. Im kleinen Singapur ist es die dritte Uni. Kostenpunkt: 450 Millionen Dollar. Der Campus mitten in der Stadt ist sehr edel, sehr funktional. Geschäfte, Banken, ein Gym mit allen Schikanen, ein *Kopitiam* mit fast allen asiatischen Küchen und kleine Vorlesungssäle mit sämtlichen technischen Finessen.

Während in Deutschland (und auch anderswo in Europa) gespart wird, wird nicht nur in Singapur, sondern in ganz Asien geklotzt. In China sind mindestens 50 neue Universitäten in Bau oder Planung. *The Economist* urteilt: »Die Chinesen unternehmen die größte Universitätsexpansion in der Geschichte.«

Gleichzeitig fördern die Chinesen mit viel Geld ihre Elite-Unis. 30 Hochschulen haben sie dafür ausgeguckt. Die absoluten Top-Unis sind Qinghua und Beida in Beijing sowie Fudan in Shanghai. »Erstklassige Universitäten spiegeln zunehmend die Macht unseres Landes wider«, sagte ein stolzer Parlamentschef Wu Bangguo anlässlich der 1000(!)-Jahrfeier der Fudan-Universität in Shanghai.

Die Elite-Unis holen zunehmend Lehrpersonal aus dem Ausland. So sind rund 40 Prozent der Professoren an der Beida im Ausland ausgebildet. Meist sind es amerikanische Wissenschaftler chinesischer Herkunft, die sich in eine Art patriotische Pflicht genommen sehen. Wie zum Beispiel Andrew Chi-chih Yao, Princeton-Professor und einer der Top-Computerspezialisten der USA. Er lehrt nun an der Qinghua und sagt gegenüber *International Herald Tribune*: »Das hat sicher etwas mit Patriotismus zu tun, denn ich konnte mir eigentlich nicht vorstellen irgendwo anders hinzugehen.«

Den USA den Rücken gekehrt hat auch Robert Laughlin, amerikanischer Nobelpreisträger für Physik und Stanford-Professor. Er wurde mit viel Geld nach Südkorea als Leiter des Korea Advanced Institute of Science and Technology (Kaist) geködert, der führenden Technik-Uni des Landes. Kaist hat sich eine *Vision 2010* verordnet. Spätestens 2010 will die Hochschule auf Augenhöhe mit den US-Elite-Unis sein. Immer wieder hört man diesen Vergleich, egal ob in China, Südkorea oder Indien. Man möchte in derselben Liga spielen wie Harvard, Stanford, Yale oder Princeton.

Bei allem Schielen auf die Besten der USA, bei aller Notwendigkeit, Eliten zu fördern, vernachlässigen die asiatischen Länder die Masse der Studierenden nicht. Es ist das Ziel ihrer Regierungen, möglichst vielen jungen Menschen ein Studium zu ermöglichen.

So hat das relativ kleine Südkorea bei einer Bevölkerung von 48 Millionen die relativ hohe Zahl von 2,6 Millionen Studenten, das große Indien 9,3 Millionen und das noch größere China 13,3 Millionen (2004). Diese Länder »produzieren« Jahr für Jahr eine große Zahl von Akademikern, vor allem im Bereich der Ingenieur- und Naturwissenschaften. So verlassen jedes Jahr 200 000 Ingenieure Indiens Universitäten, in China sind es jährlich sogar 442 000. Zum Vergleich: Die USA bringen es gerade einmal auf rund 70 000! Das sind die entscheidenden Zahlen, wenn über die Wettbewerbsfähigkeit von morgen gesprochen wird.

9 Bollywood und Sushi – Asiens kulturelle Aufholjagd

> *»Japan hat heutzutage einen weit größeren kulturellen Einfluss als in den 80er Jahren, als es eine wirtschaftliche Supermacht war.«*
>
> Douglas McGray, amerikanischer Journalist

Der Westen hat die Welt in den vergangenen Jahrzehnten nicht nur politisch, wirtschaftlich und militärisch dominiert, sondern auch kulturell. Er hat seine *Soft Powers* eingesetzt, um dem globalen Volk westliche Kultur und Subkultur zu vermitteln. So ist Englisch zur Weltsprache geworden. Und in Wirtschaftskreisen rund um den Globus ist Englisch die *Business Language.*

Vor allem die Amerikaner – die Weltmeister der Selbstvermarktung – haben es geschafft, ihre Produkte, ihre Vorlieben in der ganzen Welt zu verbreiten. Die Marken Coca-Cola, McDonald's und Starbucks stehen stellvertretend für den US-Food-Imperialismus. Filme aus Hollywood, Musik aus New York eroberten – natürlich von einer global operierenden amerikanischen Medienindustrie tatkräftig unterstützt – Kinos und Charts in aller Welt. Die NBA, die amerikanische Basketball-Liga, gilt als der weltweit am meisten beachtete Sport. Für die globale Verbreitung sorgt ein US-Sender – das fast überall zu empfangende CNN.

Doch die Asiaten holen auf. »Die asiatischen Länder haben beeindruckende Quellen für *Soft Power*«, sagt Joseph Nye und Autor des Buches *Soft Power.* Und dann zählt der Harvard-Professor auf, was für ihn alles dazu gehört: »Die Künste, Mode und die Küchen (aus Asien) haben schon seit Jahrhunderten einen starken Einfluss auf andere Teile der Welt.«

Aber erst in den vergangenen Jahrzehnten nahm die kulturelle Bedeutung Asiens zu. Lange Zeit hatte Asien gar kein oder ein sehr einseitiges Image im Westen. In den 50er Jahren sei Asien für Armut und Hunger gestanden, sagt Nye. In den 60er Jahren erreichte es immerhin einen Exotenstatus. Man fand Nehru-Jacken und Mao-Sprüche schick.

Der wirkliche Wiederaufstieg Asiens begann mit dem wirtschaftlichen Erfolg Japans. Zum ersten Mal in der Neuzeit zeigte ein asiatisches Land, dass es mit dem Westen mithalten kann. Und zwar technologisch, wirtschaftlich und kulturell. Auch die 90er Jahre, in denen Japan wirtschaftlich dahindümpelte, änderten daran nichts. Im Gegenteil: Japans globaler kultureller Einfluss ist sogar gewachsen. Von der Popmusik zur Unterhaltungselektronik, von der Architektur zur Mode, vom Essen bis zur Kunst – Japan hat heutzutage einen weit größeren kulturellen Einfluss als in den 80er Jahren, als es eine wirtschaftliche Supermacht war.

Was kommt nicht alles aus Japan: Game Boys, Pokémon-Cartoons, Mangas, Sudoku-Rätsel, funktional-schlichtes Design, Sushi und Sashimi, Literatur-Nobelpreisträger Kenzaburo Oe, Kultautor Haruki Murakami, Filmemacher Akira Kurosawa, um die wichtigsten kulturellen Exportschlager zu nennen. Auch Südkorea exportiert Kultur, doch ist diese etwas schräger und stößt vorerst fast nur in Asien auf Akzeptanz.

Doch Japans (und Südkoreas) kultureller Einfluss wird übertrumpft werden von dem anderer asiatischer Mächte, allen voran China und Indien.

Im Wellness-Bereich haben die beiden die Welt schon erobert. Ayurveda und Yoga, Qigong und Tai-Chi sind längst in allen Fitness-Studios der Welt zu Hause. Frauenzeitschriften weltweit preisen die fernöstlichen Fitmacher von Geist und Körper.

Auch diese beiden Länder haben bereits Literatur-Nobelpreisträger aufzuweisen: Erst bekam ihn 2000 der – allerdings im französischen Exil lebende – Chinese Gao Xingjian, ein Jahr später der Inder V. S. Naipaul.

Im Film-Business sind China und Indien schon weiter. Da gehören zumindest schon die Chinesen zur cineastischen Avantgarde.

Bollywoods Filmfabrik und Chinas Cineasten

Indische Klatschspalten sind voll von Fotos und Geschichten über die vielen Filmstars des Landes. Die Stories handeln von Personen, die im Westen keiner kennt. Doch in Indien kommen die Leinwand-Stars Göttern gleich. Sie werden fast verehrt wie die heiligen Kühe des Landes.

Zum Beispiel: Amitabh Bachchan, in Indien *Big B* genannt. Er ist der einzige indische Filmstar, der es in Madame Tussauds Wachsfigurenkabinett gebracht hat. Als der Robert Redford Indiens im Februar 2006 operiert werden musste, belagerten Dutzende von TV-Teams das Lilavati Hospital, um rund um die Uhr live über den Zustand des Idols zu berichten.

Bachchan und die vielen, vielen anderen Stars und Sternchen spielen alle in Bollywood. So nennt man im Westen die indische imaginäre Filmfabrik, die aus unzähligen Filmstudios besteht. Die meisten stehen in Mumbai, dem ehemaligen Bombay. Deshalb Bollywood, eine Wortkreuzung aus Bombay und Hollywood.

Nur: Bollywood ist viel größer als das Original. Knapp 1000 Filme werden in Bollywood jedes Jahr gedreht, die meisten in Hindi oder in Hinglish, jenem in den Metropolen gesprochenen Mischmasch aus Hindi und Englisch. Typisch sind Melodramen. In früher Kindheit getrennte Geschwister werden wieder vereint; Liebende kommen nach allerlei Irrungen doch noch zusammen. Wichtig dabei sind Gesangs- und Tanzszenen. Die Musik spielt eine starke Rolle. Die Komponisten werden inzwischen als Popstars gefeiert.

Die Goldene Ära Bollywoods war in den 50er und 60er Jahren. Viele Klassiker entstanden in diesen Zeiten, darunter *Mother India* von Mehbob Khan, vielleicht *der* Klassiker des indischen Films. Lange Zeit interessierten diese Schnulzen im Westen fast kaum jemanden.

Doch seit ein paar Jahren hat sich das geändert. Streifen aus Bollywood feiern kommerzielle Erfolge in den USA und Großbritannien. In Deutschland laufen Filme aus Indien im Fernsehen. Indiens Traumfabrikanten erobern die Welt. Titel wie *Monsoon Wedding*, *Salaam Bombay!* oder *Lagaan*, der erste Oscar-nominierte Bollywood-Film seit Jahrzehnten, waren auch im Ausland Hits.

Der Erfolg verleitet den indischen Produzenten Amit Khanna zu pathetischen Worten: »Die Welt dreht sich jetzt in Richtung Indien, und die ultimative Rache ist, dass wir mit unserer kulturellen Aggression den westlichen Geist erobern.«

Neben den Indern ist freilich noch ein anderes großes asiatisches Land in den Kinosälen der Welt erfolgreich: China, mit 260 gedrehten Filmen die drittgrößte Filmnation nach den USA und Indien.

Die Chinesen waren und sind auch hier (vorerst?) erfolgreicher. Chinesische Regisseure und Filmstars sind im Westen bekannt und berühmt. »Der chinesische Film ist in den USA beliebter als alle anderen ausländischen Filme«, sagt Hong Junhao, Professor für Kommunikationswissenschaft an der State University of New York in Buffalo. Der chinesische Streifen *Crouching Tiger, Hidden Dragon* war zum Beispiel der erfolgreichste nicht-englischsprachige Film aller Zeiten.

Sein Regisseur war Ang Lee, der im Frühjahr 2006 als erster Asiate einen Oscar für *Brokeback Mountain* erhielt. Ang Lee ist zwar Taiwanese, wurde aber prompt von den Medien der Volksrepublik als cineastischer Held Chinas vereinnahmt. Man ist inzwischen auch in Beijinger Regierungskreisen stolz auf die Leistungen der Filmindustrie, auch wenn Bürokraten den Regisseuren das Leben manchmal schwer machen.

So waren die ersten Filme von Zhang Yimou in China verboten. Aber jetzt hat er sich arrangiert. *Hero* und *House of Flying Daggers* waren auch in seinem Heimatland große Erfolge. Zhang gehört wie Chen Kaige zu den Star-Regisseuren des Landes, die inzwischen weltweit Ruhm erlangt haben. Ebenso wie Jia Zhang Ke, der beim Filmfestival in Venedig 2006 den Goldenen Löwen für seinen Streifen *Still Life* bekam.

Doch neben den Regisseuren gaben vor allem weibliche Schönheiten dem chinesischen Film ein Gesicht. Sie heißen Zhao Wei, Zhou Xun und Fan Bingbing, aber vor allem Gong Li und Zhang Ziyi, von der *Süddeutschen Zeitung* als »die chinesische Julia Roberts« tituliert.

Das trendige Shibuya Girl

Tokio ist ein schwer zu durchschauender Moloch. Die wichtigsten Fixpunkte der japanischen Hauptstadt sind die Metro-Bahnhöfe, gigantische Labyrinthe mit Dutzenden von Ausgängen. Morgens spucken sie Millionen von Menschen aus, die sie abends wieder verschlingen.

Eine der größten U-Bahn-Stationen Tokios heißt Shibuya. Vor dem Bahnhof liegt ein riesiger Platz, der umgeben ist von Kaufhäusern und Shopping Malls mit riesigen Leuchtreklamen und Videoleinwänden. In den engen Gassen, die davon abgehen, gibt es zahllose Boutiquen und Lädchen mit viel Schnickschnack.

Hier sind die schrägsten und schrillsten Mädchen Tokios anzutreffen. Es sind die *Shibuya Girls*. Sie sind bunt, wild, anders – *kawai,* wie die Japaner sagen.

Nicht in London oder New York, sondern in Shibuya werden globale Trends gesetzt. »Das Shibuya Girl ist Japans Trendsetter in Sachen Mode, Film und Technologie« urteilt die *Financial Times*. Von hier nehmen viele Dinge ihren Lauf, erst über die japanischen Inseln und dann durch die restliche Welt. »Was in Shibuya heute ein Thema ist, kann morgen die Hauptstädte der Welt begeistern«, schreibt der *Stern*.

Japan ist nicht mehr nur das Land der saubersten und effektivsten Fabriken, wo Armeen von Arbeitern robotergleich ihr Werk verrichten. Nein: »Japan hat sich von einer produzierenden Industriegesellschaft zu einer Popkultur-Gesellschaft entwickelt«, sagt Ichiya Nakamura, Gastprofessor am Stanford Japan Center gegenüber *Time Asia*.

Westliche Firmen schicken deshalb schon seit Jahren ihre Späher nach Tokio, um die neuesten Trends aufzuspüren. Sven Kilian-Nakamura ist so ein Trendscout. Er arbeitet für BMW und Siemens. Er sagt: »Die Japaner sind viel produkt- und modehungriger als die Menschen im Westen.« Zum Beispiel würden sich junge Japaner alle drei Monate ein neues Handy kaufen. Najamura folgert: »So können neue Trends leichter entstehen.«

Es ist eine neue Generation von japanischen Designern herangewachsen, die selbst schöpferisch tätig sind. Takashi Murakami, Japans berühmtester Künstler, sagt: »Designer und Künstler in Tokio haben nun mehr Vertrauen. Statt Amerika zu kopieren, macht die neue Generation ihr eigenes Ding.«

Immer mehr westliche Firmen geben deshalb Aufträge an japanische Designer. Yohji Yamamoto hat beim deutschen Sportartikel-Giganten Adidas seine eigene hochpreisige Y3-Linie, für den Konkurrenten Puma gestaltete Yasuhiro Mihara eine Freizeitschuh-Kollektion.

Japans Design ist weltweit schick geworden. Die breite Palette reicht von schräg bis puristisch, wobei Letzteres überwiegt. Die Richtung des zurückgenommenen, funktionalen Designs ist zu bewundern in den minimalistischen Läden der Kette *Muji*, die mittlerweile auch in Deutschland (Düsseldorf und München) vertreten ist.

Muji ist ein Kürzel und steht für Mujirushi Ryohin, was auf Deutsch heißt: Keine Marke, gute Produkte. Das Unternehmen startete vor 20 Jahren, jetzt hat es 268 Shops in Asien und schon 21 in Europa. Sie haben über 5000 Produkte im Programm – vom Aktenordner bis zum Fertighaus. Sie haben Top-Designer engagiert, sagen es aber niemandem. »Wir lassen lieber das Design für sich selbst sprechen«, erklärt ganz bescheiden Mujis Design-Chef Shoji Ito.

Einer der ungenannten Meister ist Yohji Yamamoto – Japans bekanntester Modedesigner.

Yamamoto und Co. : Modischer Chic aus China und Japan

Yohji Yamamoto war einer der ersten Modedesigner Japans, die man draußen in der Welt registrierte. Sein Schaffen zeigte, dass Japan mehr kann, als nur Kameras, Videorecorder und Autos zu produzieren. Parallel zur Exportoffensive von Sony und Toyota eroberten in den 80er Jahren Yamamoto, Comme-des-Garcons-Gründerin Rei Kawakubo sowie Altmeister Issey Miyake die Laufstege von Paris. Mit ihrem minimalistischen Stil und ihrer Verknüpfung von Traditionellem mit Modernem setzten die japanischen Designer neue Akzente in der bis dato westlich dominierten Modeszene.

Mit Jungstars wie Jun Takahashi, Naoki Takizawa oder dem Label A Bathing Ape wachsen neue Modegurus nach. Jun Takahashi mit seinem Label Undercover sei schon jetzt eine mächtige neue Modemacht, adelt ihn die Grande Dame des Modejournalismus, Suzy Menkes, in der *International Herald Tribune*.

Doch die asiatische Modeszene verlagert sich zusehends Richtung China. Hongkong mit seinen etablierten Modewochen sieht sich als das asiatische Modezentrum. Aber vor allem Shanghai holt auf.

Shanghai ist derzeit sicher die aufregendste Metropole Chinas, ja Asiens. Der 16-Millionen-Gigant ist ein kreativer Schmelztiegel. Hier sind – anders als im bürokratischen Beijing – in den vergangenen Jahren jede Menge Bars, Clubs, Discos und auch eine Kunstszene im Stadtteil Moganshan entstanden. Und Shanghai war immer die Textilmetropole des Landes.

Die Verbindung von textilem Know-how und Kreativität prädestiniert Shanghai geradezu, zu der Modemetropole Chinas aufzusteigen. Und dies wird auf andere Bereiche ausstrahlen. Kenta Mitsui, ein japanischer Fotograf, der von Tokio nach Shanghai zog, sagt gegenüber der *International Herald Tribune*: »In acht Jahren wird Shanghai in fast allem, von Mode über Musik bis Kunst, Tokio übertrumpfen – und selbstredend in Architektur.«

So wächst in der Architektur langsam eine neue Generation Kreativer heran, nachdem ja lange Zeit Konformität erwünscht oder befohlen war. Jedes Ausbrechen wurde geahndet und gestraft. »Es gibt nun eine völlig neue Generation, die schnell lernt and kreative Dinge macht. Das passiert nicht nur in der Architektur, sondern auch in der Mode und auf anderen Feldern«, sagt Anne Warr, Leiterin des Architektur-Büros AJC in Shanghai.

Marjorie Yang, Chefin des Textilunternehmens Esquel, das unter anderem für Boss und Brooks Brothers näht und schneidert, sagt gegenüber der *Financial Times*: »Es gibt viele junge Designer, die nicht nur kopieren, sondern ihren eigenen Stil entwickeln.« Sie nennt als hoffnungsvolles Talent Koo Ling, deren Kleider auch die Filmstars Gong Li und Zhang Zhiyi tragen. Weitere Designer mit Zukunft sind Mary Ma, Uma Wang und Ma Ke – alles Frauen in den 30ern –, die davon träumen, ein globales chinesisches Label zu kreieren.

Die aufstrebende chinesische Designergarde wird sich stärker auf die chinesische Historie beziehen. Sie werden Anleihen in den verschiedenen Dynastien nehmen. Eines Tages, sagt der bekannte malaysische Designer Zang Toi, wird es eine Gruppe sehr junger Designer geben, die exklusive Mode in China machen. »Dann müssen die Amerikaner und Franzosen nach China kommen und die Mode in ihre Länder importieren.«

Ein Label hat dies schon geschafft: Shanghai Tang, das trotz des Namens 1994 in Hongkong gegründet wurde.

Chef-Designerin ist die US-Chinesin Joanne Ooi. Sie und ihr 19-köpfiges Team kreieren jede Saison eine Kollektion rund um ein

Thema aus der chinesischen Kulturgeschichte. Bis Ende 2007 will Tang weltweit 30 Geschäfte betreiben, darunter auch in Hamburg und München. Shanghai Tang hat den Ehrgeiz, ein chinesischer Ralph Lauren zu werden.

»Wir sind – wenn Sie mal Japan ausklammern – die erste und einzige Luxusmarke, die in Asien entstanden ist«, sagt Gründer David Tang.

Mangas und seriöse Literatur

Sie heißt Mian Mian und war drogensüchtig. Kiffend, saufend, liebend zog die knapp 20-Jährige durch die Szene der beiden verruchten chinesischen Metropolen Shanghai und Shenzhen. Sie erlebte Sex, Drugs and Rock 'n' Roll auf Chinesisch. Ende der 90er Jahre schrieb sie ihre Erlebnisse auf. Heraus kam ein weitgehend autobiographischer Roman namens *Candy*. Chinas Jugendliche griffen sofort zu. Mian Mian wurde für sie zum Symbol einer freieren Welt.

Da musste die chinesische Zensur einschreiten und das Werk verbieten. In vielen Ländern – darunter auch in Deutschland – wurde *Candy* zu einem Bestseller. Die *Herald Tribune* feierte Mian Mian als »vielleicht Chinas vielversprechendste junge Autorin«. Die offiziöse *China Daily* hingegen nennt sie »China's bad girl of literature«. Doch immerhin vermeldet die Zeitung Mian Mians neuestes Werk *Panda Sex*. Auch hier geht es um Liebe und Partnerschaften, aber jenseits der Teeniewelt.

Chinas Pop-Literatur hat es schwer, aber sie ist trotzdem im Kommen. Die wichtigste Repräsentantin neben Mian Mian ist die Autorin von *Shanghai Baby* – Wei Hui. Sie beschreibt die Sturm-und-Drang-Jahre einer jungen Chinesin im boomenden Shanghai. Kurz nach Erscheinen wurde ihr Werk 1999 verboten. 40 000 Exemplare von *Shanghai Baby* wurden sogar öffentlich verbrannt. Der Name Wei Hui wurde von den Internet-Suchmaschinen gelöscht.

Doch Wei Hui lebt weiter, und zwar abwechselnd in New York und Shanghai, wo die Pendlerin zwischen zwei Welten jeweils ein Apartment hat. Und sie schreibt weiter. Ihr neues Buch hat den Titel *Marrying Buddha*.

Der Mitteilungsdrang der Mao-Enkelinnen ist offenbar enorm. Dem Beispiel Wei Huis und Mian Mians folgten andere Girls, die ihr noch junges Leben zwischen Sex, Konfuzius und Prada einem breiteren Publikum mitteilen wollten. So erschienen *Peking Girls* von Annie Wang und *China Girl* von Chun Sue.

»Richtige« Literatur dagegen tut sich schwer in China. Da gibt es den ehemaligen Zahnarzt Yu Hua, der vom Enfant terrible der chinesischen Literaturszene zu einem vielgelesenen und anerkannten Autor wurde. Seine Bestseller sind *Der Mann, der sein Blut verkaufte* und der zweibändige Roman *Brüder*. Es gibt den großen Lyriker Bei Dao und den Nobelpreisträger Gao Xingjian, der im französischen Exil lebt und schreibt und in seiner Heimat eher unbekannt ist.

Japanische und indische Autoren sind da berühmter. Kenzaburo Oe und V. S. Naipaul zum Beispiel oder der Japaner Haruki Murakami sowie die Inder Salman Rushdie, Arúndhati Roy, Amitav Ghosh und Vikram Seth, die alle in Englisch schreiben und deshalb einem großen Publikum bekannt sind.

Doch bei allem Respekt vor dem seriösen Fach: Der erfolgreichste Export Asiens beim gedrucktem Wort (und Bild) hat den Namen Manga. Es setzt sich aus den beiden japanischen Zeichen Man und Ga zusammen. *Man* bedeutet witzig und *Ga* gezeichnetes und gedrucktes Bild. In Japan versteht man unter Manga alle Comics.

Unvorstellbar: In Japan ist jedes dritte gedruckte Produkt ein Manga. Rund 1,5 Milliarden Manga-Magazine und -Bücher werden dort jedes Jahr verkauft. Das populärste Manga-Magazin ist das telefonbuchdicke *Shonen Jump*. Es hat eine verkaufte Auflage von sechs Millionen Exemplaren. Es gibt Mangas für verschiedene Zielgruppen, zum Beispiel Shojo Mangas für Mädchen und Shonen

Mangas für Jungen. Doch für alle gilt das Grundprinzip: Keine Farbe, immer schwarz-weiß, nur Sprechblasen.

Längst hat der Manga-Boom auch die Micky-Mouse-Nation USA erreicht. Zur Überraschung vieler. »Ich hätte nie gedacht, dass Manga in den USA so populär werden würde«, sagt Fred J. Schodt, Autor des Buches *Manga! Manga!*. Die großen amerikanischen Buchläden haben alle inzwischen große Manga-Ecken – allerdings sind die Mangas dort schön in Folien verschweißt, denn sie sollen ja gekauft und nicht vor Ort konsumiert werden.

Auch in Deutschland grassiert das Manga-Fieber. Die beiden führenden Verlage – Egmont und Carlsen Comics – bringen jedes Jahr zwischen 150 und 200 Mangas auf den Markt, die übrigens auch hierzulande von hinten nach vorne gelesen werden.

Welch große Gemeinde das Manga in Deutschland hat, zeigte sich anlässlich der Leipziger Buchmesse im März 2006. Die Messeleitung hatte allen Besuchern freien Eintritt versprochen, die in den Kostümen ihrer Lieblingsmangas kommen würden. Die Resonanz war überwältigend. In den Messehallen wimmelte es nur so von bunten und schrillen Manga-Figuren.

Sudoku und andere Spieltriebe

Die Premiere fand in einem englischen Pub statt. Im *Freemasons Arms* im Londoner Szeneviertel Soho wurde im Februar 2006 der erste britische Sudoku-Meister ermittelt. 142 Teilnehmer trafen sich dort zum Kästchendenken. Sponsor war – wer sonst? – die japanische Brauerei Asahi. Sie spendierte als Siegerpreis eine Reise nach Japan. Britischer Sudoku-Meister wurde letztendlich David McCrea, ein junger Mathematiker von Anfang 20.

Su-do-ku – vor über drei Jahren waren die drei Silben in Großbritannien und dem restlichen Europa nahezu unbekannt. Jetzt hat aber fast jede Zeitung ein Sudoku – ebenso wie es schon seit Jahren Kreuzworträtsel hat. Ein Sudoku besteht aus einem Quadrat mit neun Zeilen und neun Spalten. In jeder dieser Zeilen und Spalten und in jedem 3 mal 3 Felder kleinen Unterquadrat dürfen die Zahlen von 1 bis 9 nur einmal auftauchen. Hört sich kompliziert an, ist es aber nicht.

Sudoku hat zwar schweizerische und amerikanische Väter, doch zu einer Massenbewegung machten es die Japaner. 1984 griff das japanische Unternehmen Nikoli die Idee auf und veröffentlichte die Rätsel in seinen Magazinen. Es nannte sie *suji wa dokushin ni kagiru* (die Zahl muss allein bleiben), was zu Sudoku verkürzt wurde.

In kurzer Zeit wurde Sudoku in Japan ein Riesenerfolg. Während einer Reise nach Japan lernte der neuseeländische Richter Wayne Gould die Sudokus kennen. Er bot es der britischen *Times* für ihre Rätselseite an, *Daily Mail* und der *Daily Telegraph* folgten in kurzem Abstand. Danach war der Siegeszug des Sudoku nicht mehr aufzuhalten. »Das Sudokufieber brach aus und verbreitete sich schneller als ein Grippevirus. Im Frühjahr 2005 war schließlich die ganze Welt infiziert«, schreibt die *FAZ*. Der *Stern* widmete dem rätselhaften Phänomen gar eine Titelgeschichte und warnte vor einer Suchtgefahr.

Dass der Siegeszug von Sudoku in Japan begann, ist sicher kein Zufall. Asiaten sind Spielernaturen. Das kann man in den Spielhöllen des südchinesischen Macau, das inzwischen Las Vegas den Rang abgelaufen hat, bewundern. Oder in den ohrenbetäubend lauten japanischen *Pachinko*-Hallen oder auf den Straßen jeder beliebigen chinesischen Stadt, wo sich meist ältere Herren zu einem Mahjong-Spiel niederlassen. Ihre Enkelkinder dagegen spielen auf ihren Game Boys, Play Station oder Game Cube von Nintendo und Sony, übrigens alles japanische Erfindungen.

So ist es auch kein Wunder, dass die meisten Online-Spieler in Asien zu Hause sind. Die Spielsucht grassiert vor allem in China, wo es schon eine Klinik für solcherart Süchtige gibt, und in Südkorea, wo das erfolgreichste *Online-Gaming*-Unternehmen der Welt seinen Sitz hat. Es heißt NCSoft, und sein Gründer ist Kim Tack Jin, den das Wirtschaftsmagazin *Asia Inc* als »den ungekrönten König der Internetspiele« bezeichnet. Kim entwickelt ein Spiel nach dem anderen. Wer mitspielen will, muss sich gegen Gebühr registrieren lassen. Der große Gewinner dabei ist Kims Unternehmen NCSoft, das bei einem Umsatz von 140 Millionen Dollar einen satten Gewinn von knapp 50 Millionen Dollar kassiert.

Rund 17 Millionen Südkoreaner beteiligen sich an *Online-Games*. 240 von ihnen haben einen besonderen Status erreicht: Sie sind – ja, das gibt es wirklich – Profi-Computerspieler. Einer der erfolgreichsten ist Lim Yo Hwan, der in Südkorea fast ein Popstar ist. Er verdient spielend 260 000 Euro im Jahr. Wenn er auftritt, um via Computer intergalaktische Aliens zu vernichten, strömt das Publikum in die Spielhöllen. Wer keinen Platz findet, kann am heimischen Fernsehen die Schlachten verfolgen. Unvorstellbar: Gleich drei Fernsehkanäle senden 24 Stunden am Tag die Spiele der Profis.

Die koreanische Welle rollt

Wir sitzen im YY's, einer Shanghaier Künstlerkneipe. Amelie, eine chinesische Studentin, knapp über 20 Jahre alt, hört auf ihrem iPod Musik. Welche? frage ich die Assistentin meines begleitenden Fotografen. Sie nimmt den Kopfhörer aus dem Ohr und sagt: »Natürlich koreanische.« Alles, was von dort kommt, mag sie. Vor allem Musik.

Koreanisch ist »in« in China. Die koreanische Welle, die nach China schwappt, hat auch schon einen Namen. Sie heißt Han Liu. Oder auch Hanguo Re, was Korea-Fieber heißt. Als Erreger dienen vor allem Songs von Hip-Hop bis Pop und Filme – von melodramatischen Soap Operas bis zum Horrorfilm. Doch auch Design, Mode, Musik und Essen aus Südkorea werden immer beliebter. In Anspielung auf das koreanische Nationalgericht Kimchi (in Chili eingelegter, scharfer Kohl) spricht man schon von Kim chic.

Asiaten, die es sich leisten können, fliegen mal eben zum Shoppen nach Seoul. Wer nicht, kauft zum Beispiel in *Korea City* in der obersten Etage des *Xidan Shopping Center* in Beijing ein.

Die großen Renner sind koreanische Soap Operas. Eines dieser TV-Dramen heißt *Dae Jang Geum* oder »Ein Juwel im Palast«. Es geht um eine Intrige am Hofe der Chosun-Dynastie. Diese Serie war seit 25 Jahren die erfolgreichste Show im Fernsehen in Hongkong. Rund 50 Prozent der Hongkonger schauten zumindest eine Folge an.

Star der Serie ist die Schauspielerin Song Hye Kyo. »Koreanische Schauspielerinnen haben elegante Nasen. Sie sehen so hübsch aus«, schwärmt Cate Siu aus Hongkong gegenüber *The Wall Street Journal*. Um ihrem Idol ebenbürtiger zu werden, flog sie zur Schönheitsoperation nach Seoul. Die Koreanerinnen haben – im Vergleich zu anderen Asiatinnen – größere Nasen, größere Augen und eine hellere Haut.

Chung Jong Pil, Chef der Cinderella-Klinik für plastische Chirurgie in Seoul, sagt: »Viele meiner Patienten bringen ein Foto eines koreanischen Stars mit und sagen: So möchte ich aussehen.« Seine Patientinnen kommen meist aus China, Taiwan und Honkong.

Soziologen haben versucht, diesen Trend zu analysieren. Sie interpretieren ihn als eine Reaktion oder gar Rebellion gegen das westliche Schönheitsideal, das die internationalen Medien beherrscht. Überall blicken einem – selbst in Asien – in der Werbung westliche Models entgegen.

Habib Khondker, Soziologe an der National University of Singapore, sagt gegenüber dem *Wall Street Journal,* dass die Korea-Schwärmerei Teil einer regionalen Wiederfindung einer asiatischen Identität sei. »Es ist eine Art Pan-Asianismus«, meint Khondker.

Südkorea ist unverdächtig und hat keine aggressive, kriegerische Vergangenheit wie Japan. Südkorea ist wie ein Filter für westliche Werte. Korea ist keine große Macht. »Wir wissen, dass Südkorea und die USA ähnliche politische und wirtschaftliche Systeme haben. Aber es ist leichter für uns, den Lifestyle Südkoreas zu akzeptieren, weil uns die Koreaner kulturell viel näher stehen«, sagt Qinghua-Student Qu Yuan in Beijing.

Besonders beliebt ist K-Pop. Das Kürzel steht für südkoreanische Popmusik. Der Aufstieg des K-Pop begann in den 90er Jahren. Jetzt wird er in ganz Asien gehört, und seine Interpreten werden verehrt. Die größten Stars sind BoA, Rain, Se7en und das Mädchen-Trio S. E. S. Der weibliche Teenie-Star BoA verkaufte zum Beispiel in Japan mehr CDs als US-Weltstar Britney Spears. Hip-Hopper Rain füllt locker ein 40 000-Mann-Stadion in Beijing. Im Februar 2006 waren sogar seine beiden Konzerte im New Yorker Madison Square Garden in kurzer Zeit ausverkauft. »Ich war wirklich überrascht, die Hälfte der Besucher waren Nicht-Asiaten«, staunte Rain alias Jung Ji Hoon. Ein Zeichen, dass die Korea-Welle auch über den Pazifik in die USA geschwappt ist.

Viele Amerikaner – jung wie alt – schwärmen für südkoreanische Musik und schauen deren Soap Operas und Filme an.

Und auch koreanisches Essen wird in den USA immer populärer. Das amerikanische Magazin *Health* wählte das Nationalgericht Kimchi zu einem der fünf gesündesten Gerichte der Welt. Die kulinarische Vielzweckwaffe soll vor Krebs schützen, die Verdauung fördern, das Immunsystem stärken und – wer's glauben mag – sogar die Vogelgrippe verhindern.

Curry und Sushi: Asiens Küchen in aller Munde

Die 32. Straße in Manhattan ist fest in koreanischer Hand. Zwischen *Fifth Avenue* und *Broadway* gibt es südkoreanische Banken, Kioske, Lebensmittelläden und viele Restaurants. Hier kann man köstlich koreanisch essen. Hier gibt es Bulgogi, das traditionelle Rindfleischgericht, und hier gibt es Kimchi Zhigee, einen himmlischen Eintopf, der aber teuflisch gewürzt ist.

»Spicy, isn't it?«, fragt mich fast jedes Mal die Bedienung scheinheilig und kichert dabei schelmisch. Ja, es ist scharf, sehr scharf sogar. Aber dadurch ist dieser brodelnde Eintopf auch authentisch. Die koreanischen Köche machen eben auch im fernen New York keine Kompromisse.

Auch weiter südlich in Manhattan, in *Chinatown,* isst man meist so authentisch wie in Guangzhou, Chengdu, Shanghai oder Beijing. Doch außerhalb der Chinatowns, der koreanischen und japanischen Viertel in den amerikanischen Großstädten lässt die Authentizität asiatischen Essens stark nach. Trotzdem (oder deswegen?) sind die asiatischen Küchen weltweit in aller Munde.

In fast jedem amerikanischen Städtchen oder jedem europäischen Dorf gibt es inzwischen ein China-Restaurant. Sie heißen meist Goldener Drache oder Bamboo Garden. So monoton schmeckt auch das Essen: Wan-Tan-Suppe, Ente süß-sauer, Chop Suey – Gerichte, die die Chinesen so nie essen würden. Die Westler schlucken es.

Und in fast jeder größeren Stadt dieser Welt haben inzwischen auch die Japaner Einzug gehalten – ob in São Paulo (wo es übrigens wegen der großen japanischen Gemeinde viele hervorragende japanische Restaurants gibt) oder in Moskau. Es ist eben schick, sich an eine Art Bar zu hocken und sich von einem laufenden Band Tellerchen mit Sushi und Sashimi zu greifen. Auch hier kann man nur bedauern, dass sich die vielfältige japanische Küche im Ausland meist nur auf Sushi und Sashimi reduziert.

Sei's drum: Die asiatischen Küchen haben sich außerhalb Asiens etabliert und sind weiter auf dem Vormarsch. Chinesische, japanische, indische und Thai-Restaurants gehören inzwischen vielerorts zum Straßenbild. Unterstützt werden sie in ihrem kulinarischen Feldzug von Ess- und Gourmetzeitschriften in aller Welt, die schon seit Jahren den diversen asiatischen Küchen huldigen, weil sie so gesund sind. Asiatische Kost wird mit den Attributen leicht und lecker verbunden. Sie trifft zum idealen Zeitpunkt auf den westlichen Zeitgeist des Fitness- und Wellness-Wahns.

Asiatisches Essen ist deshalb »in«, ob im Restaurant oder in den eigenen vier Wänden. Überall werden Asia Shops eröffnet, wo es selbst entlegene Gemüsesorten und Gewürze zu kaufen gibt. »Vor 15 oder 20 Jahren konnte man fast gar keine asiatische Zutaten in einem (amerikanischen) Supermarkt bekommen«, sagt der US-Fernsehkoch Martin Yan (*Yan Can Cook Shows*). »Wenn Sie aber heute zum Beispiel in einen Supermarkt in Los Angeles gehen, sehen Sie ein chinesisches Regal, ein japanisches und ein thailändisches«.

Alles ist in einer oft unglaublichen Vielfalt vorhanden: Reisnudeln, Buchweizennudeln, Ramennudeln, Glasnudeln und Eiernudeln. Unterschiedliche Soja-Saucen. Die ganze Farbpalette der thailändischen Curry-Pasten – von Grün über Gelb bis Rot. Und, und …

Den kulinarischen Asien-Boom haben inzwischen einige japanische Restaurant-Ketten erkannt. Sie wollen die Welt erobern und expandieren erst einmal sehr aggressiv in den USA. Zum Beispiel die Yoshinoya-Kette, eine Art japanischer McDonald's. Sie hat in Japan rund 1000 Restaurants und in den USA schon knapp 100 Dependancen, hauptsächlich in Kalifornien. Ziel der Yoshinoya-Strategen sind in den USA rund 1000 Filialen.

Da muss und will McDonald's – der Inbegriff amerikanischer Esskultur – kontern und asiatische Kost anbieten. Gab es früher immer mal wieder so genannte McWok-Wochen, so gibt es nun regelmäßig asiatisch angehauchte Speisen auf der Karte. Zum Beispiel einen asiatischen Salat mit gegrilltem Hähnchen, Mandarinen und Sesam-Ingwer-Sauce oder *Spicy Chicken Sandwiches*. Im Mai 2006 hat McDonald's deshalb in Hongkong eigens ein *Food Studio* eingerichtet, wo asiatische Speisen für die Märkte der Welt kreiert werden sollen.

Das Beispiel McDonald's zeigt: Der Kultur-Imperialismus der Amerikaner stößt an seine Grenzen. Nicht alles, was aus den USA kommt, wird stillschweigend geschluckt. Die Asiaten halten erfolgreich dagegen. Ohne große Marketing Power, sondern kraft ihrer besseren Produkte und Ideen. So eroberten sie auch in den vergangenen Jahren die Fitness-Studios und Gyms der westlichen Welt.

Fernöstliche Weisheiten: Von Ayurveda bis Yoga

»Möchten Sie eine Kopfmassage?«, fragte Friseuse Carina bei meinem Hamburger Friseur, als ich mich im Sessel niederließ, um mir einfach nur die Haare schneiden zu lassen. Auf die Konsole vor dem Spiegel stellte sie eine Tasse dampfenden Tees. Dort liegt auch ein kleiner Prospekt mit dem Hinweis auf allerlei Ayurveda-Mittelchen.

Ayurveda ist in, ob beim Friseur in Hamburg-Eppendorf oder im legendären Taj Mahal Hotel in Mumbai. Dort heißt den Gast eine Broschüre auf dem Zimmer willkommen »to a Royal Experience of the ancient healing wisdom of India«. Das Angebot reicht von einer einstündigen Fußmassage über eine traditionelle indische Kopfbehandlung bis hin zu holistischen Therapien.

Ayurveda stammt aus Indien und ist eines der ältesten ganzheitlichen Medizinsysteme der Welt. Rund 3500 Jahre alt soll »die Wissenschaft vom Leben« – so die wörtliche Übersetzung von Ayurveda – sein. Aber erst in den Jahrhunderten um Christi Geburt wurde sie zu dem, was wir heute Ayurveda nennen. Inzwischen ist Ayurveda auf dem besten Wege, auch im Westen ernst genommen zu werden. »Die indische Medizin wird in die EU eindringen, ob wir wollen oder nicht«, prognostiziert Horst Przuntek, Chefarzt der Neurologie am Klinikum der Universität Bochum gegenüber *Focus*.

Ayurveda ist im Westen der letzte Schrei in dem schon seit Jahren anhaltenden Boom fernöstlicher Heilslehren. Mit Yoga fing es vor zwei, drei Jahrzehnten an, dann tauchten die chinesischen Bewegungslehren Qigong und Tai-Chi auf, vor ein paar Jahren kam nun Ayurveda hinzu.

In jeder Buchhandlung gibt es inzwischen eine Ecke oder ganze Regale mit Lektüre über diese asiatischen Weisheiten. Insbesondere Frauenzeitschriften drucken in fast jeder Ausgabe asiatische Gesundheits- und Ernährungstipps. Darauf spezialisierte Reiseveranstalter schicken gestresste Kunden zum Kuren ins indische Goa oder auf die Insel Sri Lanka. Und sich nach *Feng-Shui*-Prinzipien einzurichten ist längst gang und gäbe.

Sicher, es ist im Westen schick geworden, mit fernöstlichen Methoden Stress zu bewältigen, gesünder zu leben und Krankheiten vorzubeugen. Aber es scheint mehr als nur eine Mode zu sein, denn immer mehr Menschen erkennen die Vorzüge dieser asiatischen Lehren. Und längst ist auch der Hauch von Esoterik verflogen, den einst vor allem das Yoga umgab.

»Yoga wird mehr und mehr zum festen Bestandteil westlicher Lebenskultur«, sagt Anna Trökes, Yoga-Lehrerin und Autorin des Buches *Yoga – Kraft für die Seele*. Inzwischen existieren verschiedene Yoga-Richtungen. Popstar Madonna schwört auf Ashtanga Yoga, andere wiederum auf Power Yoga. Als das derzeit trendigste Yoga gilt Bikram Yoga. Dabei werden die Übungen bei schweißtreibenden Temperaturen von bis zu 40 Grad praktiziert. Rund 600 solcher Yoga-Saunas gibt es schon weltweit.

Konkurrenz bekam das indische Yoga in den vergangenen Jahren von den chinesischen Lehren Tai-Chi und Qigong. Nahezu jede Volkshochschule, jedes deutsche Fitness-Studio oder amerikanische Gym hat dazu Kurse in seinem Programm oder Angebot. In Parks großer Städte kann man immer öfter Tai-Chi-Gruppen beobachten, die die langsamen tanzähnlichen Bewegungen in aller Öffentlichkeit praktizieren.

Die zunehmende Akzeptanz dieser hilfreichen chinesischen Übungen hilft auch, das Image Chinas zu verbessern, und stärkt damit auf subtile Weise die *Soft Power* Chinas.

Chinas globale Charmeoffensive

Konfuzius lebte von 551 bis 479 vor Christus. Heute lebt der große weise Meister Chinas wieder auf. Als Namensgeber einer Institution, die sich derzeit weltweit rasant ausbreitet: des Konfuzius-Instituts. Im November 2004 wurde in der südkoreanischen Hauptstadt Seoul das erste seiner Art eingeweiht. Inzwischen gibt es über 100 dieser Konfuzius-Institute weltweit, in Amerika, Afrika, Asien und Europa.

Sie sollen chinesische Kultur und Sprache vermitteln, so wie es schon seit Jahrzehnten für die Bundesrepublik die deutschen Goethe-Institute im Ausland tun. Doch anders als die Macher der inzwischen finanziell klammen Goethe-Institute bauen die chinesischen Kulturexporteure keine neuen Gebäude oder mieten große Häuser. Sie gehen Kooperationen mit Universitäten des Gastlandes ein. Sie nutzen so deren Infrastruktur und greifen auf deren vorhandene Lehrkräfte der Sinologie zurück.

So sind in Deutschland die FU Berlin und die Uni Erlangen-Nürnberg die ersten Partner auf deutscher Seite. Weitere werden rasch folgen. Die chinesische Regierung spendiert lediglich ein Startkapital, im Falle Berlins waren es rund 80 000 Euro.

Bis zum Jahr 2010 sollen über 100 weitere solcher Konfuzius-Institute entstehen. Sie bieten – neben Vorträgen und Ausstellungen – vor allem Sprachunterricht, von Anfängerkursen bis zum Superintensivkurs, an. Sie werden auf große Nachfrage stoßen. Weltweit lernen bereits 30 Millionen Menschen Chinesisch. Sie tun dies, weil sie ahnen, dass China die kommende Weltmacht wird und dass es vielleicht auch ein beruflicher Vorteil sein könnte, in der Sprache des neuen Giganten parlieren zu können.

Einige studieren deshalb die schwierige Sprache im Kindesalter. Zum Beispiel die Tochter von Paige und Jim Rogers, einem Rohstoff-Guru an der Wall Street. Seit ihrem zweiten Lebensjahr lernt sie mit ihrem chinesischen Kindermädchen Shirley die chinesische Hochsprache Mandarin. Rogers erklärt im *Spiegel,* warum er das macht: »China wird die nächste Supermacht der Welt, wir glauben, dass wir etwas sehr Gutes für unsere Tochter tun.« Nannys aus China sind deshalb gefragt wie nie in den USA. »Wir verzeichnen in den Vereinigten Staaten ein gewaltig steigendes Interesse an chinesischer Kultur und Sprache«, sagt Michael Levine von der *Asia Society* in New York.

In Deutschland bieten rund 30 Gymnasien Chinesisch als Fremdsprache im regulären Fächerkanon an. Weitere 70 Schulen haben AGs eingerichtet. »In den letzten Jahren ist das Interesse deutlich gestiegen. Überall, wo Chinesisch neu angeboten wird, wird das sofort gut angenommen«, sagt Professor Andreas Guder, Vorsitzender des Fachverbands Chinesisch, gegenüber *Spiegel Online*.

Es ist ein weltweiter Trend: »Im Moment ist ein großer Hype um das Chinesisch ausgebrochen, besonders in unseren Nachbarländern«, sagt Xu Lin, die im Auftrag der Beijinger Regierung die chinesische Sprache im Ausland promotet. In Südkorea hat Chinesisch bereits Englisch als die populärste Sprache abgelöst.

Die Regierung in Beijing engagiert sich auch, weil ihr zunehmend missfällt, wie das Land im Ausland gesehen wird. Einmal als wirtschaftlicher Riese, der andere Volkswirtschaften bedroht. Dann als Preistreiber bei vielen Rohstoffen. Oder als menschenmordender Unrechtsstaat. Und – so sehen es zumindest die Amerikaner – als potenzielle aggressive militärische Großmacht, die ihnen die Weltführerschaft streitig macht.

Beijing hat deshalb ein Imageproblem. Das gerne durch einen Drachen symbolisierte China hat für viele im Westen etwas Bedrohliches. Sprache, Schrift, Aussehen – alles ist so fremd, und das macht den Menschen dort eine gewisse Angst. Diese Angst will man durch die Arbeit der Konfuzius-Institute zumindest etwas nehmen. Der Name Konfuzius ist dabei eine geschickte Namenswahl: Der weise Mann steht für Frieden und Harmonie, also Werte, mit denen China so gerne assoziiert werden möchte.

»China betreibt mit dem Namen Konfuzius eine gezielte Markenpolitik«, sagt Tom Ramoser, der als Marketing-Experte der Unternehmensberatung Roland Berger die meiste Zeit in Beijing lebt. »Primärer Zweck ist, Chinas Ambitionen als friedliche Macht nach außen darzustellen«, erklärt Ramoser.

China, das mit seiner Charmeoffensive zum ersten Mal so etwas wie auswärtige Kulturpolitik betreibt, läuft damit zusehends den USA den Rang ab.

Teil III
Die Folgen von Abstieg West und Aufstieg Ost

Am Ende dieses stürmischen Aufholprozesses der asiatischen Mächte wird eine völlig andere Welt entstehen. Eine Welt, die nicht mehr – wie in den vergangenen Jahrhunderten – vom Westen dominiert sein wird. Es wird eine überwiegend fernöstlich geprägte Welt sein oder jedenfalls eine nicht-westliche Welt, wenn man Brasilien und Russland miteinbezieht.

Für die Menschen im Westen – gerade auch für die politisch verantwortlich Handelnden unter ihnen – wird das eine völlig neue Erfahrung sein. Sie haben sich immer überlegen gefühlt, sie sahen sich als Mittelpunkt der Welt, um den die anderen Staaten wie Satelliten kreisten. Sie gehörten zur entwickelten Welt, die anderen waren die Entwicklungsländer.

Doch mit dem Aufstieg der BRIC-Staaten und anderer, vor allem asiatischer Länder gilt diese simple Zweiteilung der Welt nicht mehr. Es entsteht in den nächsten Jahren eine neue Weltordnung, die nicht mehr auf dem Antagonismus von reichem Norden und armem Süden basiert. Wir steuern auf eine multipolare Welt zu, in der die nicht-westlichen Mächte zunehmend dominieren werden. Diese Neujustierung des Globus wird für uns alle wirtschaftliche, politische und gesellschaftliche Folgen haben.

Die wirtschaftlichen Folgen: Es wird zunehmend zu Auseinandersetzungen zwischen Westen und Nicht-Westen kommen. Diese neuen kalten Kriege werden sich auf verschiedenen Ebenen mit unterschiedlichen Akteuren abspielen. Arbeitnehmer im Westen führen einen (aussichtslosen) Kampf um ihre Arbeitsplätze, die ihnen ihre Kollegen aus Asien zunehmend wegnehmen werden. Unternehmen im Westen müssen sich der wachsenden Konkurrenz aus den BRIC-Staaten stellen, deren mächtiger werdende Konzerne kostengünstiger produzieren können. Und die Staaten kämpfen untereinander um die immer knapper werdenden Rohstoffe, vor allem um Öl und Gas. Kriege um Ressourcen sind deshalb nicht mehr auszuschließen (Kapitel 10).

Die politischen Folgen: Die derzeit noch alleinige Weltmacht USA verliert an Terrain. In Afrika, Asien, ja selbst in ihrem Hinterhof Südamerika geht ihr Einfluss immer weiter zurück. Währenddessen wird China zur zweiten Weltmacht aufsteigen, Brasilien und Indien entwickeln sich zu wichtigen Regionalmächten, Russland zur Energie-Großmacht. Diese neuen selbstbewussten Nationen beginnen bereits untereinander zu kooperieren, um eine Gegenmacht zum bislang herrschenden Westen aufzubauen. Und sie fordern in den wichtigen internationalen Organisationen – von der G8 über die WTO bis zu den Vereinten Nationen – wesentlich mehr Mitsprache, die sie aufgrund ihrer wirtschaftlichen Stärke auch zwangsläufig bekommen werden (Kapitel 11).

Die gesellschaftlichen Folgen: Der Aufstieg der asiatischen Welt ist auch ein Angriff auf den westlichen Wertekanon. Der wirtschaftliche Boom Asiens basiert ja nicht nur auf einem Heer von Millionen billiger Arbeitskräfte, sondern auch auf einem Wertesystem, das anders als unser westliches ist. Wir müssen Teile des asiatischen Systems adaptieren, um mittel- und langfristig mithalten zu können. Es wird deshalb zu einer Konvergenz der Werte- und auch politischen Systeme zwischen West und Ost kommen (Kapitel 12).

10 Die neuen kalten Kriege

»Die Kriege der Zukunft werden vor allem um Besitz und Kontrolle von lebenswichtigen Wirtschaftsgütern geführt – besonders von Rohstoffen.«

Michael T. Klare, amerikanischer Wissenschafter und Buchautor

Der Kalte Krieg ist friedlich beendet worden. Die ideologischen Grabenkämpfe aus jener – inzwischen so fern erscheinenden – Zeit sind längst vorbei. Der Sozialismus oder Kommunismus kämpft nur noch auf Kuba und in Nordkorea ums Überleben.

Aber sonst hat der Kapitalismus in seinen unterschiedlichsten Ausprägungen gesiegt, selbst im formal noch kommunistischen China, das längst einem Manchester-Kapitalismus frönt. Brasilien und Indien haben ebenfalls ihre staatssozialistischen Träume begraben. Russland ist binnen kürzester Zeit vom Kommunismus zum Kapitalismus konvertiert.

Privatisieren, Liberalisieren, Deregulieren heißen die Schlagworte, die sich fast universal durchsetzen. Märkte werden geöffnet, Zölle gesenkt, Handelshürden eingerissen.

Plötzlich integrieren sich Staaten in die Weltwirtschaft, die sich vorher abgeschottet haben und nur spärlich am globalen Güteraustausch beteiligt waren. China ist vor fünf Jahren der Welthandelsorganisation WTO beigetreten, Indien und Russland werden es bald tun. So hat es der Westen immer gewollt.

Und nun wundert er sich über die Folgen. Er wundert sich, dass China ihn mit Exporten überschwemmt. Er wundert sich, dass Unternehmen aus China, Indien und Russland seine Unternehmen aufkaufen, und er wundert sich, dass diese aufstrebenden Länder immer mehr Rohstoffe brauchen und deswegen deren Preise drastisch steigen.

Die Globalisierung ist kein Spiel, in dem es nur Gewinner gibt, auch wenn uns die Globalierungsfans in Wirtschaft und Wissenschaft das immer weismachen wollen. Auch hier gibt es Gewinner und Verlierer. Und ein Teil der Verlierer sitzt erstmals im Westen. Es sind vor allem die Arbeitnehmer, die ihre Arbeitsplätze verlieren. Es werden die Multis sein, die plötzlich Konkurrenz bekommen. Es sind alle, wenn die Rohstoffe immer knapper und deshalb teurer werden. Die Welt ist deshalb nach dem Ende des Kalten Krieges nicht friedfertiger geworden. Im Gegenteil: Durch das Auftreten der neuen mächtigen Länder kommt es zu ganz neuen Formen von Verteilungskämpfen. Es drohen neue kalte Kriege um

- Arbeitsplätze, denn durch den Eintritt Chinas und Indiens steht dem globalen Arbeitsmarkt die unvorstellbare Zahl von rund drei Milliarden neuen Arbeitskräften zur Verfügung. Sie konkurrieren immer mehr mit denen im Westen, ob Fabrikarbeiter oder Büroangestellter;
- Talente: Trotz Massenarbeitslosigkeit fehlen dem Westen zunehmend die nötigen Fachkräfte, um im weltweiten Innovationswettlauf mithalten zu können. Vor allem die USA »produzieren« viel zu wenige Ingenieure. Ganz im Gegensatz zu den asiatischen Ländern. Es droht ein *War of Talents.*
- Ideen und Patente: Weil sich vor allem die Chinesen wenig um das Recht an geistigem Eigentum kümmern, wird es zunehmend Konflikte um Ideen und Patente geben.
- Märkte: Bis vor kurzem beherrschten die großen Konzerne des Westens die globalen Märkte. Sie waren nahezu konkurrenzlos. Doch nun treten immer mehr Wettbewerber aus den neuen aufstrebenden Ländern Asiens auf. Es wird zu Kämpfen zwischen Multis (alt) gegen Multis (neu) kommen.
- Rohstoffe: Die Auseinandersetzungen vor allem um Öl und Gas werden weiter zunehmen. Aus zwei simplen Gründen: Die

Nachfrage steigt vor allem durch den Energiebedarf der beiden rasant wachsenden Mächte China und Indien enorm, und das Angebot an Öl geht langsam zurück. Der *Peak* scheint erreicht.

Diese drohenden Auseinandersetzungen haben unterschiedliche Eskalationsstufen. Nur eine Auseinandersetzung hat das Potenzial zum gewaltsamen Konflikt: Der Kampf um Öl und Gas. Denn Öl ist – so der Energie-Experte Daniel Yergin – »die treibende Kraft der Industriegesellschaften und das Lebensblut der Zivilisationen«. Und keine Nation kann überleben, wenn diese Blutzufuhr gestoppt wird. Also wird sie alles tun, um an das lebensnotwendige Öl zu kommen – notfalls mit Gewalt.

Der globale Kampf um Arbeitsplätze

Die Firmenchefs und Unternehmer sagen es so brutal nicht, aber es ist in Wirklichkeit Erpressung: Wenn ihr nicht einer Arbeitszeitverlängerung und/oder einer Lohnkürzung zustimmt, verlagern wir einfach die Produktion, und eure Arbeitsplätze sind verloren. Diese Forderung hören immer mehr Arbeitnehmer in Deutschland, Europa oder den USA. Viele Unternehmensführer ringen so ihren Beschäftigten Betriebsvereinbarungen ab und nennen sie Bündnisse für Arbeit, obwohl es in Wirklichkeit Bündnisse gegen Arbeit sind.

Sukzessive pressen Unternehmen ihren Mitarbeitern in den westlichen Ländern Zugeständnisse ab. Und die Arbeitnehmer können kaum Widerstand leisten. Ihre kurzen Streiks sind meist nur ein (Triller-)Pfeifen im Walde. Eine soziale Errungenschaft nach der anderen – Pinkel-Pause, Weihnachtsgeld, 13. Gehalt – kassieren die Arbeitgeber wieder ein. Das ist inzwischen deutsche, westeuropäische und zum Teil auch nordamerikanische Wirklichkeit.

Der Grund: Der globale Kampf um die Arbeitsplätze hat längst begonnen. Die Arbeitsmärkte sind nicht mehr lokal, regional oder national, sie sind global. Der Arbeiter in einer deutschen Handy-

Fabrik konkurriert mit seinem »Kollegen« in China, der amerikanische Programmierer mit dem in Indien.

Das revolutionär Neue dabei ist, dass drei Milliarden Menschen als neue Wettbewerber auf den globalen Arbeitsmarkt strömen, nicht alle von heute auf morgen, aber in den nächsten Jahren und Jahrzehnten. Drei Milliarden! Das ist eine gewaltige Dimension. Das hat es bisher in der Weltwirtschaft noch nie gegeben.

Und diese Milliarden potenzieller Arbeitnehmer sind bereit, um fast jeden Preis Arbeit zu übernehmen. Allein in China wartet eine industrielle Reservearmee von zwischen 700 und 800 Millionen Menschen begierig darauf, ein paar Dollar am Tag zu verdienen. »Angesichts dieser enormen Reservearmee ist es unwahrscheinlich, dass die Lohnkosten in China rasch ansteigen werden«, glaubt der Wissenschaftler Dirk Messner. Das Gleiche gilt in etwas reduzierter Form auch für das Ein-Milliarden-Volk Indien.

Dieses globale Überangebot an Arbeitskräften hat zwei Folgen für die Arbeitnehmer im Westen. Erstens werden viele ihren Job verlieren, denn es wird zu weiteren Produktionsverlagerungen in jene hungrigen Länder kommen. Und zweitens müssen diejenigen, die ihren Job noch nicht verloren haben, mit bestenfalls stagnierenden, meist jedoch mit sinkenden Reallöhnen rechnen. In Deutschland arbeiten nach Berechnungen des nordrhein-westfälischen Instituts Arbeit und Technik schon heute fast zehn Prozent der Beschäftigten für weniger als die Hälfte des Durchschnittslohns, also 7,38 Euro pro Stunde.

Der Anteil der verarmenden Arbeiter wird steigen. Denn es wird weiter einen »anhaltenden Druck auf die Löhne nach unten geben«, sagt Laura Tyson, Ex-Chefin der *London Business School.* Sie prophezeite auf dem 2006er *World Economic Forum* in Davos sogar, dass dieser Zustand »mindestens die nächsten 25 Jahre andauern wird«.

Auch die abgepressten Zugeständnisse aller Art machen die westlichen Arbeitnehmer nicht wettbewerbsfähiger, denn zu groß ist der Abstand zwischen ihren Löhnen und denen der Beschäftigten in den aufstrebenden Ländern. Die Arbeitnehmer hierzulande – ob im Blaumann, weißen Kittel oder auch im grauen Anzug – können den Wettlauf mit ihren asiatischen Konkurrenten nicht gewinnen. Ihre angebotene Arbeitskraft ist schlicht zu teuer.

»Wir müssen billiger und besser werden«, fordert deshalb Ökonom Hans-Werner Sinn, Präsident des Münchner ifo-Instituts, in der Zeitung *Das Parlament*. Aber um wie viel billiger? Sollen die Löhne um 10, 20 oder gar 30 Prozent sinken? Doch konkret werden die Lohndrücker-Theoretiker freilich nicht. Denn die Folge gravierender Lohnsenkungen wäre klar: »Wir verarmen, wenn wir asiatisch werden«, sorgt sich ausgerechnet Porsche-Chef Wendelin Wiedeking im *Spiegel*.

Die westlichen Gesellschaften stecken in einem unauflöslichen Dilemma: Entweder sie senken die Löhne drastisch und nehmen damit eine partielle Verelendung in Kauf. Oder sie akzeptieren mehr oder weniger stagnierende Löhne und damit eine steigende Arbeitslosigkeit.

Aber wie viel Arbeitslosigkeit ertragen die westlichen Gesellschaften? Wie lange tolerieren die Arbeitnehmer des Westens die permanenten Produktionsverlagerungen, die ihre Jobs kosten und ihre Existenz gefährden? Wird es irgendwann zu einem Aufstand der Arbeitsplatzverlierer kommen?

»Die daraus resultierenden sozialen Spannungen sind eine tickende Zeitbombe«, schreibt Kenneth Rogoff, Professor in Harvard, in der *Financial Times Deutschland*. Eine Zeitbombe mit Sprengkraft, die die Gesellschaften des Westens schwer erschüttern kann.

Doch seltsam: Mit diesen zentralen Fragen beschäftigt sich kaum jemand in Deutschland. Weder die Politiker noch die Wissenschaftler. Die Politiker geben sich seit Jahren der Illusion hin, dass sie mit milliardenteuren arbeitsmarktpolitischen Maßnahmen die Arbeitslosen von der Straße holen könnten. Aber weder mit Hartz IV noch mit einem imaginären Hartz VIII können sie dem Problem der Massenarbeitslosigkeit begegnen.

Und die überwiegend neoliberale Schar der Wirtschaftsprofessoren – fast alle im Besitz unkündbarer und gutdotierter Beamtenjobs – glaubt, dass man nur den Arbeitsmarkt reformieren müsste, dann wäre das Arbeitslosenproblem gelöst. So meint stellvertretend für diese Zunft Norbert Berthold, Professor an der Uni Würzburg, ernsthaft in der *Frankfurter Allgemeinen Sonntagszeitung*: »Auch in Zeiten der Globalisierung ist Vollbeschäftigung möglich.« Man müsse nur die Löhne senken und »mehr Wettbewerb, vor allem auf den Arbeitsmärkten«, zulassen. Also weg mit dem Kündigungsschutz, den Tarifverträgen und dem ganzen Sozialklimbim. Doch selbst wenn man das alles abschaffen würde, wären die deutschen Arbeitnehmer immer noch nicht wettbewerbsfähig gegenüber ihren neuen Konkurrenten.

War of Talents – Buhlen um die klügsten Köpfe

Viele kluge Köpfe kamen im vergangenen Jahrhundert in die USA, das gelobte Land. Darunter waren Genies wie Albert Einstein oder spätere Unternehmensgründer wie Samuel Goldwyn (Film), Helena Rubinstein (Kosmetik), Adolphus Bush (Bier) oder auch Finanz-Gurus wie George Soros.

Und auch zum Ende des 20. Jahrhunderts – in den Zeiten des Internet-Booms – waren die USA Magnet für Technik-Freaks aus aller Welt. So gründete der Russe Sergey Brin die Suchmaschine Google und der Taiwanese Jerry Yang den Konkurrenten Yahoo mit.

Ohne diese Mithilfe ausländischer Denker und Lenker wäre Amerikas Aufstieg nicht möglich gewesen. Ohne diese bekannten, aber vor allem ohne die Hunderttausende unbekannter Entrepreneure, Ingenieure, Tüftler und Wissenschaftler wären die USA nicht zu dem geworden, was sie heute – noch – sind: die führende Technologie- und Wirtschaftsmacht der Welt.

Doch diese Macht bröckelt. Es kommen immer weniger Ausländer mit hohem IQ ins einst gelobte Land. Aber nicht nur das. Es verlassen auch immer mehr kluge Köpfe das Land der tausend Möglichkeiten. Dieser *reverse brain drain* hat für die Vereinigten Staaten gravierende Folgen. »Die USA sehen sich nun der größten Herausforderung seit dem Beginn ihrer Industrialisierung gegenüber«, schreibt Richard Florida in seinem Buch *The Flight of the Creative Class – The New Global Competition for Talent*.

Der Historiker sieht die USA mittendrin in einem »neuen globalen Wettbewerb um Talente«. Dieser Kampf – so Florida – werde in den nächsten Jahrzehnten die Welt radikal verändern. Denn der weltweite Wettbewerb der Zukunft gehe nicht mehr nur um Waren oder Dienstleistungen, sondern um Menschen, kluge Menschen – die so genannte *creative class*.

Florida taxiert diese globale Klasse der Kreativen auf 100 bis 150 Millionen Menschen. Um diese Elite kämpfen immer mehr Nationen, vor allem westliche und asiatische. Der Sieger heißt häufig nicht mehr USA, von Europa ganz zu schweigen. »Wir verlieren den Krieg um die Talente«, sagt schon fast resignierend der ehemalige IBM-Chef Louis Gerstner gegenüber *Newsweek*.

Die Regierung Bush hat ein großes Maß Mitschuld an dieser Entwicklung. Infolge des 11. Septembers verschärfte sie durch den *Patriot Act of 2001* zusammen mit dem *Border Security and Visa Reform Act of 2002* die Einreisebestimmungen. Die Folge: Immer weniger Studenten und Wissenschaftler dürfen und wollen in die USA. Zum ersten Mal in der amerikanischen Geschichte entscheiden sich Spitzenwissenschaftler aus dem Ausland nicht mehr in ausreichender Zahl für das einst so verheißungsvolle Land.

Besonders fatal ist, dass parallel zu dieser Entwicklung immer mehr in den USA lebende Ausländer dem Land den Rücken kehren. So haben in den vergangenen Jahren jeweils rund 200 000 Immigranten – darunter viele kluge Köpfe – die USA wieder verlassen.

Buchautor David Heenan warnt: »Wenn das so weitergeht, wird aus unserer Nation von Immigranten eine Nation von Emigranten. Wenn unsere besten Köpfe woanders hingehen, ist das der Anfang vom Ende der amerikanischen Ausnahmestellung.«

Vor allem die Asiaten wandern aus. Sie kehren zurück in ihre boomenden Heimatländer – nach Südkorea, nach Taiwan, aber vor allem nach China und Indien. Die klugen *Overseas Chinese* in den USA werden schon seit Jahren von der Regierung in Beijing umworben. Und viele folgten und folgen dem Ruf, geködert auch durch finanzielle Anreize.

Die Inder im Ausland – kurz *NRI, Non-Resident Indians* genannt – dagegen zögerten lange, zurückzukehren. Und die Regierung in Neu-Delhi kümmerte sich bis vor kurzem wenig um sie. Doch jetzt ist bei beiden ein Sinneswandel eingetreten. »(Premierminister) Singh sieht die 20 Millionen Inder im Ausland als eine Goldmine voll wissenschaftlichem Know-how«, sagt David Heenan. Und so kehren immer mehr Inder in ihr boomendes Heimatland zurück.

Streit um Ideen und Patente

Der QQ ist ein schlichter chinesischer Kleinwagen. Er kostet rund 4000 Euro und ist somit für viele Chinesen erschwinglich. Innerhalb von wenigen Jahren ist er zum beliebtesten Auto der Chinesen geworden. Der QQ ist also ein Erfolgsmodell.

Die Manager des US-Autokonzerns General Motors sehen das freilich anders. Für sie ist der QQ von der Autofirma Geely eine billige Kopie ihres Chevrolet Spark. Sie gehen deshalb mit allen rechtlichen Mitteln gegen die vermeintlichen chinesischen Fälscher vor. Bislang vergeblich.

Ja, die Chinesen sind begnadete Kopierer. Sie sind in dieser Disziplin viel besser als früher die Japaner. Und sie sind weniger skrupulös. Ihr Schuldbewusstsein hält sich in Grenzen. Eigentumsrechte sind für sie ein imaginäres, schwer zu fassendes Gut. »Der Gedanke, dass die Idee, also ein immaterieller Wert, der Besitz lediglich einer Person oder einer Gruppe von Menschen sein könnte, widerspricht dem konfuzianischen Gedankengut völlig«, schreibt Hans-Joachim Fuchs in seinem Buch *Piraten, Fälscher und Kopierer.*

Die Chinesen kopieren deshalb munter weiter. Hemden von Ralph Lauren, Schuhe von Adidas, Software von Microsoft, DVDs von Warner Brothers, Maschinen von Trumpf und Autos von Toyota. Amerikanische und europäische Unternehmen regen sich über solche Dreistigkeiten mächtig auf. Deshalb gehören bei jedem westlichen Politikerbesuch in China mahnende Worte zur gefälligen Beachtung der *Intellectual Property Rights (IPR)* zum Standardprogramm.

Doch vor allem die Amerikaner haben keinen Grund, sich zum Moralapostel in dieser Frage aufzuschwingen. Wenn sie nämlich in die Gründerjahre ihrer Republik zurückblicken würden, hätten sie ein Déjà-vu-Erlebnis. Denn: »Amerikaner und Europäer, die sich derzeit über ausländischen Wissensklau aufregen, vergessen dabei, dass es vor 200 Jahren genau andersherum lief.« Diese überraschende wie unbequeme Wahrheit stammt von dem US-Historiker Doron Ben-Atar.

Er hat in seinem Buch *Trade Secrets: Intellectual Piracy and the Origins of American Industrial Power* sehr eindrucksvoll beschrieben, wie der Erfolg der amerikanischen Industrialisierung Ende des 18. und zu Beginn des 19. Jahrhunderts auf der Missachtung von Urheberrechten und auf Industriespionage basierte. Opfer der Amerikaner waren damals die Briten, die in jener Zeit die wirtschaftlich fortschrittlichste Nation der Welt bildeten. Ihnen klauten die Amerikaner – unterstützt von der Regierung – Ideen und Produkte.

Das Resümee von Ben-Atar muss chinesischen Politikern in den Ohren klingeln: »Das historische Beispiel der USA zeigt, dass Industriespionage der Königsweg zum wirtschaftlichen Erfolg ist.«

In den rund 250 Jahren seit Beginn der Industrialisierung hat es immer Ideenklau und Wirtschaftsspionage gegeben. Lange Zeit tobte dieser Wirtschaftskrieg fast nur unter den arrivierten Staaten im Westen: Amerikaner gegen Europäer, Franzosen gegen Deutsche. Doch nun wird der Westen zum ersten Mal von einer asiatischen Großmacht attackiert – und das Geschrei ist plötzlich groß.

Die neuen Multis attackieren

Jedes Jahr veröffentlicht das amerikanische Wirtschaftsmagazin *Fortune* eine Liste der 500 größten Unternehmen der Welt, die so genannten *Fortune 500*. Wer es in diese Liste geschafft hat, darf sich mit Recht Global Player nennen, also ein Unternehmen, das in der Weltliga mitspielt und nicht nur eine lokale oder regionale Größe ist.

Seit Jahren stehen an der Spitze dieser Liste immer die gleichen Namen: ExxonMobil, Wal-Mart, General Motors, Chevron, Ford, ConocoPhillips, General Electric. Unter den Top Ten sind nur US-Konzerne. Insgesamt sind die *Fortune 500* fest in westlicher Hand. Amerikaner und Europäer dominieren, dazu kommen einige Japaner und ein paar wenige Koreaner.

Doch wie lange noch werden die westlichen Konzerne so dominieren? Ihre Macht bröckelt. Die Konzerne aus den BRIC-Staaten sind im Anmarsch. Sie werden attackieren. »Eine Revolution in der globalen Geschäftswelt ist im Gange«, konstatiert das Beratungsunternehmen *The Boston Consulting Group (BCG)* in seiner Studie *The New Global Challengers*.

Eine weltweite Arbeitsgruppe von acht BCG-Beratern hat 100 Unternehmen aus den *Emerging Markets* ausfindig gemacht, die das Zeug zu einem neuen Multi haben. Die meisten kommen aus den BRIC-Staaten: 44 aus China, 21 aus Indien und 12 aus Brasilien. Nur Russland mit gerade mal sieben Unternehmen sei »stark unterrepräsentiert«, urteilen die Berater.

Mit diesen neuen, meist unbekannten Konzernen ist in den kommenden Jahren zu rechnen. Sie werden zu Konkurrenten unserer

Die neuen Multis
Aufstrebende Konzerne aus den BRIC-Staaten

Unternehmen	**Land**	**Branche**
CVRD	Brasilien	Rohstoffe
Dr. Reddy's Lab	Indien	Pharma
Embraer	Brasilien	Flugzeuge
Gazprom	Russland	Energie
Haier	China	Haushaltsgeräte
Huawei	China	Telekommunikation
Infosys	Indien	IT-Dienstleistungen
Lenovo	China	Computer
Lukoil	Russland	Energie
Mahindra & Mah.	Indien	Autozulieferer
Perdigão	Brasilien	Nahrungsmittel
Ranbaxy	Indien	Pharma
Reliance	Indien	Chemie
Severstal	Russland	Stahl
Tata Motors	Indien	Auto
TCL	China	Konsumelektronik
Wipro	Indien	IT-Dienstleistungen
ZTE	China	Telekom-Ausrüstung

Quelle: The Boston Consulting Group

westlichen Konzerne, und sie werden auf unsere Märkte vordringen. Am aggressivsten gehen dabei die Chinesen vor. Die Regierung in Beijing ist mit dem wirtschaftlichen Status quo nicht zufrieden. Sie will nicht, dass ihr Land nur die billige Fabrik für westliche Konzerne ist. Sie will, dass auch chinesische Unternehmen nach draußen gehen und globale Konzerne werden. Deshalb hat ihnen die Regierung 2000 befohlen: *Zou Chu Qu* – Schwärmt aus!

In Russland machen sich die meist noch jungen Oligarchen ans Werk, jene Multimilliardäre, die während der Privatisierung in den 90er Jahren steinreich geworden sind und sich inzwischen riesige Firmenimperien aufgebaut haben. Da ist Putins Lieblingsoligarch und Aluminiumkönig Oleg Deripaska (Vermögen: 7,8 Milliarden Dollar), ob seiner rüden Geschäftsmethoden »der Hai« genannt. Oder der Ölmagnat Vagit Alekperow (elf Milliarden), der »russische Rockefeller«. Oder der graubärtige, eher unauffällig operierende Öl- und Stahlbaron Viktor Vekselberg (zehn Milliarden), der von seinem Zweitdomizil am Zürichberg Ausschau nach europäischen Unternehmen hält.

Die noch unbekannten Konzerne – gleich, ob aus China, Indien oder Russland – werden zunehmend Unternehmen im Westen kaufen oder sich an ihnen beteiligen. Für viele im Westen ist es ein Umstand, an den sie sich erst gewöhnen müssen.

Vor allem die Amerikaner, die selbst gerne auf globale Einkaufstour gehen, tun sich schwer, die neuen Konkurrenten im eigenen Land zu akzeptieren. Als zum Beispiel im Sommer 2004 die chinesische Ölfirma CNOOC für rund 19 Milliarden Dollar den kalifornischen Ölkonzern Unocal kaufen wollte, sagten die Amis *No way*.

Auch in Europa gibt es noch Ängste, wenn exotische Ausländer eine etablierte Firma kaufen wollen. Schön zu studieren war dieser Fall unternehmerischer Fremdenfeindlichkeit am Beispiel Arcelor, einem der größten Stahlkonzerne der Welt mit Sitz in Luxemburg. Als der steinreiche indische Stahlbaron Lakshmi Mittal für sage und schreibe 26,5 Milliarden Euro Arcelor übernehmen wollte, wehrte sich das Arcelor-Management mit Händen und Füßen und wurde dabei übrigens von einigen europäischen Regierungen unterstützt. Doch vergeblich: Der Inder Lakshmi Mittal gewann die Übernahmeschlacht.

Die Versuche, sich – wie im Falle Mittal – gegen das neue Phänomen zu stemmen, sind letztlich aussichtslos. Der Siegeszug der aufstrebenden Konzerne aus Indien, China oder Russland lässt sich so nicht aufhalten. Wir werden uns daran gewöhnen müssen, dass Unternehmer mit exotischen Namen sich künftig unsere Mittelständler kaufen oder sich an unseren etablierten Konzernen beteiligen werden. Dabei wird es mit Sicherheit weitere Aufschreie geben, wenn zum Beispiel Shanghai Automotive den maroden Fiat-Konzern kaufen sollte oder hierzulande gar den stotternden Volkswagen.

In einer Industrie haben die Konzerne aus den Schwellenländern bereits eine Wachablösung der globalen Führerschaft geschafft: In der Öl- und Gasbranche. Früher waren die westlichen Ölkonzerne BP, Chevron, Exxon, Gulf, Mobil Oil, Shell und Texaco – *the seven sisters* genannt – überall auf der Welt dabei, wo Öl und Gas aus dem Boden sprudelte. Für viele Menschen waren diese ausschließlich angloamerikanischen Konzerne der Inbegriff der bösen Multis.

In den 60er Jahren, als die Ölkonzerne auf dem Höhepunkt ihrer Macht, aber auch im Zenit der Kritik standen, hatten sie Zugang zu 85 Prozent aller weltweiten Reserven. Heute dagegen sind es nur noch 16 Prozent. »Die Exxons dieser Welt sind nur noch vergleichsweise kleine Player«, sagt Gal Luft, Direktor des Institute for the Analysis of Global Security gegenüber *Business Week*.

Heute dominieren zunehmend andere Mitspieler, deren Namen vielen noch nicht geläufig sind. Sie heißen Gazprom, Saudi Aramco, NIOC (Iran) oder Pemex (Mexiko) und kommen nahezu alle aus der nicht-westlichen Welt. Sie dominieren die globalen Energiemärkte und bestimmen deshalb zunehmend die Preise von Gas und Öl.

Begehrtes Öl – wann versiegen die Quellen?

Der Ölkonzern Shell hatte im texanischen Houston einst ein Labor, das branchenweit als das beste galt. Dort forschte in den 50er Jahren ein weltweit anerkannter Geologe, aber auch unbequemer Zeitgenosse namens Marion King Hubbert. 1956 entwickelte er eine These, die seinen Arbeitgeber Shell gar nicht erfreute. Hubbert rechnete nämlich vor, dass die Erdölförderung in den USA 1971 ihren Höhepunkt erreichen würde. Danach werde immer weniger Öl aus dem amerikanischen Boden geholt werden.

Hubbert verschätzte sich – um ein Jahr. Denn nicht 1971, sondern bereits 1970 war die Erdölförderung in den USA auf ihrem Maximum angelangt. Plötzlich spottete niemand mehr über Hubbert. Er war rehabilitiert und galt von nun an als der Vater des Gedankens vom *Peak Oil.* Was bedeutet das? Nach Erreichen des *Peak* sind die Hälfte der Ölreserven erschöpft und verbraucht. Danach gibt es immer weniger Öl.

Die spannende Frage, die sich danach stellte, war: Gilt dies auch für die weltweite Ölförderung? Kann man einen Zeitpunkt errechnen, an dem die globale Ölförderung ihren Höhepunkt erreicht hat und danach abflacht?

Hubbert schaffte es nicht mehr, diese Frage zu beantworten. Er starb 1989. Aber seine geistigen Nachfahren machten sich an die Rechenarbeit. Sie gründeten die Association for the Study of Peak Oil & Gas (ASPO). Alles ehrenwerte Leute, meist Veteranen der Ölindustrie wie ihr Gründer Colin Campbell. Der Mitsiebziger arbeitete für die Konzerne BP, Texaco und Amoco. Jetzt lebt er an der irischen Westküste und erklärt dort gerne – wie Buchautor Jeremy Leggett erfahren durfte – in einem Pub seine Gedanken über den *Peak*.

Laut Campbell gibt es weltweit rund 45 000 Ölquellen, aber wichtig seien die 400 größten Felder. Allein sie enthalten mehr als 75 Prozent des gesamten bisher gefundenen Öls. Doch es würden immer weniger große Ölfelder entdeckt, die letzten vor über 20 Jahren. Rund 80 Prozent des gegenwärtig geförderten Öls stamme aus Feldern, die vor 1973 entdeckt wurden.

Colin Campbell berechnete wie Kenneth S. Deffeyes, ein Hubbert-Schüler und Autor des Buches *Beyond Oil,* den *Peak* auf 2005. Der Investmentbanker und Ex-Energieberater von George W. Bush Matthew Simmons will sich nicht auf ein Datum festlegen, sagt aber, die Förderspitze sei »wahrscheinlich nahe«. Für Chris Skrebrowski, Herausgeber der *Petroleum Review*, liegt er bei 2008 plus/minus zwei Jahre. Die Chinesen taxieren ihn auf 2012. Daniel Yergin vom Beratungsunternehmen Cambridge Energy Research Associates sagt, dass er noch vor 2020 erreicht werden würde.

Die genaue Jahreszahl ist letztlich nicht entscheidend. Viel bedeutender ist die Erkenntnis, dass wir auf diesen Punkt sehenden Auges zusteuern. Aber was bedeutet das? Thomas Seifert und Klaus Werner machen sich in ihrem *Schwarzbuch Öl* darüber Gedanken: »Peak Oil bedeutet, dass wir die Halbzeit des Ölzeitalters erreicht haben. In der ersten Hälfte war Öl billig und ausreichend vorhanden. Nun wird es knapp. Die Preise werden explodieren. Der Ölpeak ist ein unglaublicher Wendepunkt in der Geschichte der Menschheit.«

Die Kassandra-Rufe werden inzwischen auch im US-Kongress gehört. Der Republikaner Roscoe Bartlett hat dort einen Peak-Oil-Arbeitskreis formiert. »Die Welt stand noch nie einem solchen Problem gegenüber«, sagt der besorgte Abgeordnete aus Maryland in der *International Herald Tribune*.

So dramatisch sehen es natürlich die Gegner der Peak-Theorie nicht. Sie haben ihre eigene Theorie – oder ist es nur ein unerschütterlicher Glaube an das, was nicht sein darf, das schleichende Ende des Ölzeitalters?

Die Optimisten verweisen auf die Kassandra-Rufer, die es auch schon früher gegeben habe und die bislang nie Recht behalten hätten. Ihre These lautet: Es schlummert noch viel Öl, allerdings in relativ unwirtlichen Lagerstätten, entweder tief in der Erde oder in arktischen Gebieten. Doch je teurer das Öl werde, desto mehr würden sich auch diese aufwändigen Explorationen lohnen.

Zudem verweisen sie gerne auf die so genannten Ölsande. Sie liegen vor allem in Kanada. Das Öl sprudelt dort allerdings nicht in flüssiger Form an die Oberfläche, sondern ruht als sandiger Teer im Boden. Seine Exploration ist um ein Vielfaches teurer als die »normale« Ölgewinnung.

Aber selbst die Ölindustrie glaubt offenbar nicht mehr so recht an die Öl-wird-es-noch-lange-geben-Theorie. Für Chevron-Chef David O'Reilly ist die »Ära des *easy oil* vorüber«. Und BP, was eigentlich für British Petroleum steht, benutzt seine Initialen werbemäßig seit ein paar Jahren schon für *Beyond Petroleum*, also die Zeit nach dem Öl.

Wenn ein Gut wie das Öl knapp wird, aber auf eine zunehmende Nachfrage stößt, steigen die Preise. Wenn aber ein Gut so knapp wird, dass es selbst zu horrenden Preisen nicht mehr zu bekommen ist, was dann?

Der Kampf um Energie – und andere Rohstoffe

Ein neues unerfreuliches Wort wabert durch die politischen Diskussionen: Ressourcenkriege. Der US-Wissenschaftler Michael T. Klare hat den Begriff in seinem 2001 erschienenen Buch *Resource Wars* geprägt. Er besagt nichts anderes, als dass der Welt demnächst militärische Konflikte um knapper und teurer werdende Rohstoffe drohen werden. Zukünftig würden – so Klare – Kriege um jene Rohstoffe geführt werden, die »für das Funktionieren moderner Industriegesellschaften« notwendig seien.

Fast in jedem Produkt, das wir benutzen, steckt irgendein Rohstoff. Und deren Nachfrage steigt und steigt, weil sich mit China und Indien zwei gigantische Völker auf den Weg zur Industrialisierung begeben. Sie bauen Brücken, Fabriken, Flughäfen, Häuser, Straßen. All das fordert enormen Rohstoffeinsatz. Leigh Clifford, Chef des australischen Rohstoff-Giganten Rio Tinto, prophezeit: »Wir glauben, dass sie (die Nachfrage aus China) noch lange stark bleiben wird.«

Chinas Durst und Hunger
Importnachfragen nach Rohstoffen*

Rohstoff	Derzeit	2020
Eisenerz	148	710
Öl	91	1860
Soja	26	50
Kohle	11	810
Kupfer	3	20
Mangan	3	13
Fleisch	0,3	4
Holz	34	150

*in Millionen Tonnen (bei Holz Kubikmeter)
Quelle: Deutsche Bank Research

Das wird die Preise vieler Rohstoffe weiter nach oben treiben. Dabei wurden schon seit 1999 Edelmetalle (Gold, Silber, Platin) um 125 Prozent, Industriemetalle (Aluminium, Kupfer, Nickel, Zink) um 230 Prozent sowie Öl und Gas um 430 Prozent teurer.

Früher waren die Rohstoffmärkte immer zyklisch, das heißt, es gab enorme Preisschwankungen nach unten wie nach oben. Doch in Zukunft werden die Preise sich nur in eine Richtung bewegen – nach oben. Deutsch-Banker und Anlage-Experte Klaus Martini prophezeit: »Längerfristig müssen wir die Knappheit der Ressourcen ernster nehmen. Es wird diese Grundstoffe nicht mehr zu den heutigen Preisen geben, und das wird den Wohlstand in den entwickelten Ländern beeinflussen.«

Der teuerste Rohstoff ist das Öl, das Schmiermittel aller Volkswirtschaften. Ohne das schwarze Gold läuft gar nichts. »90 Prozent unserer Transportmittel werden mit Öl angetrieben«, schreibt Jeremy Leggett in seinem Buch *Peak Oil*, »95 Prozent der Waren in den Geschäften sind unter Einsatz von Öl hergestellt worden.«

Doch gerade bei diesem überlebenswichtigen Rohstoff haben wir die fatale Situation, dass sein Angebot – wie eben dargestellt – zurückgeht. Gleichzeitig steigt weltweit die Nachfrage, in den etablierten Industrieländern, aber vor allem in den Newcomer-Staaten China und Indien.

China, bis 1993 Selbstversorger bei Öl, muss immer mehr Öl importieren. 2005 verbrauchte China täglich 6,6 Millionen Barrel Rohöl, 2020 sollen es schon über 13 Millionen Barrel sein. Davon müssen 60 bis 80 Prozent importiert werden. China hat noch enormen Nachholbedarf beim Ölkonsum. Bislang verbraucht ein Chinese im Schnitt 1,7 Barrel pro Jahr, während ein US-Amerikaner 26 Barrel verschwendet. Nicht auszudenken, wenn die 1,3 Milliarden Chinesen auf US-Niveau kämen – von einer Milliarde Inder erst gar nicht zu reden.

Und auch die USA, mit Abstand weltgrößter Ölkonsument, verbrauchen munter immer mehr Öl und sind deshalb immer mehr auf Importe angewiesen. Laut *Cheney Report* wird der Anteil der Ölimporte am Gesamtverbrauch von 52 Prozent im Jahre 2001 auf 66 Prozent im Jahr 2020 steigen. Damit lägen die Ölimporte der USA im Jahr 2020 um 60 Prozent höher als 2001.

Dazu kommen als weitere große Ölschlucker das ressourcenarme Japan, das zu 99 (!) Prozent von Energieimporten abhängig ist, und die EU-Staaten, die derzeit »nur« rund 50, aber künftig wohl 70 Prozent ihrer Energie importieren müssen.

Bei all den großen Verbraucherländern steigen also die Ölimporte in den nächsten Jahren mehr oder weniger deutlich. Das wird die globale Ölwirtschaft gravierend verändern. Es wird nicht mehr – wie einst in den Zeiten der ersten, zweiten und dritten Ölkrise – Auseinandersetzungen zwischen den Förder- und den Verbraucherländern geben. Zukünftig werden die Verteilungskämpfe zwischen den großen ölkonsumierenden Nationen stattfinden. USA, EU, Japan, China und Indien werden um die immer weniger werdenden Ölreserven kämpfen – mit allen Mitteln. Also auch mit militärischen?

Es scheint so, dass die USA auf diesen Kampf am besten vorbereitet sind. Denn bereits jetzt wandele sich die US-Armee zu einer Art »globaler Öl-Schutztruppe«, sagt Michael Klare. Aber auch die so friedfertigen Europäer denken in solchen Kategorien. Siehe das *European Defence Paper (EDP)*. Es wurde im Jahre 2004 vom Institut für Sicherheitsstudien in Paris für den EU-Ministerrat erstellt. Darin werde »detailliert ausgeführt, welche militärischen Fähigkeiten und Kapazitäten die EU benötigt, um bis zum Jahr 2010 in der Lage zu sein, allein oder gemeinsam mit den USA Kriege zur Sicherung der eigenen Rohstoffinteressen zu führen«, schreibt Andreas Zumach in seinem Buch *Die kommenden Kriege*. Der freie Fluss von Rohstoffen wird im EDP als ein vitales Interesse der EU definiert. Die Europäer bekennen sich darin zum ersten Mal zu militärischen Interventionen, um ihre Energieversorgung zu sichern.

Der wichtigste Gegner könnte China werden. So sehen es viele verantwortliche Amerikaner in Washington. Der National Intelligence Council (NIC) sagt voraus, dass »Chinas (und Indiens) Appetit auf Energie zu einem wichtigen Faktor in deren Außen- und Verteidigungspolitik wird«. Sie bauten deshalb ihre Seestreitkräfte aus. Vor allem China werde eine aktivere Rolle in der Welt spielen – vor allem dort, wo Öl und Gas vorhanden sind, nämlich im Nahen Osten, in Lateinamerika und Eurasien.

In Beijing registriert man aufmerksam die amerikanische Paranoia vor einem energiehungrigen und deshalb zu allem fähigen China. Dort hat man seinerseits Angst vor den Amerikanern. Die Chinesen fürchten, dass ihnen die USA die Ölzufuhr abschneiden könnten, was relativ einfach ist. Denn fast alle Ölimporte der Chinesen kommen per Schiff durch das Nadelöhr in Südostasien, die Straße von Malakka in der Nähe von Singapur. Eine solche Attacke wäre für die chinesische Führung ein Albtraum. Vor allem deshalb rüstet sie ihre Marine auf.

Will China Go to War Over Oil?, fragen die beiden chinesischen

Wissenschaftler Wu Lei und Shen Qinyu in einem Artikel der *Far Eastern Economic Review*. Ihre Antwort: Ja, aber nur, wenn ihnen die USA die Ölzufuhr abschneiden sollten. Ansonsten würden keine Konflikte drohen. Denn: »In Wirklichkeit stehen die USA und China bei vielen Energiefragen nicht in direktem Wettbewerb.«

Das mag derzeit noch stimmen. Denn noch bezieht China sein Öl aus Ländern, wo die Amerikaner nicht oder kaum vertreten sind – und umgekehrt. Das wird sich jedoch mit steigendem Energiebedarf beider Giganten garantiert ändern.

Und dann sind Konflikte vorprogrammiert.

Die Schlachtfelder der Ressourcenkriege

Früher, zu Zeiten des Kalten Krieges, verliefen die Konfliktlinien eindeutig. Die potenziellen Krisenherde waren dort, wo Kommunismus und Kapitalismus sich unmittelbar gegenüberstanden. Zum Beispiel am Eisernen Vorhang, der West- und Osteuropa trennte. Oder am 38. Breitengrad, der Nord- und Südkorea nach wie vor spaltet.

Heute, in Zeiten potenzieller Rohstoff-Konflikte, sind die Gefahrenschauplätze ganz andere. Und sie sind viel zahlreicher als die einst überschaubare Zahl ost-westlicher Krisenherde.

Michael Klare hat unter diesen Aspekten die Erde neu vermessen. Er gab jedem wichtigen Rohstoff einen farbigen Punkt: schwarz für Öl und Gas, blau für Wasser, weiß für Edelmetalle, grün für Holz sowie rot für Eisenerz und Kupfer. Dann klebte er die Punkte dort auf den Globus, wo diese Rohstoffe in größerem Volumen vorkommen.

Heraus kam – so der Untertitel von Klares Buch – *The New Geography of Conflict*. Danach war die größte Konzentration der bunten Punkte in einem breiten Band entlang des Äquators zu beobachten. Dazu zählen die nördliche Hälfte Südamerikas (einschließlich des Amazonas-Gebiets), Zentralafrika, der Persische Golf, Süd- und Südostasien. Klares Schlussfolgerung: »Die heftigsten Kämpfe (um Rohstoffe) könnten innerhalb dieser Zone stattfinden.« Alle Gebiete liegen in der so genannten Dritten Welt.

Für am wahrscheinlichsten hält Klare Konflikte in Afrika, besonders in der Sub-Sahara, also südlich der riesigen Wüste. Afrika habe – so Klare – vier sehr wichtige Rohstoffe: Tropenhölzer, Mineralien, Edelmetalle – und natürlich Öl. Südlich der Sahara liegen die größten Ölländer des schwarzen Kontinents: Nigeria, Angola, Sudan, Äquatorialguinea und Gabun.

Insbesondere der Sudan könnte zu einem Zankapfel werden. In keinem anderen afrikanischen Land prallen westliche und chinesische Interessen so extrem aufeinander. Für China ist der Sudan inzwischen ein ganz wichtiger Öllieferant. Für den Westen ist die Regierung in Khartum ein völkermordendes Regime, das zu ächten und zu bekämpfen ist. Man kann sich schon fragen, ob der Sudan auf so großes westliches Interesse und Mitgefühl stoßen würde, wenn es dort nicht so viel Öl gäbe.

Doch Afrika ist nur *ein* Schauplatz potenzieller Konflikte. »Auseinandersetzungen um den Zugang zu Energiequellen könnten auch in anderen Ecken der Welt ausbrechen«, sagt Klare, »zum Beispiel um das Kaspische Meer und im Südchinesischen Meer.«

Im Südchinesischen Meer liegen die so genannten Spratly-Inseln. Sie sind eines der begehrtesten, aber auch umstrittensten Gebiete in Südostasien. In dem Gebiet der mehr als hundert Inseln, Riffe und Sandbänke werden nämlich Öl, Gas und andere Rohstoffe vermutet. Die Spratlys könnten zu einem zweiten Persischen Golf werden, schwärmten bereits die Strategen in Beijing. Das macht die unwirtlichen Inseln so attraktiv, aber auch umkämpft. Alle Anrainerstaaten – von Taiwan im Norden bis Malaysia im Süden – haben deshalb bereits ihre Ansprüche auf die bizarre Inselwelt angemeldet. Um ihren Forderungen Nachdruck zu verleihen, haben fast alle diese Nationen einige Inseln bereits besetzt und dort Militärstützpunkte errichtet.

Weiter nördlich im Ostchinesischen Meer drohen auch Konflikte. Die beiden energiehungrigen Giganten China und Japan liefern sich dort regelmäßig kleine Scharmützel um die Gasvorkommen, die auf hoher See zwischen ihnen vermutet werden. Die Konflikte in Fernost sind vorerst regionaler Natur. Sie könnten auch in Zukunft begrenzbar bleiben, weil sich niemand außerhalb Asiens mit China in dessen Hinterhof anlegen will.

Doch zwei andere rohstoffreiche Regionen haben das Potenzial zur (globalen?) Eskalation – der alte Krisenherd Persischer Golf und das relativ neue Pulverfass Zentralasien. Was die Lage in beiden Regionen so explosiv macht, hat mehrere Ursachen: Dort lagern gigantische Gas- und Ölreserven. Dort haben alle Großmächte ihre Interessen artikuliert. Und dort vermischen sich religiöse und terroristische Motive zu einer höchst gefährlichen Gemengelage.

Ist der amerikanische *War on Terror* nicht schon längst ein *War for Oil*? War der Afghanistan-Feldzug für die USA nicht ein willkommener Anlass, um sich in einigen benachbarten zentralasiatischen Republiken festzusetzen? War der Feldzug im Irak womöglich ein vorgeschobenes Argument, um an die irakischen Ölfelder zu gelangen? Und droht jetzt die Wiederholung des gleichen gefährlichen Spielchens mit dem Iran, in dessen Boden riesige Gasvorkommen liegen?

Schon 1989 prophezeite der amerikanische Energie- und Verteidigungsminister James Schlesinger in einer Rede vor der 14. Weltenergiekonferenz düster: »Ein dritter Weltkrieg, sollte er stattfinden, wird wahrscheinlich um die Ölquellen in der Golfregion geführt werden.«

11 Die Architektur einer neuen Weltordnung

»Wir sind Zeugen einer rapiden, unaufhaltsamen Umverteilung internationaler Macht: durch den Machtzuwachs des Nicht-Westens wie durch den Zerfall des alten Westens.«

Coral Bell, australische Politikwissenschaftlerin

West gegen Ost, Nord gegen Süd – so wurde lange Zeit die Erdkugel eingeteilt. Es war eine übersichtliche Welt. Einerseits der kapitalistische Westen, andererseits der sozialistische Osten. Hier der reiche Norden, dort der arme Süden. Doch diese simplen Orientierungen gelten nun nicht mehr.

»Das Auftreten neuer Mächte wie China und Indien (...) lässt die alten Kategorien von Ost und West, Nord und Süd überflüssig erscheinen«, konstatiert der National Intelligence Council (NIC) in seinem Report *Mapping the Global Future*. Das Fazit des CIA-Think-Tanks: »Die Globalisierung wird zunehmend ein nicht-westliches Gesicht bekommen.«

Ein neuer Begriff taucht plötzlich auf: der Nicht-Westen. Was ist das, der Nicht-Westen? In einer sehr groben Definition: Alles, was nicht USA oder EU ist. Aber im engeren Sinne meint man vor allem die aufstrebenden Giganten China und Indien. Mit diesen beiden Ländern steigen – sieht man von Japan mal ab – seit über zwei Jahrhunderten zum ersten Mal wieder zwei nicht-westliche Länder zu gewichtigen globalen Akteuren auf.

»Das wird dramatische Auswirkungen auf die geopolitische Landschaft haben«, prophezeien die CIA-Strategen. Die alte Weltordnung wird gehörig durcheinandergewirbelt und lässt diese vorübergehend zu einer Weltunordnung mutieren.

In der Übergangsphase gerieren sich die USA noch als die einzige Weltmacht. Doch der Unilateralismus Amerikas war nur ein kurzes Intermezzo der Weltgeschichte. Er begann mit dem Ende des Kalten Krieges anno 1989, und er endet nun mit einem schleichenden Niedergang der US-amerikanischen Hegemonie.

Dabei haben die Amerikaner zu einem Teil selbst Schuld an ihrem schwindenden Einfluss. So vernachlässigten sie in ihrem nach dem 11. September 2001 ausgerufenen *War on Terror*, der sich überwiegend im Nahen Osten und Zentralasien abspielte, andere Regionen der Welt. Während sie über Afghanistan und dem Irak Bomben abwarfen, verschoben sich in drei Gebieten der Welt die Machtverhältnisse – in Südamerika, Afrika und in Asien. Dort haben die Amerikaner in den vergangenen Jahren massiv an Einfluss verloren.

In das Machtvakuum, das die Amerikaner in diesen Regionen hinterließen, stießen die Chinesen. In Südostasien sind sie aufgrund ihrer wirtschaftlichen Stärke bereits die dominierende Macht. Und in Afrika und Südamerika, wo sie massiver Nachfrager von Rohstoffen sind, haben die Chinesen inzwischen auch deutlich an Einfluss gewonnen.

Keine Frage: China wird deshalb zur zweiten Weltmacht neben den USA. Doch die Welt wird deswegen nicht bi-, sondern multipolar werden. Mit vielen unterschiedlichen mächtigen Polen: Altmacht USA, Neumacht China, Zivilmacht EU, Energiemacht Russland, Technologiemacht Indien, Agrarmacht Brasilien, Mittelmacht Japan.

Schon bei dieser Auflistung wird klar: Diese multipolare Welt wird überwiegend nicht-westlich sein. Die aufstrebenden Mächte kommen vor allem aus Asien und Südamerika. Die Machtverschiebung ist auch eine Folge der Bevölkerungsentwicklung: Lebten Anfang der 50er Jahre knapp 30 Prozent der Weltbevölkerung in westlichen Ländern, sind es heute etwa 20 Prozent, und im Jahre 2050 werden es nur noch zwischen sieben und zwölf Prozent sein, rechneten die beiden Wissenschaftler John Humphrey und Dirk Messner vor.

Wie diese multipolare Welt sich organisieren wird, ist vorerst unklar. Es bilden sich ganz neue – bis vor wenigen Jahren noch undenkbare – Koalitionen. Die Welt ist in Bewegung: China und Indien kommen sich näher. China und Russland (sowie bald der Iran?) schmieden ein neues Bündnis. Wird das eine Anti-Nato? Führende Schwellenländer aus Afrika, Asien und Lateinamerika machen gemeinsame Sache. Die Integration schreitet mehr (in Asien) oder weniger (in Südamerika) voran.

Auffallend: Der Westen – ob die USA oder die EU – ist bei fast all diesen Aktivitäten nur Zuschauer. Er ist nicht mehr Mitspieler, und – schlimmer noch – er merkt es nicht einmal. »Noch sind Deutschland und Europa auf diese Herausforderungen nicht eingestellt«, kritisieren deshalb Humphrey und Messner. Der Horizont vieler Europäer reicht nur über den Atlantik. Zu stark sind sie auf das jahrzehntelange transatlantische Bündnis fixiert.

Viele im Westen wollen offenbar nicht wahrhaben, dass ihr Einfluss schwindet. Der Machterhaltungstrieb ist besonders deutlich beim jährlichen G8-Gipfel zu bestaunen. Hier treffen sich die selbsternannten führenden Industrienationen der Welt.

Die Clubs der alten Mächte

Im Jahr 1975 trafen sich sechs Regierungschefs auf Schloss Rambouillet in der Nähe von Paris zum ersten Weltwirtschaftsgipfel. Es waren in der Tat die führenden Wirtschaftsmächte der Welt: USA, Japan, Deutschland, Frankreich, Großbritannien und Italien (Kanada kam 1976 dazu). Diese Staaten beherrschten damals in einer überschaubaren Welt die globale Wirtschaft.

Doch über 30 Jahre später reflektiert das Treffen nicht mehr die wahre Stärke in der Weltwirtschaft. Warum sitzen die Italiener mit in der Runde, warum die Kanadier, und warum nicht die Chinesen, die Inder oder die Brasilianer? Der G8-Gipfel, zu dem 1995 Jelzins vermeintlich demokratisches Russland stoßen durfte, ist heutzutage ein anachronistisches Tête-à-Tête.

Die sieben »größten« Industrienationen verlieren immer mehr an Einfluss. In Zahlen ausgedrückt: Nach Berechnungen des IWF erwirtschafteten die sieben im Jahr 2005 nur noch 62 Prozent der Weltproduktion, während es 1999 immerhin noch 67 Prozent waren.

»Die G8 spiegelt eine vergangene Welt wider, nicht die heutige und erst recht nicht die zukünftige«, sagt Nigel Wicks. Er war lange Zeit im britischen Finanzministerium als so genannter *Sherpa* für diese Gipfeltreffen vorbereitend zuständig. Wicks fordert deshalb: »Man muss die Länder am Tisch haben, die den größten Einfluss auf die globale Wirtschaft haben.«

Und dazu zählt in erster Linie China. Das Land ist die zweitgrößte Handelsnation, erhält die höchsten Auslandsinvestitionen und hat die höchsten Währungsreserven der Welt, nämlich unvorstellbare 1000 Milliarden Dollar. Nicholas Lardy vom Institute for International Economics in Washington sagt deshalb: »Wenn Sie eine global entscheidende Organisation sein wollen und einen mächtigen Player außen vor lassen, dann haben Sie nicht sehr viel Glaubwürdigkeit.«

Zu Recht mehren sich deshalb die Stimmen, die G8 zu erweitern. Die ehemalige US-Handelsbeauftragte Carla Hills forderte in einer Diskussion bei der Brookings Institution: »Wir sollten Chinas volle Mitgliedschaft in internationalen Gruppen wie die G8 fördern.« Die deutsche Politikwissenschaftlerin Claudia Schmucker hält es »aufgrund seiner Handels- und Finanzmacht für sinnvoll, China stärker in die G8-Konsultationen einzubinden«. Sie plädiert sogar dafür, Indien, Brasilien und Südafrika mit einzubeziehen und so aus der G8 eine G12 zu machen.

Immerhin durften auf Einladung von Großbritanniens Premier Tony Blair beim G8-Gipfel 2005 im schottischen Gleneagles die Regierungschefs Chinas, Indiens, Südafrikas und Mexikos teilnehmen.

Und beim Sankt Petersburger Gipfel 2006 saßen sie auch wieder mit am Tisch.

Das Kleben an der vermeintlichen Macht zeigt der Westen auch in anderen internationalen Organisationen. In den Gremien des Internationalen Währungsfonds (IWF) verfügen die Europäer und die USA über 50 Prozent der Stimmen, die asiatischen Schwellenmächte dagegen nur über 16 Prozent. Letztere drängen deshalb auf mehr Mitsprache, aber vor allem die Europäer legen sich quer. Immerhin wurde bei der Jahrestagung 2006 in Singapur ein Reformanfang gemacht: China und Südkorea (sowie Mexiko und die Türkei) bekamen mehr Quoten und Stimmrechte.

Noch drastischer als im IWF ist das Ungleichgewicht bei der OECD, die sich als Zusammenschluss der führenden (demokratischen) Industrienationen versteht. Nur Japan und Südkorea sind aus Asien dabei. Der Westen tut sich offenbar schwer, die ökonomische Realität zur Kenntnis zu nehmen.

Asien: Amerikas schwindender Einfluss

Mitte Dezember 2005 fand in Kuala Lumpur, der Hauptstadt Malaysias, ein interessantes Gipfeltreffen statt. Zum ersten Mal trafen sich die Regierungschefs aller asiatischen Länder. Doch interessanter als die bunte Teilnehmerschar war, wer nicht da war, weil nicht eingeladen: die USA. Das war eine diplomatische Schlappe für die USA, die sich seit über einem Jahrhundert auch als pazifische Macht betrachtet.

Die Nichtanwesenheit der USA beim Gipfel in Kuala Lumpur hat Symbolcharakter: Die USA verlieren in Asien an Einfluss. Das heißt im Umkehrschluss: »China ist nun die dominierende Macht in Südostasien«, konstatieren die US-Hardliner Dana Dillon und John Tkacik in der *Policy Review.* Geschickt antichambrierten die Chinesen vor allem in Südostasien und mehrten neben dem wirtschaftlichen auch ihren politischen Einfluss.

Spät (zu spät?) reagierten die USA auf diese Zeitenwende in Fernost. Zu Beginn des Jahres 2006 gab es einige Entscheidungen in Washington, die erkennen ließen, dass man dort realisiert hat, was jenseits des Pazifiks passiert.

In der *Quadrennial Defense Review (QDR)* vom Februar 2006 ist für das Verteidigungsministerium endlich Asien ein ganz wichtiges Thema. Die Volksrepublik China wird darin als potenziell größter Herausforderer der amerikanischen Vormachtstellung in der asiatischen Region identifiziert. Der chinesisch-amerikanische Wettlauf um Einfluss in Asien-Pazifik sei bereits in vollem Gange, heißt es in dem Papier. Mit großer Sorge betrachten die Pentagon-Strategen deshalb die zunehmende militärische Modernisierung Chinas.

Fast gleichzeitig kündigte Außenministerin Condoleezza Rice eine *transformational diplomacy* an, also die Verlagerung von diplomatischem Personal meist aus Europa nach Asien. So wurden an der Botschaft in China 15 und in Indien 12 neue Stellen geschaffen, während zum Beispiel in Deutschland sieben gestrichen wurden. Die USA wollen damit in Asien Flagge zeigen, diplomatisch wie militärisch.

Im *QDR* wird von einer weiteren Stärkung der Stützpunkte im Pazifik gesprochen sowie von intensivierten Beziehungen zu den traditionellen Bündnispartnern Japan, Australien und Südkorea. Neu auf der Freundesliste ist Indien. Das Land, das zu Kalten-Kriegs-Zeiten treuer Verbündeter der Sowjetunion war, wird nun als *strategischer Schlüsselpartner* bezeichnet.

Indien wird von den Amerikanern geradezu hofiert. Deutlicher Ausdruck des neuen Werbens war Anfang März 2006 der Kurzbesuch von US-Präsident Bush in Indien. Dort sagte Bush zu, Indien künftig mit Atommaterial, also Uran, zu beliefern. Die Hintergedanken der USA sind klar: Sie versuchen Indien als Partner gegen China zu gewinnen.

Sie wollen auf diese Weise die führenden Mächte Asiens auseinanderdividieren. Hier die befreundeten Staaten Indien und Japan, dort das – aus amerikanischer Sicht – unberechenbare China. So weit muss es nicht kommen, denn vor allem Indien lässt sich nicht so leicht gegen China positionieren. Realistischer scheint deshalb eher die Variante der zunehmenden Integration Asiens – politisch wie wirtschaftlich. Es laufen schon seit längerer Zeit zahlreiche diplomatische Bemühungen, zumindest die wirtschaftliche Integration des Kontinents voranzutreiben.

Nukleus ist die Association of Southeast Asian Nations (Asean), ein fast 40 Jahre alter Zusammenschluss von zehn Staaten (darunter Indonesien, Malaysia, Singapur und Thailand). Diese zehn streben bis 2015 einen gemeinsamen Markt an. Zudem gibt es seit Ende der 90er Jahre Verhandlungen über eine erweiterte Zone der *Asean+3*. Die drei sind China, Japan, Südkorea.

Überraschend meldete sich im Mai 2006 Indiens Premier Manmohan Singh zu Wort und kündigte an, dass auch Indien bei den Integrationsbemühungen mitmachen wolle. Er sagte: »Eine solche panasiatische Freihandelszone könnte die Zukunft Asiens sein.«

Auch wenn Asien wesentlich heterogener ist als das schon vereinte Europa, unrealistisch ist deswegen ein gemeinsamer asiatischer Markt nicht. Die asiatische Integration ist in den vergangenen Jahren viel schneller vorangekommen, als viele Beobachter vor Jahren noch dachten. Manche Optimisten schwärmen bereits von einer einheitlichen Währung, der *ACU (Asian Currency Unit)*.

Die Asiatische Union wird – wann auch immer – kommen, und die USA werden dabei nur Zuschauer sein. Was sie in Afrika schon sind.

Der Kampf um Afrika

Am Schluss der Rede gab es Standing Ovations. Die Abgeordneten des nigerianischen Parlaments erhoben sich und jubelten dem Redner zu: Es war der chinesische Staatspräsident Hu Jintao, der da im April 2006 vor Nigerias Volksvertretern sprach und eine neue strategische Partnerschaft zwischen Afrika und China proklamierte.

Nahezu unbemerkt von westlichen Beobachtern entwickelte China in den vergangenen Jahren eine rege Reisediplomatie auf dem schwarzen Kontinent. Sie begann unmittelbar nach 1989, dem Jahr des Massakers auf dem Platz des Himmlischen Friedens. Damals wurde China vom Westen geächtet und war auf der Suche nach Freunden, auch und gerade in Afrika. Zwischen Juni 1989 und Juni 1992 besuchte deshalb der damalige Außenminister Qian Qichan 14 afrikanische Staaten.

Danach gab es immer wieder Besuche hochrangiger chinesischer Politiker. Staatspräsident Hu reiste schon zweimal durch mehrere afrikanische Länder. Außenminister Li Zhaoxing war im Januar 2006, Ministerpräsident Wen Jiabao im Juni 2006 auf Afrika-Tournee. Beijing hatte 2006 zum »Jahr Afrikas« erklärt, das mit einem großen China-Afrika-Gipfel im November endete.

»Die VR China hat sich im Verlauf der vergangenen zehn Jahre als einflussreicher Akteur der Region etabliert«, konstatiert Denis Tull von der Stiftung Wissenschaft und Politik (SWP) in Berlin in seiner Studie *Die Afrikapolitik der Volksrepublik China*. Für ihn sind die Motive für Chinas starkes Engagement in Afrika klar: »Chinas Afrikapolitik wird eindeutig von wirtschaftlichen Interessen bestimmt.«

Und das heißt vor allem: China hat es auf die Rohstoffe des Kontinents abgesehen. Neun der zehn Länder Afrikas, mit denen China den größten Handel treibt, sind ressourcenreiche Staaten. In erster Linie geht es natürlich um Öl. Rund 25 Prozent der chinesischen Ölimporte kommen bereits aus Afrika. Aus elf afrikanischen Ländern bezieht China Erdöl, darunter Algerien, Angola, Äquatorialguinea, Tschad, Gabun, Nigeria und der Sudan. Wichtigster Lieferant ist Angola, wo China seine Position weiter festigt.

Am Beispiel Angolas kann man sehen, wie Beijing seinen Einfluss sichert und ausbaut. Die Chinesen kaufen nicht nur Öl, sondern geben Kredite und leisten Hilfe unterschiedlicher Art. So bauen chinesische Firmen Straßen, Eisenbahnnetze, Krankenhäuser, Schulen und Brücken, legen ein hochmodernes Glasfasernetz und bilden angolanische Telekom-Beschäftigte aus. »Mit Hilfspaketen, die zu Geschäften für ihre eigenen Firmen führen, baut China seine Beziehung zu Afrika auf und aus«, berichtet der amerikanische Council on Foreign Relations in einem Hintergrundpapier über *China, Africa and Oil.*

Der Handel zwischen Afrika und China ist deshalb längst keine Einbahnstraße mehr, wo nur die Öltanker in eine Richtung fahren. Nein, auf der Gegenfahrbahn liefern chinesische Firmen Waren aller Art. Rund 700 chinesische Unternehmen sind bereits in Afrika aktiv. Sie verkaufen vor allem viele Billigwaren, die geradezu prädestiniert sind für die wenig kaufkräftigen Konsumenten auf dem afrikanischen Kontinent. »Chinesische Waren finden reißenden Absatz in Afrika«, sagt der Wissenschaftler Tull. Um über 700 Prozent stieg der sino-afrikanische Handel in den vergangenen Jahren. Um diese gute Entwicklung weiter zu fördern, wurde im März 2005 in Beijing sogar eine chinesisch-afrikanische Handelskammer eröffnet.

China läuft damit wirtschaftlich zunehmend den USA und Frankreich – die beide noch die größten Handelspartner Afrikas sind – den Rang ab. Auch politisch agieren die USA und Europa eher zurückhaltend und verfolgen staunend den Aufmarsch Chinas auf dem schwarzen Kontinent.

Und auch Indien investiert massiv und treibt intensiven Handel auf dem Kontinent jenseits des Stillen Ozeans. In seiner Studie *Africa's Silk Road: China and India's New Economic Frontier* beschreibt Weltbank-Berater Harry Broadman die zunehmende enge Verflechtung zwischen den beiden asiatischen Mächten und Afrika. »Sie ist Ausdruck eines neuen Trends in der Welt – des rapide zunehmenden Investments und Handels innerhalb des Südens«, sagte Broadman bei der Vorstellung seiner Studie in Singapur.

China und Indien sind für viele afrikanische Nationen willkommene Partner. Sie haben keine kolonialistische Altlast zu tragen wie die europäischen Nationen Frankreich, Großbritannien, Belgien und Portugal.

Die Chinesen betreiben dagegen eine Politik von Zuckerbrot ohne Peitsche, mit der sie viele afrikanische Staaten geschickt auf ihre Seite ziehen. So gewährten sie den Afrikanern großzügig einen Schuldenerlass von knapp 1,3 Milliarden Euro, und sie treten für weitere Entschuldungsrunden ein.

Außerdem hält sich China aus den inneren Angelegenheiten der afrikanischen Staaten heraus, mögen sie auch noch so korrupt oder undemokratisch sein. Krassestes Beispiel ist der Sudan, wo die Vetomacht China jede Verurteilung des völkermordenden Regimes in Khartum im Weltsicherheitsrat verhindert. Die chinesische Regierung hält sich auch auf dem schwarzen Kontinent an das strikte Prinzip der Nichteinmischung. »Als vehementer Verfechter dieses Prinzips hat China in diesen Ländern einen Wettbewerbsvorteil«, schreibt Denis Tull.

Diesen Vorteil nutzt es zunehmend auch auf einem anderen Kontinent aus: in Südamerika.

Eindringling im amerikanischen Hinterhof

Es war keine angenehme Reise für George W. Bush in den argentinischen Badeort Mar del Plata. Draußen demonstrierten im November 2005 aufgebrachte Argentinier gegen den US-Präsidenten, drinnen in den Konferenzräumen herrschte eine äußerst kühle Atmosphäre zwischen Bush und den Präsidenten Lateinamerikas. In Mar del Plata wurde die Kluft zwischen Nord- und Südamerika deutlich.

»Die Beziehungen zwischen den USA und Lateinamerika sind auf dem niedrigsten Punkt seit dem Ende des Kalten Krieges«, analysierte anschließend Peter Hakim, Präsident des *Inter-American Dialogue*, in seinem *Foreign-Affairs*-Aufsatz *Is Washington Losing Latin America?*

Zu Beginn seiner ersten Amtszeit im Jahr 2000 tönte Bush noch, dass Lateinamerika für ihn hohe Priorität habe. Besonders umgarnte er die beiden regionalen Führungsmächte Mexiko (Mittelamerika) und Brasilien (Südamerika). Als Beweis seiner Zuneigung stotterte der Texaner Bush ein paar spanische Worte ins Mikrofon. Dann kam der 11. September – und all die guten Vorsätze waren vergessen. Bush hatte nun andere Prioritäten. Lateinamerika zählte nicht dazu.

Während die USA ihr Augenmerk aus bekannten Gründen Richtung Nahost lenkten, passierten in ihrem Hinterhof wichtige Ereignisse. »Die wirklich bedeutenden Entwicklungen (dort) waren der Aufstieg Brasiliens und die Ankunft Chinas in Südamerika«, sagt Clyde Prestowitz. Beide Ereignisse minderten den Einfluss der USA in einer Region, die sie seit 1823 – damals formulierte US-Präsident James Monroe seine Doktrin der Nichteinmischung von Nichtamerikanern in ganz Amerika – als die ihre betrachtet.

Dabei verfolgte das selbstbewusster gewordene Brasilien unter Präsident Lula nicht unbedingt einen dezidiert antiamerikanischen Kurs, aber doch einen distanzierten, basierend auf dem neuen wirtschaftlichen Selbstbewusstsein des Landes. Mindestens genauso bedeutend wie Brasiliens neue, amerikakritische Führungsrolle war Chinas Auftritt in der Region. Das war keine bewusste strategische Neuorientierung chinesischer Außenpolitik, die die Abstinenz der USA ausnutzen wollte. Ihr neues Südamerika-Engagement war vielmehr ein Gebot der wirtschaftlichen Vernunft. Denn einige südamerikanische Staaten – allen voran Brasilien – haben die Rohstoffe, die das boomende China so dringend benötigt. »Brasilien entwickelt sich zunehmend zu einem wichtigen Handelspartner Chinas«, analysiert Roger Leeds, Lateinamerika-Experte an der Johns Hopkins School of Advanced International Studies, in *Business Week*.

Chinas Staatspräsident Hu Jintao reiste deshalb gerne im November 2004 nach Lateinamerika, wo er auf viel Gastfreundschaft stieß. Er hatte ein Füllhorn von Versprechungen im Gepäck. Die

Rede war von Investitionen über sagenhafte 200 Milliarden Dollar. Von den vielen Versprechungen sind – auch heute nach über zwei Jahren – viele nicht eingelöst worden.

China hat auch keinerlei Berührungsängste mit dem venezolanischen Präsidenten Hugo Chavez. Man besucht sich gegenseitig und schließt Abkommen. Venezuela liefert Öl, China baut die nötigen Tanker.

Natürlich sorgt sich Washington wegen der zunehmenden chinesischen Präsenz in Südamerika. Einige Mitglieder des Kongresses betrachten China als die ernsteste Herausforderung der US-Interessen in der Region seit dem Kollaps der Sowjetunion und verweisen auch auf zunehmende militärische Kooperationen zwischen China und einzelnen südamerikanischen Ländern.

Parallel zu Chinas Aufstieg in Südamerika entwickelte sich der Abstieg der USA in der Region. Der 11. September und seine hysterischen Auswirkungen in den USA stießen auf wenig Gegenliebe in Lateinamerika. Chile und Mexiko verweigerten sogar im Weltsicherheitsrat den Amerikanern die Gefolgschaft, als es um den Irak-Krieg ging. Von den 34 lateinamerikanischen und karibischen Staaten waren nur sieben für den Irak-Feldzug.

Der Antiamerikanismus, ohnehin latent in Südamerika vorhanden, brach wieder aus, und zwar in fast allen Ländern des Kontinents. »Südamerikaner, egal ob reich oder arm, nehmen den aggressiven Unilateralismus der Bush-Regierung übel und verdammen Washingtons Missachtung von internationalen Organisationen und Normen«, schreibt Peter Hakim. Eine Zogby-Umfrage unter Lateinamerikas Eliten ergab, dass 86 Prozent nicht mit Washingtons Krisenmanagement in aller Welt einverstanden sind. Sie stört vor allem, dass die USA die Region nicht ernst nehmen und sie wie ihren Hinterhof betrachten.

Auch hier – wie im Falle Asiens – kam in der Bush-Administration viel zu spät die Einsicht, dass sie sich dort wieder einmal blicken lassen müssen. Der damalige Verteidigungsminister Rumsfeld und Rice gingen auf Goodwill- und Beschwichtigungstour. Als ob sich durch solche Stippvisiten Grundhaltungen ändern würde. »Es gibt wenig Grund zu erwarten, dass sich die US-Beziehungen mit Lateinamerika bald verbessern werden. Im Gegenteil: Sie werden eher noch schlechter«, glaubt Peter Hakim.

Die Südamerikaner wollen deshalb ohne die nordamerikanische Führungsmacht USA kooperieren. Sie streben eine Freihandelszone an, aber keine von Alaska bis Feuerland, die die USA so gerne propagieren. Nein, eine Freihandelszone, die vom Panamakanal bis Feuerland reicht. Ohne Mittelamerika, ohne Mexiko.

Brasilien unterscheidet sehr zum Verdruss der Mexikaner zwischen Lateinamerika (mit Mexiko) und Südamerika (ohne Mexiko). Mexiko sehen die Südamerikaner schon durch die Mitgliedschaft in der *North American Free Trade Agreement (NAFTA)* als ein Anhängsel der USA.

Der Nukleus der südamerikanischen Integration ist der 1991 gegründete Mercosur, ursprünglich der Zusammenschluss der vier Länder Argentinien, Brasilien, Paraguay und Uruguay. Venezuela wurde im Sommer 2006 aufgenommen. »Ein Meilenstein«, sagt Argentiniens Präsident Néstor Kirchner. »Ein neues Kapitel in unserer Integration«, kommentiert Brasiliens Präsident Lula.

Es könnte ein Südamerika unter Brasiliens Führung entstehen.

Brasiliens Führungsrolle in Südamerika

In der Monotonie der Ministeriumsbauten der brasilianischen Hauptstadt Brasilia hebt sich ein Gebäude wohltuend ab: das Außenministerium. Es ist keiner der üblichen Klötze, es ist ein verspieltes, fast museumsreifes Schmuckstück.

Das brasilianische Außenministerium heißt seit über 150 Jahren das Itamaraty. Es beherbergt traditionell die besten Bürokraten des Landes. Brasiliens Diplomaten haben einen exzellenten Ruf draußen in der Welt. Sie gelten als gut ausgebildet, parkettsicher und verhandlungsstark. »Brasiliens Außenpolitik hat sich seit Anfang des 20. Jahrhunderts durch hohe Professionalität, Qualität und Tradition ausgezeichnet«, urteilt Susanne Gratius von der Berliner Stiftung für Wissenschaft und Politik in einer Studie über die brasilianische Außenpolitik.

Traditionell hat Brasilien die engsten Beziehungen zu den USA im Norden und zu Argentinien im Süden. Zwischen diesen beiden schwankten auch die Außenpolitiker im Itamaraty seit über 100 Jahren. Mal neigten sie sich mehr den Nordamerikanern zu, mal mehr den südamerikanischen Nachbarn. Doch die Zuneigung zu beiden hielt sich eher in Grenzen.

Denn Brasilien war lange Zeit ein freundlicher, aber introvertierter Gigant, der sich aus der großen Weltpolitik heraushielt. Das änderte sich jedoch in den vergangenen Jahren gravierend. Schon unter dem umtriebigen Präsidenten Fernando Henrique Cardoso (1995 bis 2002) hat sich Brasilien geöffnet, aber erst recht unter seinem Nachfolger Lula, der seit Anfang 2003 regiert. »Brasilien hat begonnen, seine Muskeln als regionale Supermacht zu zeigen«, kommentiert Miguel Diaz vom Center for Strategic and International Studies in Washington in *The Economist*.

Unter Lula verfolgt Brasilien nun eine Doppelstrategie in seiner Außenpolitik: Zum einen strebt Brasilien eine stärkere Führungsrolle in Südamerika an, zum anderen will es auf der internationalen Szene mitreden, und zwar als Fürsprecher der Schwellenländer, jener Staaten also, die auf dem Sprung in die Champions League der Industrieländer sind.

Die Statur dazu hat Brasilien. Es ist mit Abstand das größte, bevölkerungsreichste und auch wirtschaftlich erfolgreichste Land des Kontinents. Brasilien ist die natürliche Führungsmacht in Südamerika, was dort mehr oder weniger akzeptiert wird. Kein anderes Land der Region will und kann Brasilien diesen Status streitig machen.

»Brasiliens führende Rolle wird von den Nachbarn zwar überwiegend wohlwollend, aber auch mit einer Spur Argwohn verfolgt. Der Vorwurf, Brasilien betreibe einen Subimperialismus, ist in Argentinien, aber auch in den Andenländern hin und wieder zu hören«, schreibt Susanne Gratius.

Brasilien stellt aber keine Bedrohung für seine Nachbarstaaten dar. Zwar ist Brasilien eine potenzielle Atom- sowie eine bedeutende Militärmacht mit einem Etat von knapp elf Milliarden Dollar und 314 000 Mann unter Waffen, aber es agiert nicht aggressiv-expansiv. Wenn es Konflikte in Südamerika gibt, kommt Brasilien mit Diplomaten, nicht mit Waffen. So vermittelte das Land zum Beispiel bei innenpolitischen Konflikten in den Nachbarstaaten Bolivien und Venezuela.

Brasilien, die Heimat von Caipirinhas, Fußball und Samba, ist eine typische *Soft Power*. Es sucht deshalb eine friedliche Integration seiner vielen Nachbarstaaten. Das zentrale Projekt der Regierung Lula hierfür ist der Mercosur, eine Art Mini-EU. Mitglieder sind die zwei kleinen Länder Paraguay und Uruguay, der Neuling und Ölstaat Venezuela sowie die beiden großen Nationen Argentinien und Brasilien. Das Verhältnis der beiden letztgenannten ist dabei von zentraler Bedeutung für die weitere Integration, durchaus vergleichbar mit der deutsch-französischen Achse in der EU.

Für Länder wie Brasilien hat Andreas Stamm, Wissenschaftler am Deutschen Institut für Entwicklungspolitik (DIE), den Begriff Ankerländer geprägt. Nach seiner Definition sind das Länder, »denen im jeweiligen regionalen Kontext eine herausragende ökonomische und politische Bedeutung zukommt«. Sie haben eine »regionale Lokomotivfunktion«, die andere Länder mitzieht.

Andere Ankerländer sind für Stamm unter anderem die hier beschriebenen Staaten China, Indien und Russland, aber auch Ägypten, Indonesien, Nigeria, Südafrika und Thailand. Das sind alles Länder, die sich immer häufiger auf der Weltbühne artikulieren werden. Stamm stellt fest: »Eine Reihe von Ankerländern greift zunehmend selbstbewusst und aktiv in das internationale wirtschaftliche und politische Geschehen ein.«

Neue Kooperationen im Süden

Es war einen Tag nach der Vereidigung von Brasiliens Staatspräsident Lula am 1. Januar 2003. Brasiliens Außenminister Celso Amorim erinnerte sich: »Ich hatte das Glück, meine gute Freundin und südafrikanische Kollegin Dlamini Zuma zu treffen. Wir diskutierten die Notwendigkeit einer Stärkung der Süd-Süd-Kooperation.« Am Ende des Gespräches stand ein vages Ziel, in eine rhetorische Frage gegossen: »Warum sollen wir nicht mit drei Ländern, drei großen Demokratien auf jedem Kontinent beginnen – mit Indien, Südafrika und Brasilien?«

Das Gespräch war die Geburtsstunde von IBAS, das Kürzel für »India, Brazil and South Africa«. Manchmal wird der Dreierbund auch G3 genannt, dessen Initiatoren sich durchaus eine Erweiterung um China und Russland vorstellen können. Indiens inzwischen Ex-Außenminister Yashwant Singh erklärte nach dem ersten Treffen: »Wir wollen, dass die trilaterale Kooperation ein Modell für die Kooperation der Länder des Südens wird.« Heute treffen sich Minister und Beamte der drei Länder regelmäßig, um sich auf den verschiedensten Politikfeldern – von der Sicherheits- bis Wissenschaftspolitik – abzusprechen und – wenn möglich – gemeinsam zu handeln.

IBAS ist bei weitem nicht die einzige Kooperation, die sich in den vergangenen Jahren auf formeller wie informeller Ebene zwischen den Staaten der Dritten Welt gebildet hat. Die Entwicklungsländer werden unter der Führung von Schwellenmächten wie Brasilien, China, Indien und Südafrika zunehmend aufmüpfiger. »Die neue Macht der Entwicklungsländer« haben die beiden Politikwissenschaftlerinnen Claudia Decker und Stormy Mildner in einem gleichnamigen Aufsatz in *Internationale Politik* ausgemacht.

Bis vor gar nicht allzu langer Zeit waren die Rollen klar verteilt: hier die Industrieländer, dort die Entwicklungsländer. Die Erste Welt bestimmte, die Dritte Welt musste akzeptieren. Entsprechend ungleich sah auch jahrzehntelang die Weltwirtschaftsordnung aus.

Das soll nun anders werden. In der im Sommer 2006 gescheiterten Doha-Runde, der Liberalisierungsrunde in der Welthandelsorganisation WTO, traten die Staaten der Dritten Welt erstmals geschlossen und selbstbewusst auf. Die Geburtsstunde des neuen Wir-Gefühls kann man datieren: Es war im September 2003 im mexikanischen Badeort Cancún. Eigentlich sollten dort die WTO-Verhandlungen abgeschlossen werden, doch die Entwicklungsländer legten sich quer und ließen die Gespräche platzen – zur großen Überraschung der Industrieländer, die solch unbotmäßiges Verhalten nicht gewohnt waren.

Wortführer der Dritten-Welt-Bande ist Brasilien. »Brasilien profiliert sich als aktive Macht des Südens«, schreibt Susanne Gratius. Das Sprachrohr ist – keine Frage – Brasiliens ambitionierter Außenminister Celso Amorim. Er strotzt vor Selbstvertrauen: »Wir sind in der Lage, die Agenda der Welthandelsrunde zu verändern.« Früher bestimmte der Norden allein. Amorim: »Ich erinnere mich noch gut, als die Verhandlungen fast ausschließlich zwischen den USA und der EU geführt wurden.« Was die beiden Handelsgiganten hinter verschlossenen Türen ausgemauschelt haben, wurde den anderen nach der Devise »Friss oder stirb« aufgetischt.

Diese Zeiten sind spätestens seit Cancún passé. Dort haben sich die Entwicklungs- und Schwellenländer zu einer schlagkräftigen Gruppierung zusammengeschlossen – der G20. In diesem Club der zwanzig ist alles vertreten, was Rang und Namen hat: Brasilien, China, Indien und Südafrika. Inzwischen ist die G20 neben den USA und der EU ein gleichrangiger Verhandlungspartner. Ohne die Zustimmung der G20 lief nichts in der Doha-Runde. Flavio Damico, der brasilianische Agrar-Chefunterhändler in internationalen Handelsfragen, sagt: »Wir sind stolz darauf, dass die Welt mit uns rechnen muss.«

Dieses Selbstbewusstsein ist natürlich Ausdruck der zunehmenden wirtschaftlichen Bedeutung der Schwellenländer. Durch ihre hohen Wachstumsraten steigt der Einfluss Chinas, Indiens und Brasiliens in der Weltwirtschaft deutlich an. Sie beteiligen sich erfolgreich an der Globalisierung und wollen dies auch politisch honoriert wissen.

Deshalb machen sie ihren Einfluss zunehmend auch politisch geltend. Inzwischen »sind sie unverzichtbare Partner für die Lösung aktueller globaler Probleme«, schreiben Decker und Mildner. Ohne die Mitwirkung Chinas zum Beispiel kann keine vernünftige und effektive Klimapolitik betrieben werden. Oder: Ohne den Einfluss Chinas und Russlands kann der iranische Präsident Ahmadinedschad im Atomstreit nicht zur Räson gebracht werden.

Die neuen Mächte wollen und werden stärker mitreden. Sie drängen deshalb auf mehr Einfluss in den multi- und supranationalen Organisationen. Brasilien und Indien haben (im Verbund mit Deutschland und Japan) deshalb einen Sitz in einem reformierten und erweiterten Weltsicherheitsrat, wo China und Russland bereits sitzen, angestrebt. Das Vorhaben scheiterte an einer reichlich diffusen Gemengelage: Die USA waren für Japans, aber gegen Deutschlands Einzug, China war gegen Japan, aber für Indien, die Afrikaner schmollten grundsätzlich, weil keiner der ihren dabei war und, und …

Trotzdem: Welche Macht in den Vereinten Nationen die Schwellenländer im Verbund mit der Dritten Welt haben, zeigte sich bei der UN-Reform. Sie blockierten im April 2006 die so genannte Management-Reform, die dem UN-Generalsekretär mehr Macht gegeben hätte.

Und auch bei der Nachfolge von Kofi Annan als UN-Generalsekretär haben sich die Asiaten mit dem eher farblosen ehemaligen südkoreanischen Außenminister Ban Ki-moon durchgesetzt. Nach dem inoffiziellen Rotationsprinzip war Asien wieder an der Reihe. Die USA stellten dieses Prinzip in Frage. Aber vor allem China pocht auf dessen Einhaltung: »Wir haben darauf hingewiesen, dass dieses Amt seit 34 Jahren nicht mehr von einem Asiaten besetzt wurde«, sagt der Sprecher des chinesischen Außenministeriums Liu Jianchao.

Dieses Personengerangel ist auch vor dem Hintergrund zu sehen, dass der Internationale Währungsfonds (IWF) und die Weltbank

– die beiden klassischen globalen Wirtschaftsinstitute – traditionell fest in westlicher Hand sind. Es gilt das ungeschriebene Gesetz: Wenn beim IWF der Chef ein Amerikaner ist, dann muss der Chef der Weltbank ein Europäer sein – oder umgekehrt.

Warum eigentlich? Die neuen Mächte wollen sich auch diese Mauscheleien innerhalb des westlichen Lagers nicht länger bieten lassen.

Die Reaktionen des Westens

Auf fast allen Kontinenten werden die USA zurückgedrängt – in Afrika, Asien und Lateinamerika. Sie bleiben trotzdem eine globale Militär- und Wirtschaftsmacht, aber sie sind eben in der multipolaren Welt nicht mehr die einzige.

Doch welche Rolle wird Europa, der andere und schwächere Teil des Westens, in dieser neuen Welt spielen? Die einzelnen Staaten – ob Deutschland, Frankreich oder Großbritannien – keine allzu große. Sie sind zu klein, um auf der weltpolitischen Bühne eine tragende Rolle zu spielen. Entweder sie gerieren sich wie Blairs Großbritannien als Anhängsel der USA, oder sie treten als Gernegroß auf wie Schröders Deutschland oder Chiracs Frankreich.

Aber vielleicht kann die Summe von schwachen Mitgliedsstaaten eine starke EU ergeben? Nein. Es gilt für die EU die Aussage, die jahrzehntelang auf die Bundesrepublik angewandt wurde: Wirtschaftlich ein Riese, aber politisch ein Zwerg. Außenpolitisch spricht die 25er Gemeinschaft nach wie vor nicht mit einer Stimme, zu unterschiedlich sind die Interessen, was sich insbesondere im Vorfeld des Irak-Krieges zeigte, als mitten durch die EU ein Riss ging.

Die Europäische Union hat zwar mit Javier Solana einen EU-Außenminister, der freilich nicht so heißen darf. Der Spanier ist ein ehrenwerter Mann, der sich händeschüttelnd übers diplomatische Parkett bewegt, aber sein Einfluss bleibt gering. »Europa könnte in den kommenden Dekaden in eine weltpolitische Randlage geraten«, prophezeien Humphrey und Messner.

Europa scheint noch gar nicht so recht realisiert zu haben, welche Konkurrenz in Asien heranwächst. »Es fehlt an einer angemessenen Auseinandersetzung mit den neuen ökonomischen, politischen und kulturellen Wirkungen, die vom Fernen Osten ausgehen«, kritisiert die Bertelsmann Stiftung in ihrem Diskussionspapier *Neue Kräfte in Asien – Rückwirkungen für Europa*.

Wie sollen die EU, aber auch die USA auf den schwindenden Einfluss in der Folge der asiatischen Attacke reagieren? Eine westliche Gegenmacht aufbauen, empfiehlt der *Spiegel*-Redakteur Gabor Steingart in seinem Buch *Weltkrieg um Wohlstand*. Die beiden großen Wirtschaftsräume diesseits und jenseits des Atlantiks sollten einen einheitlichen Binnenmarkt kreieren. »Was die Nato im Zeitalter militärischer Bedrohung für den Westen bedeutete, könnte im Angesicht der ökonomischen Herausforderung eine transatlantische Freihandelszone leisten«, argumentiert Steingart.

Die Idee ist nicht neu. Schon seit über zehn Jahren geistert eine *Transatlantic Free Trade Area (Tafta)* durch die bislang eher wissenschaftliche Diskussion. Doch wie realistisch ist eine solche Idee? Können wir es uns leisten, uns vor China & Co. abzuschotten? Wenn man den wissenschaftlichen Elfenbeinturm verlässt und die Fußgängerzonen deutscher Großstädte entlangschlendert, kann man sofort erahnen, welche Probleme eine solche Idee im Alltag verursachen würde.

Viele Produkte, die dort in den Schaufenstern zu sehen sind und in den Regalen liegen, produzieren wir gar nicht mehr. Die Kleiderstangen von C&A oder H&M – um nur zwei große Bekleidungsketten zu nennen – wären größtenteils leer. Ein MediaMarkt oder Saturn würde die karge Auswahl eines HO-Kaufhauses in der ehemaligen DDR feilbieten. Und ein Quelle-Katalog hätte den überschaubaren Umfang eines *Spiegel*-Heftes in den lauen Sommermonaten. Sollen wir – um die Regale zu füllen – in Europa oder den

USA wieder eine Textil- oder Unterhaltungselektronik-Industrie aufbauen, die dann sündhaft teure Waren herstellen?

Man muss ja nicht gleich die Schotten dicht machen, argumentieren die *Tafta*-Fans. Man könne ja auch Zölle erheben und so die asiatischen Produkte verteuern. Aber wären denn die deutschen Schnäppchenjäger oder die amerikanischen Verbraucher, deren Realeinkommen seit Jahren sinken, dazu bereit? Wohl kaum.

Aber die Idee von einer europäisch-amerikanischen Freihandelszone hat noch einen weiteren, handels- und machtpolitischen Haken: Wenn sich der Westen wehrt, wird sich auch China wehren. Es wird zu permanenten protektionistischen Scharmützeln kommen, die im schlimmsten Falle in einem Handelskrieg münden könnten, den freilich keine Seite gewinnen kann, weil die Gegner mehr oder weniger gleich stark sind.

Durch eine aktive oder protektionistische Handelspolitik lässt sich der Siegeszug der Asiaten nicht aufhalten. Der Westen verliert an Macht und Einfluss in der Welt. Er hat jahrhundertelang dominiert, nicht zuletzt deshalb, weil er in seiner kolonialen Vergangenheit einen Großteil dieser Staaten, die jetzt nach vorne drängen, unterdrückt und ausgebeutet hat. Wenn diese Staaten nun durch den Vorteil niedriger Löhne ihren Teil am Kuchen namens Weltsozialprodukt zurückholen, ist das zwar schmerzlich für den Westen, aber für die aufstrebenden Mächte ein später Ausgleich für früher erlittenes Unrecht.

Der Aufstieg Asiens bedroht uns also politisch und wirtschaftlich. Aber es gibt noch eine mögliche dritte Dimension der Bedrohung: Führt er auch zu einem Bedeutungsverlust westlicher Werte oder gar zu einer Gefahr für die im Westen so geschätzte und scheinbar fest etablierte Regierungsform der Demokratie?

12 Kampf der Systeme und Werte

> *»Europa leidet unter seiner Selbstgefälligkeit. Eure Werte und Institutionen stammen aus einer anderen Ära.«*
>
> Kishore Mahbubani, Politiker und Wissenschaftler in Singapur

Kishore Mahbubani ist einer der brillantesten intellektuellen Köpfe Singapurs, ja sogar Asiens. Die *Washington Post* nannte ihn einmal den »Max Weber der neuen konfuzianischen Ethik«. Mahbubani ist der Karriere-Diplomat Singapurs. Zuletzt war er UN-Botschafter seines Landes in New York. Nun ist er Chef der neu gegründeten Lee Yuan Kew School of Public Policy, die die politische Elite Singapurs von morgen heranzüchtet.

Im völlig neuen Gebäude dieser Schule auf dem Campus der National University of Singapore bin ich mit Kishore Mahbubani verabredet. Er lässt mich etwas warten. Ich schaue mich derweil um und entdecke auf dem Flur Fotos von Mahbubani mit vielen bedeutenden Politikern. Dann kommt der kleine, nicht ganz uneitle Mahbubani und führt mich in sein Büro.

Er spricht klare, druckreife Worte. Seine zentrale Aussage und Botschaft: »Wir erleben derzeit das Ende von 500 Jahren westlicher Vormachtstellung, die damals mit der europäischen Kolonialisierung fast der ganzen Welt begann.« Dann zählt er auf, dass im Westen 800 Millionen Menschen leben, im Rest der Welt dagegen 4,7 Milliarden. »Würde der Westen eine Gesellschaft akzeptieren, in der 15 Prozent der Bevölkerung über den großen Rest bestimmen?«, fragt der begabte Rhetoriker. Genau das würde der Westen versuchen. Er wolle seine Werte, sein politisches System der ganzen Menschheit oktroyieren.

Nach dem Zusammenbruch des Sowjetsystems und dem Ende des Ost-West-Konflikts fühlte sich der Westen in der Tat als moralischer Sieger. Der amerikanische Politologe Francis Fukuyama schrieb damals im Überschwang der Gefühle das Werk *Das Ende der Geschichte.* Danach glaubten tatsächlich viele im Westen: Das war es. Der Kapitalismus und die Marktwirtschaft haben gesiegt, und mit ihnen die Staatsform der Demokratie. Die Systemfrage stelle sich nicht mehr. Der politische Wettstreit sei damit entschieden, predigte der Harvard-Professor Fukuyama *ex cathedra.*

Weit gefehlt. Der Kampf ist in vollem Gange. Eigentlich sind es mehrere Kämpfe, und immer verlaufen dabei die Frontlinien zwischen dem Westen und dem asiatischen Osten. Da ist zum einen der Streit um das richtige politische System. Dabei stehen sich die kriselnden Demokratien des Westens und die aufstrebenden Autokratien Asiens gegenüber. Mit ihren erfolgreichen autoritären Regimen bieten die Asiaten – allen voran die Chinesen – für viele Staaten der Dritten Welt plötzlich eine Alternative an. Der *Washington Consensus*, wie das liberale, westliche Politik- und Wirtschaftsmodell genannt wird, bekommt immer mehr Konkurrenz durch den *Beijing Consensus*, einen Mischmasch aus politisch restriktivem, wirtschaftlich aber liberalem System.

Und dann ist da noch der Kampf der Werte: westliche gegen asiatische. Auch hier fordern die Asiaten den Westen heraus, werden selbstbewusster und attackieren den universellen Monopolanspruch des Westens. Sie glauben, dass ihre Werte – vom legendären Lerneifer bis zum Primat der Familie – denen des immer dekadenter werdenden Westens überlegen seien.

Diese Kämpfe um Systeme und Werte werden sicher nicht mit Siegern und Besiegten enden. In einer Neuausgabe der Konvergenztheorie werden sich die beiden Systeme anpassen und vermischen. Die Welt wird dadurch nicht-westlicher, sie wird ein Stück weit asiatischer werden. Aber das muss keine schlechte Entwicklung sein.

Wie sagte doch Kishore Mahbubani zum Abschluss unseres Gesprächs: »Die Welt wird reicher sein, wenn nicht nur der Westen dominiert.«

Die Krise der westlichen Demokratien

Die Wahlbeteiligung geht immer weiter zurück. Ob im Bund oder in den Ländern, ob in Deutschland oder anderswo in Europa. Selbst in Mittel- und Osteuropa lässt nach der Euphorie der ersten demokratischen Jahre das Interesse am Urnengang nach. In den USA, die sich so gerne als demokratisches Musterland und Vorbild für die Welt gerieren, hat die geringe Wahlbeteiligung schon fast Tradition. Nur rund die Hälfte der potenziellen Wähler geht wählen. Der amtierende Präsident George W. Bush ist deshalb nur von rund einem Viertel der US-Bürger gewählt.

Die Politikverdrossenheit wächst in den westlichen Demokratien, besonders in den USA. So steigt seit 1960 die Zahl derer, die sich mit der Aussage »Amtsträgern ist die Meinung von Bürgern wie mir gleichgültig« identifizieren können. Der so genannte Entfremdungsindex des Marktforschungsinstituts Harris kletterte von 34 Prozent in den 60er Jahren auf 63 Prozent in den 90er Jahren. Weiteres Indiz: In den USA boomen Bücher mit Titeln wie *Why Americans Hate Politics*, *The Betrayal of Democracy, Democracy on Trial* oder *Demosclerosis.*

Warum dieses geringer werdende Interesse des Souveräns in Europa wie in Nordamerika? Ist es »nur« eine Schwächephase der Demokratien? Oder schwächelt nicht das System Demokratie als solches, sondern deren entscheidenden Akteure – die Parteien, die Politiker, die Regierenden?

Franz Walter, der scharfzüngige Politologe, glaubt Letzteres. Die Krise der Demokratie ist – so scheint es – vor allem eine Krise ihres Personals. Die drei essenziellen Ps der Demokratie – Politiker, Parteien und Parlamente – erfüllen nicht mehr ihre Aufgaben, die ihnen idealtypischerweise in einer funktionierenden Demokratie zugewiesen sind.

»Die Parteien verlieren an Führung und Führungskraft«, sagt Franz Walter. Politische Führung müsse wissen, wohin sie wolle, nur dann könne sie größere Bevölkerungsteile mitziehen. Doch genau das vermisst Walter bei Parteien und Regierung – eine Kritik, die auf viele westliche Regierungen übertragbar ist.

Noch schärfere Kritik an den Parteien übt der US-Journalist Fareed Zakaria. Parteien seien »zur bloßen Politkulisse verkommen«, und sie seien »nur noch Vehikel des Zeitgeschmacks«. Ihren Platz hätte die Demoskopie eingenommen. (Amerikanische) Parteien seien entbehrlich geworden. Sie dienten bestenfalls der Geldbeschaffung für einen möglichst telegenen Spitzenkandidaten.

Es herrscht die Telekratie. Demokratie wird fürs Fernsehen inszeniert. So ist der Plenarsaal im Berliner Reichstag längst nicht mehr der Schauplatz spannender Debatten. Hier findet nur noch verbales Schattenboxen vor laufenden Kameras statt. Hier fallen keine Entscheidungen mehr. Diese wurden längst vorher auf – selbst für den interessierten Bürger – höchst undurchsichtige Weise im vorparlamentarischen Raum getroffen, nämlich in den Ausschüssen und in interfraktionellen Klüngelrunden.

Die Öffentlichkeit ist bei dieser Art der Entscheidungsfindung nicht dabei, dafür aber die geballte Schar der Lobbyisten. »In Washington geben heute die Anwälte organisierter Sonderinteressen den Ton an«, stellt Zakaria fest. Der Lobbyismus sei inzwischen Washingtons blühendste Wachstumsbranche.

Der Wahlbürger durchschaut diesen Politbetrieb längst nicht mehr. Zur Vertrauenskrise kommt die Verstehenskrise, ein Begriff, den der Psychologe Stephan Grünewald prägte. Die ständigen Schuldzuweisungen und panischen Richtungswechsel in der Politik führen seiner Meinung nach dazu, dass immer mehr Menschen politische oder gesellschaftliche Zusammenhänge nicht mehr verstehen. Selbst regelmäßige Leser einer Tageszeitung verlieren mehr und mehr den Durchblick und das Interesse an politischen Entwicklungen. Sie wenden sich von der Politik ab und ziehen sich ins Private zurück.

Angesichts dieser (Fehl-) Entwicklungen droht eine Krise der parlamentarischen Demokratie. »Irgendwann werden sich nicht nur die Verdrossenen und Frustrierten am Rande, sondern auch kluge, reflexionsfähige und partizipationsorientierte Menschen in der Mitte der Republik fragen, wozu man das Parlament denn eigentlich noch brauche«, glaubt Franz Walter.

In Ostdeutschland scheint diese Entwicklung schon eingetreten zu sein: Dort halten nach dem *Datenreport 2006* des Statistischen Bundesamtes nur noch 38 Prozent die Demokratie für die beste Staatsform in Deutschland. »Beim gegenwärtigen Trend steuert die Demokratie geradewegs auf eine Legitimationskrise zu, die ihr womöglich den Boden entzieht«, meint Fareed Zakaria.

Die Demokratie ein Auslaufmodell? Jedenfalls ist sie kein Selbstläufer – nicht in den westlichen und erst recht nicht in den aufstrebenden Ländern Asiens. Dort regieren semiautoritäre und autoritäre Systeme. Und das recht erfolgreich. Die Demokratie hat also zumindest in dieser Region Konkurrenz bekommen und muss sich dieser stellen.

»Die Demokratie als Regierungsform, wie sie im westlichen Repräsentativsystem als Ergebnis eines langen historischen Prozesses entstanden ist, muss sich auch in Zukunft (wie schon in der Phase des Ost-West-Konflikts) im globalen Vergleich an ihrer Effizienz und Problemlösungsfähigkeit messen lassen«, sagt der Berliner Politologe und Sinologe Eberhard Sandschneider.

Das wichtige Stichwort heißt Effizienz. Der Westen diskutiert lange, um dann am Ende (faule) Kompromisse zu gebären. Zu lange, meint Singapurs Außenminister George Yeo. Er sagt deshalb: »Wenn Europa seine politischen Entscheidungsstrukturen nicht rasch den Anforderungen der globalen Konkurrenz anpasst, wird es seine Wettbewerbsfähigkeit gegenüber den stark wachsenden Volkswirtschaften in Asien verlieren.«

Autoritäre Systeme auf dem Vormarsch

Wladimir Putin ist vom russischen Volk gewählt worden. Zweimal sogar, erst im Jahr 2000, dann wieder 2004. Der russische Präsident ist also demokratisch legitimiert. Doch ist er deswegen auch ein Demokrat? Viele Beobachter der russischen Szene zweifeln daran. Für den Russland-Kenner Heinrich Vogel ist er ein »überzeugter Anhänger eines superzentralisierten Staates«. Er sei eher »ein konstitutioneller Monarch« als ein demokratischer Regierungschef.

Russland, das nach dem Zusammenbruch des totalitären Sowjetsystems unter Präsident Boris Jelzin kurzzeitig auf dem Weg zu einem demokratischen Staat nach westlichem Vorbild war, hat diesen Pfad längst wieder verlassen. In Russland wird zwar vielerorts frei gewählt, doch der Regierungsstil bleibt repressiv. Unter Putin haben sich die Machtbefugnisse des Kreml-Herrschers massiv verstärkt. Mit seinem Apparat mischt er sich überall ein, in der Wirtschaft, in den Medien.

Der Staatsinterventionismus habe triumphiert. Russland sei deshalb nicht länger mehr ein freies Land, kritisierte Putins Wirtschaftsberater Andreij Illiaronow gegenüber *The Wall Street Journal*, als er Ende 2005 die Regierung Putin verließ.

Heinrich Vogel nennt das politische System Russlands eine gelenkte Demokratie. Demokratisch kann man das System deshalb noch nennen, weil die Mehrheit des Volkes tatsächlich eine solche autoritäre Regierung will. »Für viele Russen sind politische Stabilität und Ordnung höhere Werte als Demokratie«, schreibt Igor Zewelew, Washingtoner Bürochef der Nachrichtenagentur Nowosti, in der *International Herald Tribune*. Das würden viele Beobachter im Westen übersehen. Es sei deshalb wichtig zu verstehen, dass die Russen glauben, ein starker Führer sei wichtig für eine *Good Governance*. Deshalb bekommt Putin in allen Umfragen hohe Zustimmung seitens seines Volkes.

Russland hat sich also unter Putin (vorerst?) aus dem demokratischen Lager verabschiedet und sich dem semidemokratischen oder semiautoritären Lager angeschlossen. Damit vergrößert Russland die Schar derjenigen Länder, die eher staatsinterventionistisch agieren und vor allem in Asien zu finden sind.

»Der Großteil der ostasiatischen Region wird immer noch von autoritären und semidemokratischen Regimes regiert«, sagt der Politologe Chu Yun-han von der National Taiwan University. Nach seiner Zählung waren im Jahr 2005 von den 18 souveränen Staaten der Regionen nur sechs »frei«, also Demokratien im westlichen Sinne.

Die typischen Semidemokratien der Region sind Singapur und Malaysia. Dort wird zwar demokratisch gewählt, aber es gewinnen auf wundersame Weise immer dieselben Parteien: die PAP in Singapur und die UMNO in Malaysia. In beiden Ländern regieren Männer mit harter Hand. In Singapur hat das System sogar dynastische Züge: Auf Übervater Lee Kuan Yew folgte Sohn Lee Hsien Loong. Der sagt: »Ich sehe ein westliches Regierungsmodell nicht als Ziel an. Singapurs System funktioniert.« Aufbegehren gibt es in beiden Ländern kaum, denn dem Volk geht es gut in dem System, das es politisch zwar einschränkt, ihm aber wirtschaftlich fast alle Freiheiten lässt.

Überhaupt ist der Demokratie-Wunsch in der ostasiatischen Bevölkerung gar nicht so weit verbreitet, wie wir im Westen gerne glauben möchten. Selbst in Japan, das durch die jahrzehntelange Herrschaft der LDP eher als eine Art Einparteien-Demokratie zu bezeichnen ist, glauben laut *East Asia Barometer Survey* nur 62 Prozent, dass die Demokratie das beste System sei. In Südkorea und Taiwan, beides inzwischen stabilisierte Demokratien, halten nur 49 bzw. 40 Prozent die Demokratie für das bessere und überlegenere System.

Der taiwanesische Politologe Chu Yun-han, der diese Umfragen regelmäßig durchführt, glaubt deshalb, dass die »meisten Demokratien Ostasiens mit einer autoritären Nostalgie belastet sind«. Ostasien wird also eine Region bleiben, wo sich die Demokratie nicht mehrheitlich durchsetzen kann. Und die meisten Staaten dort beweisen durch ihre alltägliche Politik, dass autoritäre Systeme sehr wohl für Wachstum und Wohlstand sorgen können.

Das chinesische Modell irritiert westliche Demokratie-Theoretiker, die immer noch glauben, dass letztendlich nur Demokratien in der Lage sind, den Wohlstand des Volkes zu mehren. In ihrem Buch *The Democracy Advantage* versuchen die amerikanischen Autoren Morton Halperin, Joseph Siegle und Michael Weinstein, die Korrelation zwischen Demokratie und wirtschaftlichem Fortschritt zu beweisen. Dass ihnen Ostasien allerdings ihr schönes Gedankengebilde vermiest, müssen selbst sie eingestehen, auch wenn sie diese Region eher als Ausnahme von der Regel betrachten. »Das rapide Wachstum der ostasiatischen autoritären Systeme zeigt, dass Demokratie nicht unbedingt für die Entwicklung notwendig ist.«

Der Kampf zwischen autoritären und demokratischen Systemen ist deshalb noch nicht entschieden. »Der Autoritarismus bleibt der schärfste Wettbewerber der Demokratie in Ostasien«, prophezeit der Politologe Chu Yun-han.

Entscheidend wird wohl sein, welchen Weg letztlich die Volksrepublik China und Russland gehen werden. Das sind die beiden wichtigsten Staaten außerhalb des freiheitlich-demokratischen Lagers. Auf welches Wirtschafts- und Gesellschaftssystem sie letztendlich hinsteuern, ist von globaler Tragweite.

Aber welchen Weg wird das große China einschlagen? Seinen eigenen, der sicher kein demokratischer sein wird. Die Demokratie ist in den Augen vieler Chinesen – ob Herrschende oder Beherrschte – diskreditiert. Sie assoziieren nach den Vorfällen in Russland dessen Versuche mit der Demokratie in den 90er Jahren eher mit Chaos. Sie glauben deshalb, dass Demokratie schlecht für die Entwicklung ihres Landes sei.

Die Machthaber streben stattdessen ein neues politisches System an, nennen es eine harmonische sozialistische Gesellschaft, meinen aber ein relativ autoritäres Gefüge mit demokratischen Einsprengseln. So kann bereits auf dem Lande die Zusammensetzung von Dorfräten gewählt werden. Und auch die neuen selbstbewussten Stadtbürger wollen mehr Mitspracherechte, und sie bekommen sie auch. Zum Beispiel in Form von Anhörungen.

Aber diese neue städtische Mittelschicht ist weit davon entfernt, eine Demokratie nach westlichem Muster zu fordern. Im Gegenteil:

»Viele wollen keine Demokratie. Sie wollen nicht, dass die Bauern die Mehrheit bekommen und entscheiden, was im Lande geschieht«, sagt Jonathan Unger, Leiter des Contemporary China Centre an der Australian National University, in einem Beitrag der *Far Eastern Economic Review*. Die Angehörigen der Mittelschicht – so Unger – befürchten, dass die Bauern von Demagogen, aber auch von Stimmenkäufern manipuliert werden könnten.

Mit der derzeitigen Regierung ist die städtische Mittelschicht deshalb überwiegend zufrieden. »Die gegenwärtigen Führer entsprechen dem Image von Leuten, die die Mittelklasse an der Macht sehen will«, sagt Unger. Staatschef Hu Jintao und Ministerpräsident Wen Jiabao würden aussehen wie Mitglieder der gebildeten Mittelschicht und viele ihrer Werte teilen. Eine baldige Demokratisierung sei deshalb nicht zu erwarten. Der Aufstieg der chinesischen Mittelschicht würde das verhindern.

Diese glaubt ebenso wie die Regierung, dass Chinas großer wirtschaftlicher Erfolg der Beweis für die Überlegenheit ihres gelenkten Systems sei. Am besten könne man das studieren an dem System-Duell mit Indien: Autoritarismus gegen Demokratie – was ist besser für die Entwicklung eines Landes?

China versus Indien – das System-Duell

Der Flughafen in Bangalore: Gerade mal zwei *Gates* sind vorhanden, durch die wie Nadelöhre alle ankommenden und abfliegenden Passagiere kommen und gehen müssen. Nach der Ankunft in der IT-Metropole Indiens transportiert gerade mal ein (!) rumpelndes Förderband das Gepäck zu den mehr oder weniger geduldig wartenden Passagieren. »Eine Katastrophe«, schüttelt ein amerikanischer Geschäftsmann, der mit mir spätabends in der überfüllten Halle auf seinen Koffer wartet, verständnislos den Kopf.

Das gleiche Drama spielt sich täglich in Mumbai oder Delhi ab. Indiens Flughäfen sind völlig überlastet. Ein Problem, das seit langem bekannt ist. Doch es tut sich nichts. Seit Jahren wird im politischen Raum diskutiert und gestritten. Soll man die Flughäfen privatisieren oder nicht? Viele hoffen, dass es nach einer Privatisierung endlich besser wird. Doch wann wird das sein?

Fliegender Wechsel nach China zum Flughafen in Qingdao. Die ostchinesische Hafenstadt gehört nicht zu den ganz großen Metropolen des Landes. Aber sie hat einen hochmodernen Flughafen, der effizient, großzügig und sauber ist. Ob in den Provinz-Kapitalen Guangzhou, Shenyang und Shenzhen oder in den Metropolen Beijing, Kanton und Shanghai – in China glitzern die meist neuen Flughäfen.

Chinas Regierung hat frühzeitig erkannt, dass sie in ihre Infrastruktur investieren muss, um den Wirtschaftsboom nicht zu gefährden. Die Herren im Politbüro der KPCh haben so entschieden. Widerspruch zwecklos. Umsetzung hat sofort zu erfolgen.

Ein simples, aber symptomatisches Beispiel, das zeigt: Ein autoritäres System hat zumindest einen Vorteil gegenüber einer Demokratie, nämlich beim Faktor Zeit. Autokratische Herrscher können viel schneller entscheiden als behäbige Demokratien. Der Chef der Deutsch-indischen Handelskammer in Mumbai, Bernhard Steinrücke, bemerkt lapidar: »Wir sind hier in einer Demokratie – da geht es halt langsamer.«

Ist die Geschwindigkeit der einzige Vorteil eines autoritären Staates, oder gibt es noch andere? Generell gefragt: Ist die Autokratie zumindest in der wirtschaftlichen Entwicklungsphase einer Demokratie überlegen?

Diese Fragen beschäftigen die Politikwissenschaftler schon seit längerem. Doch zum ersten Mal können sie diesen spannenden Wettbewerb der Systeme quasi live mitverfolgen. Es treten gegeneinander an: China, das größte autoritäre System der Welt, gegen Indien, mit seinen 675 Millionen Wahlberechtigten die größte Demokratie der Welt.

Seit 1947, dem Jahr der Unabhängigkeit von den Briten, ist Indien eine Demokratie. Lange Zeit dominierte fast diktatorisch die Congress-Partei, erst unter dem legendären Jawarharlal Nehru, dann unter der Gandhi-Dynastie. Derzeit herrscht eine Koalition aus 15 Parteien, darunter auch die Kommunistische Partei. Die Indische Union ist ein föderaler Staat mit 28 Bundesländern, deren Regierungen auch vom Volke gewählt werden.

Die Volksrepublik China dagegen ist seit 1949 ein Ein-Parteien-Staat: Es herrscht die Kommunistische Partei Chinas (KPCh), mit über 70 Millionen Mitgliedern die größte Partei der Welt. Der Meinungsbildungsprozess verläuft in bester leninistischer Manier von oben nach unten. Zwar ist China in 22 Provinzen unterteilt, aber entschieden wird hinter den dicken Mauern im Beijinger Regierungsviertel Zhongnanhai.

Autokratie gegen Demokratie, China gegen Indien – wie steht derzeit das Rennen der beiden asiatischen Giganten, die in ihren politischen Strukturen kaum unterschiedlicher sein könnten?

Rein ökonomisch betrachtet, liegt China klar vorn. Chinas Wirtschaft wächst schneller und konstanter als die Indiens. Zwischen 1982 und 2002 verdoppelte sich in Indien immerhin das Pro-Kopf-Einkommen, während es sich in China allerdings vervierfachte.

China hat viel früher (1978) mit den Wirtschaftsreformen angefangen als Indien (1991). In China war es damals die weitsichtige Entscheidung eines einzelnen Herrn: Deng Xiaoping. In Indien dagegen war die Einsicht in notwendige Reformen bei den demokratischen Herrschern nicht vorhanden. Die Reformen wurden ihnen letztlich von außen aufgezwungen, weil das Land Anfang der 90er Jahre kurz vor dem Bankrott stand und keine andere Wahl hatte, als sich zu öffnen und zu reformieren. Die politische Führung Indiens war also selbst nicht in der Lage oder willens, die wirtschaftlichen Reformen zu initiieren.

Die Regierenden in Indien fürchten die Wähler, die sie möglicherweise abstrafen. »Indien kommt hauptsächlich deswegen nicht voran, weil seine Politiker dem Wähler nicht das kleinste Ungemach zuzumuten bereit sind, und sei es auch nur vorübergehend«, sagt Fareed Zakaria. Die Demokratie erweist sich in Indien als Reformbremse.

Ganz anders in China: Die Regierung mutet den Bürgern viel zu. Die Wirtschaftsreformen werden durchgezogen, auch wenn zum

Beispiel bei der Sanierung der maroden Staatsunternehmen Millionen von Arbeitern entlassen werden müssen. Trotzdem versucht die Regierung in Beijing, die sozialen Folgen ihres rigorosen Handelns zu berücksichtigen.

»In dem autoritären Staat China ist heute das Bewusstsein für die sozialen Probleme bei der Regierung größer.« Das sagt ausgerechnet ein Inder, der Schriftsteller Pankaj Mishra, in einem Gespräch mit der *Zeit*. Die chinesische Führung redet in der Tat viel offener über die sozialen Probleme, vor allem über die auf dem Lande. Dagegen ist »die indische Regierung derzeit unfähig, der Landbevölkerung zu helfen, obwohl sie von ihr das demokratische Mandat erhalten hat«, vergleicht Mishra.

Beim chinesisch-indischen Systemwettbewerb sieht Mishra sein Heimatland nicht in der Führungsposition: »Tatsächlich sind wir unfähig, unsere Überlegenheit zu beweisen – es sei denn in moralischer Hinsicht.«

China versus Indien – aktueller Zwischenstand: China liegt in Führung. Das Modell China wird deshalb in vielen Staaten eifrig studiert und zum Teil bereits kopiert.

Beijing Consensus oder *Washington Consensus*

In Washington haben drei weltweit einflussreiche Institutionen ihren Sitz. Der Internationale Währungsfonds (IWF), die Weltbank und natürlich die amerikanische Regierung. Sie prägen und bestimmen den so genannten *Washington Consensus*, dies ein Begriff, der von dem ehemaligen IWF-Mitarbeiter John Williamson stammt.

Der *Washington Consensus* ist das Synonym für Marktfundamentalismus. Er steht für Deregulierung, Privatisierung, Öffnung, unbegrenzten Fluss von Kapital und niedrige Steuern. Später wurde der wirtschaftliche Forderungskatalog um eine politische Variante erweitert, nämlich die Forderung nach demokratischen und damit westlichen Strukturen.

Kurz und etwas überspitzt formuliert lautet der *Washington Consensus* heute: Der Rest der Welt soll gefälligst das politische und wirtschaftliche System des Westens übernehmen. Und niemand anders als ein Washingtoner Bürger geht mit diesem neokolonialistischen Petitum in aller Welt hausieren: George W. Bush.

Seine Regierung will die Demokratie über die Welt bringen, was ja im Prinzip etwas sehr Ehrenwertes ist. Doch die missionarische US-Regierung will dies um jeden Preis und offenbar – siehe Irak – mit aller Gewalt. Doch eine Demokratie kann man nicht herbeibomben. Die Einführung einer demokratischen Struktur erfordert Überzeugungsarbeit. Reden statt Schießen. Oder – wie Joseph Nye sagen würde – Soft Power statt Hard Power.

Nye: »Die Bush-Administration hat es abgelehnt, ihre Soft Power zu benutzen. Aber in der Welt des Informationszeitalters ist es nicht entscheidend, wessen Armee gewinnt, sondern wessen Story gewinnt. Doch sie haben der Frage, wessen Story gewinnt, keine Aufmerksamkeit geschenkt.«

Ein verhängnisvoller Fehler. Mit ihrer arrogant-brachialen Art haben die Amerikaner unter Bush eine gute Sache, nämlich den Demokratie-Export, diskreditiert. Denn draußen in der Welt stehen die Leute nicht mehrheitlich Spalier, um den amerikanischen Demokratie- und Heilsbringern zu applaudieren und zuzujubeln. Im Gegenteil: Sie pfeifen, und sie buhen.

Nur 38 Prozent der Befragten in 22 Ländern sehen nach einer Umfrage der BBC den weltweiten Einfluss der USA positiv. Fast die Hälfte dagegen lobt Chinas positiven Einfluss. Welch verrückte Welt: Eine autoritäre Regierung hängt in der Gunst des globalen Publikums die demokratische ab.

Es siegt also vorerst der *Beijing Consensus*. Dieser Begriff stammt von Joshua Cooper Ramo, einem ehemaligen Journalisten, der nun an der Qinghua Universität in Beijing lehrt. Er veröffentlichte im Mai 2004 ein Büchlein über den *Beijing Consensus*, den er als Gegenmodell zum *Washington Consensus* versteht.

In Kurzform gefasst ist unter dem *Beijing Consensus* ein janusköpfiges System zu verstehen: einerseits eine autoritäre Regierung, andererseits eine Marktwirtschaft. Politisch also restriktiv, wirtschaftlich aber liberal. Außenpolitisch basiert das System auf der strikten Anwendung von nationaler Souveränität, was zu einer konsequenten Politik der Nichteinmischung führt. Bewaffnete Konflikte lehnt die Beijinger Führung ab. »Diese Haltung reflektiert den tiefverwurzelten chinesischen Glauben, dass bewaffnete Auseinandersetzungen ein Zeichen von Schwäche sind«, sagt Ramo.

Dieser *Beijing Consensus* beinhaltet kein geschlossenes theoretisches Gebilde, erst recht keine neue Doktrin oder Ideologie. Chinas Führung tastet sich auf dem Entwicklungspfad pragmatisch nach vorne. Dabei schaut sie sehr genau nach links und rechts, was draußen in der Welt passiert. Sie versucht aus Fehlern anderer Regierungen und Systeme zu lernen. Sehr sorgfältig wurde zum Beispiel der Niedergang der beiden Einparteien-Staaten Mexiko (PRI) und Taiwan (KMT) studiert. Die Erkenntnis daraus war, dass die Partei sehr nahe am Volk sein muss. Ausdruck fand dies in den so genannten – von Hu Jintao propagierten – *san ge tie jin*, den drei Nähen: zur Realität, zum Volk und zum Leben.

Anders als die Amerikaner propagieren die Chinesen ihr neues politisches System nicht sehr aktiv nach außen. Trotzdem – oder vielleicht gerade deswegen – haben »Chinas neue Ideen einen gigantischen Effekt außerhalb Chinas«, sagt Ramo. Die Weltbank organisiert Konferenzen mit dem Titel *What other countries can learn from China*. Joseph Nye schreibt im *Wall Street Journal*: »Der Erfolg von Chinas Wirtschaft in den vergangenen drei Jahrzehnten hat das Land für viele Entwicklungsländer attraktiv gemacht.«

Vor allem in Asien, Afrika und Lateinamerika studieren die Regierenden aufmerksam das chinesische Erfolgsmodell. »Einige lateinamerikanische Länder untersuchen selbstkritisch ihre wirtschaftliche und politische Entwicklung und schauen dabei, was sie vom Erfolg Chinas und anderer asiatischer Länder lernen können«, stellt Peter Hakim in *Foreign Affairs* fest. Dieselbe Tendenz in Afrika. »Viele autoritäre afrikanische Regime scheinen das chinesische

Reformmodell dem politischen und wirtschaftlichen Modell der USA und der EU vorzuziehen«, beobachteten eher resignierend Peter Brookes und Ji Hye Shin in einem Hintergrundpapier für die amerikanische *Heritage Foundation*.

Im Westen scheint man sich dieser Entwicklung nicht so recht bewusst zu sein. Die Politiker halten ihr demokratisches System für das überlegene und glauben, dass es sich nahezu automatisch weltweit durchsetzen wird. Hier wirken die kühnen Thesen des Francis Fukuyama vom Ende der Geschichte nach.

Doch die Entwicklung der vergangenen 15 Jahre strafte Fukuyama Lügen. Es gibt durchaus eine Alternative zum westlichen Modell, nämlich das oben beschriebene chinesische. Das mag man mögen oder nicht, aber es ist nun mal in der Welt und erfreut sich dort einer gewissen Beliebtheit.

Die Schattenseiten des chinesischen Modells

Das chinesische Schriftsteller-Ehepaar Chen Guidi und Wu Chuntao hat im Jahr 2004 ein erschütterndes Buch geschrieben. Trotz eines schnellen Verbots durch die Behörden wurde es in China ein Millionen-Bestseller. Das Buch hat den äußerst sachlichen Titel *Zur Lage der chinesischen Bauern* und beschreibt akribisch, welche staatliche Willkür in der chinesischen Provinz herrscht. Aufmüpfige Bauern, die sich gegen lokale und regionale Parteibonzen wehren, werden eingeschüchtert, geschlagen, ermordet. Es sind keine Einzelschicksale, sondern häufig vorkommende brutale Auswüchse eines repressiven Systems auf dem chinesischen Lande.

Bei allem Respekt vor dem chinesischen Wirtschaftsmodell darf deshalb nicht vergessen werden, dass in China ein autoritärer Politapparat an der Macht ist, der weit jenseits unseres rechtsstaatlichen Empfindens agiert. Eine unabhängige Justiz existiert nicht. Eine freie Presse ebenfalls nicht. Es wird zensiert und unterdrückt, auch wenn die Medien in den vergangenen Jahren ein kleines Stück freier geworden sind und zum Beispiel über Katastrophen samt deren Schuldigen berichten dürfen.

China kennt keine Menschenrechte im westlichen Sinne. In keinem Land der Erde gibt es mehr staatlich verordnete Hinrichtungen als in der Volksrepublik. 2004 wurden nach Angaben von *Amnesty International* über 3400 Todesurteile vollstreckt, im Jahre 2005 knapp 1800. Schlimmer noch: Mit den Organen der Hinrichtungsopfer soll sogar lukrativer Handel getrieben werden.

Menschenleben zählen offenbar nicht allzu viel in dem 1,3-Milliarden-Volk. Diese Missachtung ist auch daran erkennbar, wie die Verantwortlichen mit den Umweltproblemen umgehen. China begeht infolge seines rapiden Wachstums gewaltige Öko-Sünden. So befinden sich von den weltweit 25 Städten mit der schlechtesten Luft allein 16 in China. Die Chinesische Akademie für Umweltplanung schätzt, dass jährlich mehr als 400 000 Chinesen wegen dieser exorbitant hohen Luftverschmutzung sterben müssen. Viele Flüsse sind verseucht, das Wasser in vielen Städten ist gesundheitsgefährdend. So wird geschätzt, dass allein 2004 rund 110 000 Menschen wegen verschmutzten Wassers an Krebs gestorben sind.

Langsam dämmert es den Verantwortlichen in der Regierung, dass es so nicht weitergehen kann. Ein aufsehenerregender Bericht der *State Environmental Protection Administration (SEPA)* und des *State Statistics Bureau* kam im Oktober 2006 zu dem Ergebnis, dass China – rechnet man die Umweltkosten mit ein – ein viel geringeres Wirtschaftswachstum hat als angenommen. Das 350 Personen starke Zentralkomitee der Kommunistischen Partei Chinas (KPCh) reagierte in seiner anschließenden jährlichen Routinesitzung und verabschiedete die neue Doktrin von einer »harmonischen Gesellschaft«. Darin wird von einem »besseren sozialistischen demokratischen System«, einer »Umkehr des Trends zu größerer regionaler Ungleichheit« und »klaren ökologischen Verbesserungen« gesprochen.

Das mögen kleine, richtige Schritte sein, aber von westlichen Werten ist dieser Kanon denkbar weit entfernt.

Asiatische versus westliche Werte

Eine typische deutsche Familie in diesen Zeiten: Gut situierte Eltern mit zwei fast erwachsenen Töchtern. Beide stehen kurz vor dem Abitur, das sie mehr oder weniger gut machen werden. Was dann? Kopfschütteln und die Worte: »Mal sehen«.

Noch genießen sie die Vollpension im Hotel Mama & Papa. Nach der Schule stürzen sie sich in die verführerische Freizeitwelt der Bars, Discos und Kinos. Elterliche Kritik an ihrem hedonistischen Lebenswandel kontern sie barsch: »Ihr Spießer, das ist doch mein Leben.«

Ein Umgangston, den man häufig unter Jugendlichen hört. Ein Verhalten, das symptomatisch ist für dieses Land, für den Westen. In ihm spiegelt sich der Werteverfall wider.

Der gesellschaftliche Zusammenhalt zerfällt zusehends. Die Sozialverbände, an ihrer Spitze die Familie, befinden sich in Auflösung. Breite Bevölkerungsschichten suchen vor allem Ruhe und Zerstreuung. Es lebe die Spaßgesellschaft!

In Asien schaut man verwundert auf den Werteverfall im Westen. Kishore Mahbubani sagt: »Wir Asiaten sind geschockt über das Ausmaß der sozialen und wirtschaftlichen Probleme, die viele westliche Gesellschaften erfasst haben.« Und dann zählt er die Negativpunkte dieser Gesellschaften auf: der Zusammenbruch der Familie als Institution, Drogenmissbrauch, Kriminalität, zunehmende Gettoisierung, eine Abnahme ethischer Standards und ein erodiertes Arbeitsethos. Am Ende seiner Aufzählung des westlichen Sündenregisters sagt ein selbstbewusster Mahbubani: »Die Asiaten betrachten diese Gesellschaften nicht mehr als Vorbilder.«

Stattdessen besinnen sich die Asiaten auf ihre eigenen Werte. Ein gewisses moralisches Überlegenheitsgefühl macht sich dabei wieder in den asiatischen Eliten breit. Denn die asiatische Wertediskussion begann Anfang der 90er Jahre. Angestoßen wurde sie von den damaligen Regierungschefs Lee Kuan Yew (Singapur) und Mahathir Mohamad (Malaysia). Die beiden südostasiatischen Patriarchen glaubten, dass der Erfolg ihrer Volkswirtschaften vor allem auf dem Beherzigen spezifisch asiatischer Werte beruhe.

Es kam die These vom konfuzianischen Kapitalismus auf. Danach sei die konfuzianische Tradition das Geheimnis des Erfolges von Japan und den Tigerstaaten. Wesentliche ethische Merkmale dieser Tradition seien Loyalität, Sparsamkeit, Fleiß, Bildung, Friedfertigkeit und Harmonie.

Dann kam freilich Mitte 1997 die Asien-Krise. Die Diskussion über die asiatischen Werte verstummte vorübergehend, um nach ein paar Jahren wieder umso heftiger zu entflammen. Als einer ihrer Protagonisten tut sich Tommy Koh, Leiter des Institute of Policy Studies in Singapur, hervor. Für ihn ist das ostasiatische Wirtschaftswunder noch lange nicht vorbei, und auch die asiatischen Werte hätten weiterhin ihre Gültigkeit, besonders der hohe Stellenwert des Lernens. Koh sagt: »In der heutigen Zeit sind der wichtigste Rohstoff eines Landes seine Menschen. Eine gut ausgebildete Bevölkerung ist deshalb ein Wettbewerbsvorteil gegenüber anderen Ländern.«

So sieht man es auch in China. Dort findet deshalb so etwas wie eine Renaissance des Konfuzianismus statt. Nachdem der große Meister unter Mao verfemt war, entdeckt ihn die jetzige Regierung wieder. An Volksschulen gibt es inzwischen eine 30-Lektionen-Einführung in traditionelle konfuzianische Kultur. Und bereits 18 Unis bieten Kurse in konfuzianischer Philosophie an.

Ein Grund für die Wiederentdeckung von Konfuzius ist sicher, dass in der postkommunistischen Gesellschaft Chinas ein ideologisches Vakuum herrscht. Dieses kann der unumstrittene Konfuzius, dessen Gedanken seit rund 2500 Jahren das menschliche Miteinander in China bestimmen, leicht ausfüllen.

Ein anderes Motiv ist freilich, dass konfuzianische Werte der chinesischen Regierung sehr zupass kommen. Eine autoritäre Führung schätzt natürlich Achtung vor Autoritäten. Ebenso hilft der gepredigte Lerneifer der Nation enorm bei ihrer wissenschaftlichen und technologischen Aufholjagd.

Auch wenn die konfuzianischen Werte keine panasiatischen sind, so beeinflussen sie doch zumindest stark die ostasiatischen Gesellschaften – von Korea im Norden bis nach Singapur und Malaysia im Süden.

Die etwas andere Konvergenztheorie

In den 50er und 60er Jahren – also zu den Hochzeiten des ideologischen Ost-West-Konflikts – glaubten einige Wissenschaftler, dass sich die beiden verfeindeten Systeme annähern könnten. Der kapitalistische Westen wurde lenkender und sozialer, der sozialistische Osten freier und demokratischer.

Viele träumten von einem dritten Weg. Im Osten waren es die Reformkommunisten in der ehemaligen Tschechoslowakei oder in Jugoslawien. Im Westen waren es linke Sozialdemokraten oder die damals so genannten Eurokommunisten in Italien und Spanien. Doch mit dem Fall der Mauer endeten diese Träumereien. Die Konvergenztheorie war tot, gescheitert an der neuen Realität.

Doch es ist durchaus möglich, dass die Konvergenztheorie eine Neuauflage erfährt, allerdings in einer etwas anderen Form. Diesmal nähern sich nicht Ideologien an, sondern Staatsformen, Kulturen und Wertesysteme. Autoritäre Staaten werden ein Stück weit liberaler und offener, Demokratien dagegen ein Stück weit autoritärer oder – etwas milder ausgedrückt – gelenkter. So wie sich die westlichen und asiatischen Esskulturen bereits unter dem Stichwort *Fusion Kitchen* vermischt haben, werden sich westliche und östliche Wertesysteme vermengen.

Es kommt also nicht zu einem *Kampf der Kulturen*, wie uns vor Jahren der Harvard-Historiker Samuel Huntington in seinem gleichnamigen Buch weismachen wollte. Im Gegenteil: »Die Zukunft liegt in der Fusion von Zivilisationen, nicht in einem Kampf zwischen ihnen«, sagt Singapurs Chef-Ideologe Kishore Mahbubani, »zum ersten Mal seit Jahrhunderten werden wir im 21. Jahrhundert einen Austausch von Ideen, Werten und Menschen haben.«

Bisher war es überwiegend eine Einbahnstraße. Der dominante Westen exportierte seine Waren und mit ihnen seine Werte. Er glaubte in bester kolonialistischer Tradition, dass seine Werte universelle Gültigkeit besäßen. Irgendwann würden alle Staaten, sofern sie nur einen gewissen Wohlstand erreicht hätten, dem westlichen Gesellschaftsideal entsprechen.

Dass nun in anderen Gegenden dieser Welt Menschen und Völker mit eigenen Werten leben und von diesen auch noch so überzeugt sind, dass sie diese exportieren mögen, trifft den Westen – vorsichtig ausgedrückt – etwas unerwartet. In dem unbeirrbaren Glauben an seine Überlegenheit hat er sich viel zu wenig mit den Kulturen anderer Völker auseinandergesetzt, von der Bereitschaft, positive Elemente anderer Kulturen zu übernehmen, ganz zu schweigen.

Anders die erfolgreichen ostasiatischen Gesellschaften. Sie versuchen schon seit längerem, das Beste beider Welten zu vereinen. Sie kombinieren westliche Management-Methoden mit ihrem strategischen Denken (36 Theoreme!), sie verbinden ihren unbändigen Lerneifer mit westlichem Know-how. Sie denken kurzfristig (westlich), vergessen darüber – typisch asiatisch – aber nicht ihre langfristigen Ziele.

Ein gutes Beispiel für gelungene Ost-West-Fusion ist Japan, das in politischer wie wirtschaftlicher Sicht längst dem westlichen Lager zugeordnet wird, aber weiterhin in der asiatischen Wertewelt verankert ist und dort auch bleiben wird. »Der Erfolg Japans ist weder rein japanischen noch rein westlichen Methoden zu verdanken, sondern einer Kombination der beiden«, sagt Mahbubani.

In der Annäherung und in der Kombination beider Welten liegt die Zukunft. Es muss nicht zu einem Kampf der Wertesysteme, nicht zu einer globalen Auseinandersetzung zwischen *Beijing* und *Washington Consensus* und auch nicht zu einem *Show-down* zwischen Autokratie und Demokratie kommen. Warum nicht versuchen, das Beste aus beiden Welten zu kombinieren? Es könnte eine reichere Welt sein.

Das setzt allerdings voraus, dass der Westen bereit ist, seine arrogante, besserwisserische Haltung aufzugeben. Er muss einsehen, dass er nicht mehr als der Lehrmeister der Welt taugt. Der Westen hat nicht mehr das Deutungs- und Erklärungsmonopol dieser Welt.

Es wäre deshalb an der Zeit, dass wir von anderen Kulturkreisen lernen und dort, wo es angebracht ist, etwas übernehmen. Warum also nicht anfangen und von den erfolgreichen Asiaten versuchen zu lernen.

Von den Asiaten lernen!

Die Asiaten haben Ziele und Visionen, wir haben dagegen keine mehr. Wir leben in einer »ziellosen Republik«, wie der Göttinger Politologe Franz Walter Deutschland treffend bezeichnet. Aber eine Gesellschaft braucht und verlangt Ziele, gerade in unsicheren Zeiten wie unseren. Die Bürger wollen wissen, wohin die Reise geht. Und sie wollen dorthin mitgenommen werden. Sie wollen geführt werden, werden jedoch allein gelassen. Die Politiker im Westen vermitteln – anders als ihre asiatischen Kollegen – ihren Landsleuten keine Visionen.

Wir sind im Gegenteil gefangen von einer lähmenden Kurzatmigkeit, die inzwischen alle relevanten Bereiche erfasst hat: Politik, Medien und Wirtschaft. Die Politiker denken nur von einem Haushaltsloch zum nächsten. Ihre Perspektive reicht maximal bis zur nächsten Wahl. Die Medien widmen sich im Wochenrhythmus neuen vermeintlich »heißen« Themen. Und in der Wirtschaft lassen sich die Manager ihre Strategie von der hektischen Börse und deren nervösen Souffleuren oktroyieren. Ihr Horizont reicht nur von einem Quartal zum nächsten.

Wir müssen weg von diesem Kurzfrist-Denken. Wir brauchen mittel- und langfristige Ziele und Visionen. Wir müssen Konzepte entwerfen, wo Deutschland, wo Europa im Jahre 2015 oder 2020 stehen soll. Und wir müssen Strategien entwickeln, wie wir dorthin kommen wollen.

Wir brauchen deshalb mutige Politiker, die willens und in der Lage sind, ihrem Volk zu erklären, wie ernst der Zustand der Republik derzeit ist und wie sie auf den asiatischen Angriff reagieren wollen.

Wir brauchen deshalb auch Manager und Unternehmer, die aufbauen und nicht abbauen. Wir brauchen Wirtschaftsführer, deren Phantasie sich nicht in Kostensenkungen und Fusionsspielchen erschöpft. Wir brauchen Manager wie zum Beispiel den koreanischen Samsung-Chef Jong-Yong Yun, der bis zum Jahr 2010 rund 40 Milliarden Euro in Forschung investieren und dafür zusätzlich 30 000 (!) neue Mitarbeiter einstellen will.

Wir brauchen gemeinsame Anstrengungen von Politik und Wirtschaft, um Innovationen zu fördern, denn nur, wenn wir die besseren Produkte als die Asiaten herstellen, können wir auf Dauer überleben. Wir brauchen deshalb ein Technologieministerium, das seinen Namen verdient und im Kabinett einen hohen Stellenwert hat. Die Subventionen in Landwirtschaft und Industrien von gestern müssen endlich rigoros zusammengestrichen und die frei werdenden Gelder in zukunftsträchtige Technologiebereiche investiert werden.

Wir brauchen eine massive Bildungsoffensive, an deren Spitze Bundespräsident wie Bundeskanzler stehen. Sie müssen – unterstützt von den Medien – bis zur Penetranz der Bevölkerung die Bedeutung einer guten Ausbildung eintrichtern. Dazu müssen die Investitionen in Bildung erhöht werden. Eltern dürfen ihren Kindern nicht alle Ausflüge in die Spaßgesellschaft durchgehen lassen. Sie müssen – ohne spießig-autoritäre Zeiten wiederbeleben zu wollen – ihre Kinder überzeugen, dass sie ohne Ausbildung in der globalisierten Welt keine Chance haben werden.

Gefordert sind also alle – Politiker, Manager, Medienschaffende, Eltern und Kinder. Abwehren können wir den Aufstieg Asiens freilich nicht mehr.

Denn: Das asiatische Jahrhundert hat längst begonnen.

Literaturverzeichnis

Bücher

Barnett, Thomas: The Pentagon's New Map – War and Peace in the Twenty-First Century, New York 2004.

Ben-Atar, Doron: Trade Secrets – Intellectual Piracy and the Origins of American Industrial Power, Yale 2004.

Bernecker, Walther, u.a. (Hrsg.): Eine kleine Geschichte Brasiliens, Frankfurt 2000.

Boes, Andreas/Schwemmle, Michael (Hrsg.): Bangalore statt Böblingen – Offshoring und Internationalisierung im IT-Sektor, Hamburg 2005.

Cardoso, Fernando Henrique: The Accidential President of Brazil – A Memoir, New York 2006.

Chen Guidi/Wu Chuntao: Zur Lage der chinesischen Bauern, Frankfurt/M. 2006.

Das, Gurcharan: India Unbound – The Social and Economic Revolution from Independence to the Global Information Age, New York 2002.

Das, Tarun/Mathur, Colette/Richter, Frank-Jürgen: India Rising – Emergence of A New World Power, Singapur 2005.

Davé, Shilpa/Nishime, LeiLani/Oren, Tasha G.: East Main Street – Asian American Popular Culture, New York 2005.

Deb, Sandipan: The Iltians – The Story of a Remarkable Indian Institution and How Its Alumni Are Reshaping the World, New Delhi 2004.

Deffeyes, Kenneth: Beyond Oil – The View From Hubbert's Peak, New York 2005.

Diamond, Patrick; Giddens, Anthony: Global Europe, Social Europe, Cambridge 2006.

Di Fabio, Udo: Die Kultur der Freiheit, München 2005.

Dobbs, Lou: Exporting America – Why Corporate Greed Is Shipping American Jobs Overseas, New York 2004.

Draguhn, Werner (Hrsg.): Indien 2004 – Politik, Wirtschaft, Gesellschaft, Hamburg 2005.

Elegant, Robert: Zukunft Fernost, Das asiatische Jahrhundert hat schon begonnen – Ein Blick hinter die Kulissen der Wirtschaftsmächte von morgen, München 1991.

Enright, Michael/Scott, Edith/Chang, Ka-mun: The Greater Pearl River Delta and The Rise of China, Singapur 2005.
Ferguson, Niall: Empire – How Britain Made The Modern World, London 2003.
Fishman, Ted: China Inc. – How the Rise of the Next Superpower Challenges America and The World, New York 2005.
Florida, Richard: The Flight of the Creative Class – The New Global Competition for Talent, New York 2005.
Follath, Erich/Jung, Alexander (Hrsg.).: Der neue Kalte Krieg – Kampf um Rohstoffe, München 2006.
Friedman, Thomas L.: The World Is Flat – A Brief History of The Twenty-First Century, New York 2005 (dt.: Die Welt ist flach, Frankfurt/M. 2006).
Fuchs, Joachim (Hrsg): Piraten, Fälscher und Kopierer, Wiesbaden 2006.
Fukuyama, Francis: Das Ende der Geschichte – Wo stehen wir? München 1992.
Gründinger, Wolfgang: Die Energiefalle – Rückblick auf das Erdölzeitalter, München 2006.
Grünewald, Stephan: Deutschland auf der Couch – Eine Gesellschaft zwischen Stillstand und Leidenschaft, Frankfurt 2006.
Gu, Xuewu/Kupfer, Kristin (Hrsg.): Die Energiepolitik Ostasiens – Bedarf, Ressourcen und Konflikte in globaler Perspektive, Frankfurt 2006.
Halperin, Morton/Siegle, Joseph/Weinstein, Michael: The Democracy Advantage – Why Democracies Promote Prosperity and Peace, New York 2005.
Heenan, David: Flight Capital – The Alarming Exodus of America's Best and Brightest, Mountain View 2005.
Hennicke, Peter/Müller, Michael: Weltmacht Energie – Herausforderung für Demokratie und Wohlstand, Stuttgart 2005.
Hira, Ron & Anil: Outsourcing America – What's Behind Our National Crisis and How We Can Reclaim American Jobs, New York 2005.
Hirn, Wolfgang: Herausforderung China – Wie der chinesische Aufstieg unser Leben verändert, Frankfurt/M. 2005.
Hüfner, Martin: Europa – Die Macht von morgen, München 2006.
Huf, Hans-Christian: Imperium I und II – Vom Aufstieg und Fall großer Reiche, München 2004.
Huntington, Samuel: Kampf der Kulturen – Die Neugestaltung der Weltpolitik im 21. Jahrhundert, München – Wien 1996.
Jalan, Bimal: The Future of India – Politics, Economics and Governance, New Delhi 2005.

Joffe, Josef: Die Hypermacht – Warum die USA die Welt beherrschen, München 2006.
Ihlau, Olaf: Weltmacht Indien – Die neue Herausforderung des Westens, München 2006.
Kennedy, Paul: Vom Aufstieg und Fall der großen Mächte – Ökonomischer Wandel und militärischer Konflikt von 1500 bis 2000, Frankfurt/M. 1987.
Kirschner, Monika/Schwertfeger, Bärbel: Der Ayurveda-Boom, Köln 2004.
Klare, Michael T.: Resource Wars – The New Landscape of Global Conflict, London 2001.
Klevemann, Lutz: Der Kampf um das heilige Feuer – Wettlauf der Weltmächte am Kaspischen Meer, Berlin 2002.
Kulke, Hermann und Rothermund, Dietmar: Geschichte Indiens – Von der Induskultur bis heute, München 2006.
Kupchan, Charles: Die europäische Herausforderung – Vom Ende der Vorherrschaft Amerikas, Berlin 2003.
Kynge, James: China Shakes The World – The Rise of a Hungry Nation, London 2006.
Landes, David: Wohlstand und Armut der Nationen – Warum die Einen reich und die Anderen arm sind, Berlin 1998.
Laqueur, Walter: Die letzten Tage von Europa – Ein Kontinent verändert sein Gesicht, Berlin 2006.
Leggett, Jeremy: Peak Oil – Die globale Energiekrise, die Klimakatastrophe und das Ende des Ölzeitalters, Köln 2006.
Maddison, Angus: Die Weltwirtschaft: Eine Millenniumsperspektive, Paris 2004.
Mahbubani, Kishore: Can Asians Think? – Understanding The Divide Between East amd West, Singapur 1998.
Maira, Arun: Remaking India – One Country, One Destiny, New Delhi 2004.
McNeill, William H.: The Rise of the West – A History of The Human Community, Chicago 1963.
Miegel, Meinhard: Epochenwende – Gewinnt der Westen die Zukunft?, Berlin 2005.
Müller, Harald: Weltmacht Indien – Wie uns der rasante Aufstieg herausfordert, Frankfurt/M. 2006.
Naisbitt, John: Megatrends Asien – 8 Megatrends, die unsere Welt verändern, Wien 1995.
Nye, Joseph: Soft Power – The Menas To Success in World Politics, New York 2004.

Piazolo, Michael (Hrsg.): Macht und Mächte in einer multipolaren Welt, Wiesbaden 2006.
Pilny, Karl: Das asiatische Jahrhundert – China und Japan auf dem Weg zur neuen Weltmacht, Frankfurt/M. 2005.
Pilny, Karl: Tanz der Riesen – Indien und China prägen die Welt, Frankfurt/M. 2006.
Pomeranz, Kenneth: The Great Divergence – China, Europe, and the Making of the Modern World Economy, Princeton 2000.
Posadas, Dennis: Rice Bowl & Chips – How Asian Countries are using the Silicon Valley Model to Develop Technology Startups, Lincoln 2005.
Postman, Neil: Wir amüsieren uns zu Tode – Urteilsbildung im Zeitalter der Unterhaltungsindustrie, Frankfurt/M. 1985.
Prestovitz, Clyde: Three Billion New Capitalists – The Great Shift of Wealth and Power To the East, New York 2005.
Ramo, Joshua Cooper: The Beijing Consensus, London 2004.
Ramesh, Jairam: Making Sense of Chindia – Reflections on China and India, New Delhi 2005.
Reid, Tom R. : The United States of Europe, From the Euro to Eurovision – The Superpower Nobody Talks About, New York, 2004.
Roberts, John. M. : The Triumph of the West, London 1985.
Rohwer, Jim: Asia Rising, Singapur 1995.
Rosenberg, David: Cloning Silicon Valley – The Next Generation High-Tech Hotspots, London 2002.
Schucher, Günter/Wagner, Christian: Indien 2005, Hamburg 2006.
Seifert, Thomas/Werner, Klaus: Schwarzbuch Öl – Eine Geschichte von Gier, Krieg, Macht und Geld, Wien 2005.
Shambaugh, David (Hrsg.): Power Shift – China and Asia's New Dynamics, Berkeley 2005.
Shenkar, Oded: The Chinese Century – The Rising Chinese Economy and Its Impact on the Global Economy, The Balance of Power, and Your Job, Wharton School 2005.
Sheshabalaya, Ashutosh: Rising Elephant – The Growing Clash with India over White-Collar Jobs and Its Challenge to America and the World, Monroe 2005.
Sheth, Jagdish/Sisodia, Rajendra: Tectonic Shift – The Geoeconomic Realignment of Globalizing Markets, New Delhi, 2006.
Steingart, Gabor: Weltkrieg um Wohlstand – Wie Macht und Reichtum neu verteilt werden, München 2006.
Tharoor, Shashi: Eine kleine Geschichte Indiens, Frankfurt 2005.

Trenin, Dmitri: Russland – Die gestrandete Weltmacht, Hamburg 2005.
Verheugen, Günter: Europa in der Krise – Für eine Neubegründung der europäischen Idee, Köln 2005.
World Bank: The East Asian Miracle, Washington 1993.
Walter, Franz: Die ziellose Republik – Gezeitenwechsel in Gesellschaft und Politik, Köln 2006.
Zakira, Fareed: Das Ende der Freiheit – Wieviel Demokratie verträgt der Mensch?, Frankfurt/M. 2005.
Zumach, Andreas: Die kommenden Kriege – Ressourcen, Menschenrechte, Machtgewinn – Präventivkrieg als Dauerzustand? Köln 2005.

Studien und Zeitschriftenaufsätze

Bardhan, Ashok/Kroll, Cynthia:The New Wave of Outsourcing, University of Berkeley, Herbst 2003.
Bertelsmann Stiftung: Neue Kräfte in Asien – Rückwirkungen für Europa, 2006.
Bridgeland, John/Dilulio, John/Burke Morison, Karen: The Silent Epidemic, A Report by Civic Enterprises, März 2006.
Brookes, Peter/Shin, Ji Hye: China's influence in Africa: Implications for the United States, The Heritage Foundation, Backgrounder 1916, Februar 2006.
Brown, Gordon: Global Europe: Full-employment Europe, HM Treasury, Oktober 2005.
Bundesministerium für Bildung und Forschung: Bericht zur technologischen Leistungsfähigkeit Deutschlands 2006.
Bundesministerium für Bildung und Forschung: Die Hightech-Strategie für Deutschland, 2006.
Business-Higher Education Forum: America's Role in the World, Challenges to American Businesses and Higher Education, August 2005.
Chan, Sarah, und Gu Qingyang: Investment in China Migrates Inland, in: Far Eastern Economic Review, Mai 2006, S. 52 ff.
Committee on Prospering in the Global Economy of the 21st Century: An Agenda for American Science and Technology, Washington 2005.
Council on Foreign Relations: China, Africa and Oil, by Esther Pan, Januar 2006.
Council on Foreign Relations: China's Soft Power Initiative, by Esther Pan, Mai 2006.
Creating an Innovative Europe, Report of The Independent Expert Group on R&D and Innovation, Januar 2006.

Das, Gurcharan: The India Model, in: Foreign Affairs, Juli/August 2006, S. 2ff.
Decker, Claudia/Mildner, Stormy: Die neue Macht der Entwicklungsländer, in: Internationale Politik, Heft 3/05, S. 17ff.
Desai, Meghnad: India and China: An Essay in Comparative Political Economy, Paper for IMF Conference on India/China, Delhi, November 2003.
Deutsche Bank Research: Globale Wachstumszentren, Februar 2005.
Deutsche Bank Research: Outsourcing nach Indien: der Tiger auf dem Sprung, Oktober 2005.
Deutsche Bank Research: Indien – Auf dem Weg zur Weltmacht?, Februar 2006.
Deutsche Bank Research. Chinas Rohstoffhunger, Juni 2006.
Gratius, Susanne: Die Außenpolitik der Regierung Lula, Stiftung Wissenschaft und Politik Studie, März 2004.
Hakim, Peter: Is Washington Losing Latin America? in: Foreign Affairs, Januar/Februar 2006, S. 39ff.
Humphrey, John/Messner, Dirk: Instabile Multipolarität: China und Indien verändern die Weltpolitik, in: Analysen und Stellungnahmen, Deutsches Institut für Entwicklungspolitik, Januar 2006.
KPMG: Global Automotive Executive Survey 2006.
McGray, Douglas: Japan's Gross National Cool, in: Foreign Policy, Mai 2002.
Mohan, Raja: India and the Balance of Power, in: Foreign Affairs, Juli/August 2006, S. 17ff.
National Intelligence Council: Mapping the Global Future, Washington, 2004.
National Energy Policy: Report of the National Energy Policy Development Group (Cheney-Report), Mai 2001.
Nolte, Paul: Baustelle Bildung, in: Internationale Politik, Heft 4/06, S. 84 f.
Prestovitz, Clyde: America's Technology Future at Risk: Broadband and Investment Strategies to Refire Innovation, Economic Strategy Institute, Washington 2006.
PriceWaterhouseCoopers: The World in 2050, März 2006.
Rahr, Alexander: Die neue Opec. Wie Rußland zur globalen Energie-Supermacht werden will, in: Internationale Politik, 2/06, S. 15ff.
Schlesinger, James: Thinking Seriously – About Energy and Oil's Future, in: The National Interest, Winter 2005/06, S. 19ff.
Schmucker, Claudia: Auf dem Vormarsch, in: Internationale Politik, Heft 9/06, S. 19ff.

Scholl, Stefan: Die Gasölmedienbankkolchose, in: Internationale Politik, Heft 2/06, S. 24ff.

The Boston Consulting Group: The New Global Challengers, Mai 2006.

The Education for Innovation Initiative: Tapping America's Potential, Juli 2005.

The President's Council of Advisors on Science and Technology: Sustaining the Nation's Innovation Ecosystems, Januar 2004.

The National Security Strategy of the United States of America, März 2006.

The Teaching Commission: Teaching at Risk: Progress & Potholes, Final Report Spring 2006.

Tull, Denis: Die Afrikapolitik der Volksrepublik China, Berlin 2005.

Unger, Jonathan: China's Conservative Middle Class, in: Far Eastern Economic Review, April 2006, S. 27ff.

U. S. Department of Defense: Quadrennial Defense Review Report, Februar 2006.

Wagner, Christian: Indiens neue internationale Rolle, GIGA Focus 4/06.

Außerdem wurden folgende Periodika ausgewertet:

Asia Times
Business Week
China aktuell
Der Spiegel
Die Zeit
The Economist
Far Eastern Economic Review
Financial Times
Financial Times Deutschland
Fortune
Frankfurter Allgemeine Zeitung
Handelsblatt
International Herald Tribune
Nikkei Weekly
Süddeutsche Zeitung
The Wall Street Journal Asia
The Wall Street Journal Europe
Wirtschaftswoche